国家卫生健康委员会"十三五"规划教材

全国中医药高职高专教育教材

供中医学、针灸推拿、中医骨伤、中医美容等专业用

中医诊断学

第 4 版

主　编　马维平

副主编　王　璟　王世勋　熊　霖

编　委　（按姓氏笔画为序）

马维平（湖北中医药高等专科学校）

王　璟（安徽中医药高等专科学校）

王世勋（南阳医学高等专科学校）

李　敏（湖南中医药高等专科学校）

李文静（黑龙江中医药大学佳木斯学院）

张阳儿（广东食品药品职业学院）

姜　侠（山东中医药高等专科学校）

徐荣鹏（湖北中医药高等专科学校）

崔淑兰（宝鸡职业技术学院）

章　琴（江西中医药高等专科学校）

董正平（滨州医学院）

熊　霖（重庆医药高等专科学校）

人民卫生出版社

图书在版编目（CIP）数据

中医诊断学/马维平主编.—4版.—北京:人民卫生出版社,2018

ISBN 978-7-117-26196-8

Ⅰ.①中… Ⅱ.①马… Ⅲ.①中医诊断学-高等职业教育-教材 Ⅳ.①R241

中国版本图书馆 CIP 数据核字（2018）第 098754 号

| 人卫智网 | www.ipmph.com | 医学教育、学术、考试、健康，购书智慧智能综合服务平台 |
| 人卫官网 | www.pmph.com | 人卫官方资讯发布平台 |

中医诊断学
第 4 版

主　　编：马维平

出版发行：人民卫生出版社（中继线 010-59780011）

地　　址：北京市朝阳区潘家园南里 19 号

邮　　编：100021

E - mail：pmph @ pmph. com

购书热线：010-59787592　010-59787584　010-65264830

印　　刷：三河市君旺印务有限公司

经　　销：新华书店

开　　本：787×1092　1/16　　印张：14

字　　数：323 千字

版　　次：2005 年 5 月第 1 版　　2018 年 6 月第 4 版
　　　　　2023 年 6 月第 4 版第11次印刷（总第33次印刷）

标准书号：ISBN 978-7-117-26196-8/R·26197

定　　价：39.00 元

打击盗版举报电话：010-59787491　E-mail：WQ @ pmph. com

（凡属印装质量问题请与本社市场营销中心联系退换）

《中医诊断学》数字增值服务编委会名单

修 订 说 明

为了更好地推进中医药职业教育教材建设,适应当前我国中医药职业教育教学改革发展的形势与中医药健康服务技术技能人才的要求,贯彻落实《国家中长期教育改革和发展规划纲要(2010—2020年)》《医药卫生中长期人才发展规划(2011—2020年)》《中医药发展战略规划纲要(2016—2030年)》精神,做好新一轮中医药职业教育教材建设工作,人民卫生出版社在教育部、国家卫生健康委员会、国家中医药管理局的领导下,组织和规划了第四轮全国中医药高职高专教育、国家卫生健康委员会"十三五"规划教材的编写和修订工作。

本轮教材修订之时,正值《中华人民共和国中医药法》正式实施之际,中医药职业教育迎来发展大好的际遇。为做好新一轮教材出版工作,我们成立了第四届中医药高职高专教育教材建设指导委员会和各专业教材评审委员会,以指导和组织教材的编写和评审工作;按照公开、公平、公正的原则,在全国1400余位专家和学者申报的基础上,经中医药高职高专教育教材建设指导委员会审定批准,聘任了教材主编、副主编和编委;启动了全国中医药高职高专教育第四轮规划第一批教材,中医学、中药学、针灸推拿、护理4个专业63门教材,确立了本轮教材的指导思想和编写要求。

第四轮全国中医药高职高专教育教材具有以下特色:

1. **定位准确,目标明确** 教材的深度和广度符合各专业培养目标的要求和特定学制、特定对象、特定层次的培养目标,力求体现"专科特色、技能特点、时代特征",既体现职业性,又体现其高等教育性,注意与本科教材、中专教材的区别,适应中医药职业人才培养要求和市场需求。

2. **谨守大纲,注重三基** 人卫版中医药高职高专教材始终坚持"以教学计划为基本依据"的原则,强调各教材编写大纲一定要符合高职高专相关专业的培养目标与要求,以培养目标为导向、职业岗位能力需求为前提、综合职业能力培养为根本,同时注重基本理论、基本知识和基本技能的培养和全面素质的提高。

3. **重点考点,突出体现** 教材紧扣中医药职业教育教学活动和知识结构,以解决目前各高职高专院校教材使用中的突出问题为出发点和落脚点,体现职业教育对人才的要求,突出教学重点和执业考点。

4. **规划科学,详略得当** 全套教材严格界定职业教育教材与本科教材、毕业后教育教材的知识范畴,严格把握教材内容的深度、广度和侧重点,突出应用型、技能型教育内容。基础课教材内容服务于专业课教材,以"必须、够用"为度,强调基本技能的培养;专业课教材紧密围绕专业培养目标的需要进行选材。

5. **体例设计，服务学生** 本套教材的结构设置、编写风格等坚持创新，体现以学生为中心的编写理念，以实现和满足学生的发展为需求。根据上一版教材体例设计在教学中的反馈意见，将"学习要点""知识链接""复习思考题"作为必设模块，"知识拓展""病案分析（案例分析）""课堂讨论""操作要点"作为选设模块，以明确学生学习的目的性和主动性，增强教材的可读性，提高学生分析问题、解决问题的能力。

6. **强调实用，避免脱节** 贯彻现代职业教育理念。体现"以就业为导向，以能力为本位，以发展技能为核心"的职业教育理念。突出技能培养，提倡"做中学、学中做"的"理实一体化"思想，突出应用型、技能型教育内容。避免理论与实际脱节、教育与实践脱节、人才培养与社会需求脱节的倾向。

7. **针对岗位，学考结合** 本套教材编写按照职业教育培养目标，将国家职业技能的相关标准和要求融入教材中。充分考虑学生考取相关职业资格证书、岗位证书的需要，与职业岗位证书相关的教材，其内容和实训项目的选取涵盖相关的考试内容，做到学考结合，体现了职业教育的特点。

8. **纸数融合，坚持创新** 新版教材最大的亮点就是建设纸质教材和数字增值服务融合的教材服务体系。书中设有自主学习二维码，通过扫码，学生可对本套教材的数字增值服务内容进行自主学习，实现与教学要求匹配、与岗位需求对接、与执业考试接轨，打造优质、生动、立体的学习内容。教材编写充分体现与时代融合、与现代科技融合、与现代医学融合的特色和理念，适度增加新进展、新技术、新方法，充分培养学生的探索精神、创新精神；同时，将移动互联、网络增值、慕课、翻转课堂等新的教学理念和教学技术、学习方式融入教材建设之中，开发多媒体教材、数字教材等新媒体形式教材。

人民卫生出版社医药卫生规划教材经过长时间的实践与积累，其中的优良传统在本轮修订中得到了很好的传承。在中医药高职高专教育教材建设指导委员会和各专业教材评审委员会指导下，经过调研会议、论证会议、主编人会议、各专业编写会议、审定稿会议，确保了教材的科学性、先进性和实用性。参编本套教材的 800 余位专家，来自全国 40 余所院校，从事高职高专教育工作多年，业务精纯，见解独到。谨此，向有关单位和个人表示衷心的感谢！希望各院校在教材使用中，在改革的进程中，及时提出宝贵意见或建议，以便不断修订和完善，为下一轮教材的修订工作奠定坚实的基础。

人民卫生出版社有限公司
2018 年 4 月

全国中医药高职高专院校第四轮第一批规划教材书目

教材序号	教材名称	主编	适用专业
1	大学语文（第4版）	孙　洁	中医学、针灸推拿、中医骨伤、护理等专业
2	中医诊断学（第4版）	马维平	中医学、针灸推拿、中医骨伤、中医美容等专业
3	中医基础理论（第4版）*	陈　刚　徐宜兵	中医学、针灸推拿、中医骨伤、护理等专业
4	生理学（第4版）*	郭争鸣　唐晓伟	中医学、中医骨伤、针灸推拿、护理等专业
5	病理学（第4版）	苑光军　张宏泉	中医学、护理、针灸推拿、康复治疗技术等专业
6	人体解剖学（第4版）	陈晓杰　孟繁伟	中医学、针灸推拿、中医骨伤、护理等专业
7	免疫学与病原生物学（第4版）	刘文辉　田维珍	中医学、针灸推拿、中医骨伤、护理等专业
8	诊断学基础（第4版）	李广元　周艳丽	中医学、针灸推拿、中医骨伤、护理等专业
9	药理学（第4版）	侯　晞	中医学、针灸推拿、中医骨伤、护理等专业
10	中医内科学（第4版）*	陈建章	中医学、针灸推拿、中医骨伤、护理等专业
11	中医外科学（第4版）*	尹跃兵	中医学、针灸推拿、中医骨伤、护理等专业
12	中医妇科学（第4版）	盛　红	中医学、针灸推拿、中医骨伤、护理等专业
13	中医儿科学（第4版）*	聂绍通	中医学、针灸推拿、中医骨伤、护理等专业
14	中医伤科学（第4版）	方家选	中医学、针灸推拿、中医骨伤、护理、康复治疗技术专业
15	中药学（第4版）	杨德全	中医学、中药学、针灸推拿、中医骨伤、康复治疗技术等专业
16	方剂学（第4版）*	王义祁	中医学、针灸推拿、中医骨伤、康复治疗技术、护理等专业

续表

教材序号	教材名称	主编	适用专业
17	针灸学(第4版)	汪安宁　易志龙	中医学、针灸推拿、中医骨伤、康复治疗技术等专业
18	推拿学(第4版)	郭　翔	中医学、针灸推拿、中医骨伤、护理等专业
19	医学心理学(第4版)	孙　萍　朱　玲	中医学、针灸推拿、中医骨伤、护理等专业
20	西医内科学(第4版)*	许幼晖	中医学、针灸推拿、中医骨伤、护理等专业
21	西医外科学(第4版)	朱云根　陈京来	中医学、针灸推拿、中医骨伤、护理等专业
22	西医妇产科学(第4版)	冯　玲　黄会霞	中医学、针灸推拿、中医骨伤、护理等专业
23	西医儿科学(第4版)	王龙梅	中医学、针灸推拿、中医骨伤、护理等专业
24	传染病学(第3版)	陈艳成	中医学、针灸推拿、中医骨伤、护理等专业
25	预防医学(第2版)	吴　娟　张立祥	中医学、针灸推拿、中医骨伤、护理等专业
1	中医学基础概要(第4版)	范俊德　徐迎涛	中药学、中药制药技术、医学美容技术、康复治疗技术、中医养生保健等专业
2	中药药理与应用(第4版)	冯彬彬	中药学、中药制药技术等专业
3	中药药剂学(第4版)	胡志方　易生富	中药学、中药制药技术等专业
4	中药炮制技术(第4版)	刘　波	中药学、中药制药技术等专业
5	中药鉴定技术(第4版)	张钦德	中药学、中药制药技术、中药生产与加工、药学等专业
6	中药化学技术(第4版)	吕华瑛　王　英	中药学、中药制药技术等专业
7	中药方剂学(第4版)	马　波　黄敬文	中药学、中药制药技术等专业
8	有机化学(第4版)*	王志江　陈东林	中药学、中药制药技术、药学等专业
9	药用植物栽培技术(第3版)*	宋丽艳　汪荣斌	中药学、中药制药技术、中药生产与加工等专业
10	药用植物学(第4版)*	郑小吉　金　虹	中药学、中药制药技术、中药生产与加工等专业
11	药事管理与法规(第3版)	周铁文	中药学、中药制药技术、药学等专业
12	无机化学(第4版)	冯务群	中药学、中药制药技术、药学等专业
13	人体解剖生理学(第4版)	刘　斌	中药学、中药制药技术、药学等专业
14	分析化学(第4版)	陈哲洪　鲍　羽	中药学、中药制药技术、药学等专业
15	中药储存与养护技术(第2版)	沈　力	中药学、中药制药技术等专业

续表

教材序号	教材名称	主编	适用专业
1	中医护理(第3版)*	王 文	护理专业
2	内科护理(第3版)	刘 杰　吕云玲	护理专业
3	外科护理(第3版)	江跃华	护理、助产类专业
4	妇产科护理(第3版)	林 萍	护理、助产类专业
5	儿科护理(第3版)	艾学云	护理、助产类专业
6	社区护理(第3版)	张先庚	护理专业
7	急救护理(第3版)	李延玲	护理专业
8	老年护理(第3版)	唐凤平　郝 刚	护理专业
9	精神科护理(第3版)	井霖源	护理、助产专业
10	健康评估(第3版)	刘惠莲　滕艺萍	护理、助产专业
11	眼耳鼻咽喉口腔科护理(第3版)	范 真	护理专业
12	基础护理技术(第3版)	张少羽	护理、助产专业
13	护士人文修养(第3版)	胡爱明	护理专业
14	护理药理学(第3版)*	姜国贤	护理专业
15	护理学导论(第3版)	陈香娟　曾晓英	护理、助产专业
16	传染病护理(第3版)	王美芝	护理专业
17	康复护理(第2版)	黄学英	护理专业
1	针灸治疗(第4版)	刘宝林	针灸推拿专业
2	针法灸法(第4版)*	刘 茜	针灸推拿专业
3	小儿推拿(第4版)	刘世红	针灸推拿专业
4	推拿治疗(第4版)	梅利民	针灸推拿专业
5	推拿手法(第4版)	那继文	针灸推拿专业
6	经络与腧穴(第4版)*	王德敬	针灸推拿专业

* 为"十二五"职业教育国家规划教材

第四届全国中医药高职高专教育教材建设指导委员会

主 任 委 员　方家选　胡志方

副主任委员　（按姓氏笔画排序）

王义祁　王之虹　刘　斌　李　丽　何文彬
张立祥　张先庚　陈　刚　陈林兴　周建军
秦晓明　郭争鸣

委　　　员　（按姓氏笔画排序）

王秀兰　卞　瑶　孔令俭　刘　勇　李灿东
李治田　李景儒　李榆梅　吴　彬　张　科
张美林　张登山　张震云　陈文松　陈玉奇
陈景华　金玉忠　周忠民　顾　强　徐家正
唐家奇　曹世奎　龚晋文　董维春　董辉光
谭　工　潘年松

秘　　　书　滕艺萍　范　真　马光宇

第四届全国中医药高职高专中医学专业教材评审委员会

主 任 委 员　王义祁　郭争鸣

副主任委员　张立祥　陈　刚　陈建章

委　　　员　马维平　杨德全　宋传荣
陈景华　陈林兴　徐宜兵

前　言

为了更好地贯彻落实《国家中长期教育改革和发展规划纲要(2010—2020年)》和《医药卫生中长期人才发展规划(2011—2020年)》,推动中医药高职高专教育的发展,培养中医药类高级技能型人才,在总结汲取前三版教材成功经验的基础上,在全国中医药高职高专教材建设指导委员会的组织规划下,按照全国中医药高职高专院校各专业的培养目标,确立本课程的教学内容并编写了本教材。

中医诊断学是中医学的桥梁核心课程,是沟通中医基础理论与中医临床各学科之间的桥梁,是中医学专业课程体系中的主干核心课程。

《中医诊断学》(第3版)2014年出版以来,在全国中医药高职高专院校广泛使用,得到了一致好评。为了更好地适应现代职业化教育需要,着力培养高级技术应用型专门人才,我们收集各位专家的意见和建议,经过反复研究讨论修订,力求做到内容准确、重点突出、文字精练、知识丰富。

本版教材严格按照专科中医院校人才培养目标要求,本着理论知识够用,突出实践操作,以职业岗位能力为本位,以执业资格考试为中心进行修订。相对于3版教材而言,此版教材为融合教材,以纸质教材为基本载体和服务入口,通过"一书一码"的强关联,将传统纸媒内容与数字内容、互联网平台有机融合,将原来单向的传统教材服务拓展为可互动、可延伸的智能服务,使书本内容更丰富、更灵动,更贴合医学教育特点。

本教材编写过程中,得到全国中医药高职高专教材建设指导委员会及各中医药高等专科学校的大力支持,书中参考和引用了其他相关教材和部分专家学者的研究成果,在此致以诚挚的谢意! 同时感谢参编人员所付出的辛勤劳动。

本教材经过反复讨论和修改,虽着力彰显特色,体现岗位对接,立体建设,打造精品,但由于编者水平有限,书中不足之处,恳请广大师生批评指正。

《中医诊断学》编委会

2018年4月

目 录

中篇　辨　证

下篇　综合运用

只有四诊合参,才能全面了解病情,为正确诊断疾病和辨证提供依据。

(二)辨证

辨证是中医诊断疾病的核心,要掌握辨证这一概念,首先必须要熟悉症、证、病三者的概念、区别和联系。

症——即症状,包括症状和体征。症状是患者自我感觉到的身体不适和异常变化,如胸闷、腹痛等。体征是医生检查患者身体所发现的异常征象,如面红、舌质淡白、脉数等。证——即证候。证是对疾病过程中所处一定(当前)阶段的病因、病位、病性以及病势等病理本质所作的概括。例如肺气虚证,病位在肺,病性为虚,病机是肺气虚,临床表现为咳喘无力声低,痰液清稀,少气不足以息,动则尤甚,自汗,恶风,易于感冒,舌淡,苔白,脉细弱等。病——即疾病。是在病因作用下,正邪斗争、阴阳失调所产生的具有特定发展规律的病变全过程,具体表现为若干特定的症状群和不同阶段前后衔接的证候。例如,温病是外感急性热病总称,以急性发热、口渴、尿黄等为临床特征,一般表现为由卫分证、气分证、营分证及血分证前后衔接组成的病变全过程。

辨证,是在中医理论指导下,对四诊收集的各种病情资料进行分析、综合、辨别,判断其证候类型的思维过程,或者说是对疾病当前阶段的病位和病性等疾病本质作出判断,并概括为完整证候名称的诊断思维过程。

(三)辨病

辨病,亦称识病或诊病。是对疾病的病种作出判断,得出病名诊断的思维过程。疾病的病名,是对该病全过程的特点和规律所作出的概括与抽象定义。如感冒、中风、消渴等都是病名。中医诊断虽然包括辨病(病名诊断)和辨证(证名诊断)两部分,但辨病是内、外、妇、儿等临床各科研究的主要内容,而本课程研究的重点内容则侧重于辨证。

(四)病案书写

病案,又称病历,古称医案、脉案、诊籍。病案是关于患者诊疗情况的书面记录。病案是医疗、科研、教学及司法的重要资料。病案书写是临床工作者必须掌握的基本技能,它要求将患者的临床表现、诊断和治疗等情况,按一定的格式如实、全面地记录下来。

三、中医诊断疾病的基本原理

中医诊断学在形成和发展过程中,受到我国古代哲学思想的影响,其认识论和方法论都具有朴素的唯物辩证法思想,并形成了中医诊断疾病的独特原理。中医学认为,人体是一个有机的整体,局部的病变可以产生全身性的反应,全身的病理变化又可反映于局部。疾病变化的病理本质虽藏于内,但必有一定的症状和体征反映于外。通过审察反映于外的各种变化,在中医学理论体系的指导下进行综合分析即可得到疾病的本质。究其基本原理而言主要包括司外揣内、见微知著、以常达变三个方面。

(一)司外揣内

外,指疾病表现于外的症状、体征;内,指脏腑气血等内在的病理本质。司外揣内,又叫"以表知里",是指通过观察、分析患者的外部情况,来测知其内在的病理本质。

"有诸内者,必形诸外。"人体内部的生理活动、病理变化必然在人体外部表现出来,那么通过对人体外部现象的观察,便能测知人体内部的生理、病理情况。患者的外部表现属于疾病的现象,内在脏腑气血失调属于疾病的本质,本质通过现象表现出来,而现象又是由本质所决定的。故而司外揣内这一诊断原理,就是"透过现象看本质"这一辩证法思想在中医学中的具体运用。

(二)见微知著

微,指微小、局部的变化;著,指明显、整体的情况。见微知著,是指通过观察局部的、微小的变化,可以测知整体的、全身的病理变化。由于人体是一个有机的整体,生理上相互联系,病理上必然相互影响。

例如,舌为五官之一,是人体很小的一个器官。然而舌为心之苗,舌与其他脏腑以及经络都有着密切联系。因此,舌的局部变化可以反映脏腑气血的整体状况,这正是中医注重舌诊、把望舌作为诊断疾病的重要手段的原因所在。总之,见微知著这一诊断原理之所以有效地指导临床实践,也是古代医家把"以局部测知整体"这一辩证法思想运用于医疗实践的结果。

(三)以常达变

常,指正常、生理的状态;变,指异常、病理的状态。以常达变,是指在认识正常的基础上,来发现太过或不及的异常变化。

健康与疾病,正常与异常,色白与色黄,脉细与脉洪,都是相对的,是通过观察比较而作出判断的。诊断疾病时,一定要注意从正常中发现异常,从对比中找到差异,进而认识疾病的本质。这就是以我知彼,以观太过与不及的诊断原理。

四、中医诊断疾病的基本原则

医者要想在错综复杂、千变万化的病情变化中抓住疾病的本质,作出正确的病名和证名的判断,除了要掌握中医学的基本理论和基本知识外,更要遵循中医诊断疾病的基本原则。

(一)整体审察

整体观念、相互联系,是中医诊断时强调整体审察的认识论基础。整体审察,是指诊断疾病时,既要重视患者整体的病理联系,又要注重将患者所处的社会环境和自然环境与病情结合起来综合判断。首先,人是一个有机的整体,在生理情况下,人体各部分是一个相互联系、相互作用的统一体;在病理情况下,人体各部分又按照一定规律相互传变、相互影响。人体一旦发生疾病,体表的病变可以传入脏腑,脏腑的病变可以反映于体表;局部的病变可以影响全身或其他部位,全身的病变也可以通过局部反映出来;精神刺激可以影响脏腑的功能,脏腑的病变也可以出现情志活动的改变等,说明任何病证的产生无不体现整体性的失调。其次,要重视环境对人体病变的影响。人体的生命活动与外界环境息息相关,形成了体内外环境维持阴阳平衡的各种调节机制。如夏天人体汗多尿少,冬天人体汗少尿多,人体通过汗、尿的变化而调节体温,故诊察体温、汗、尿时,要充分考虑到季节气候的影响。

整体审察的诊断学意义有二:一是指通过四诊收集患者的临床资料时,必须从整体上全方位地收集,而不能只看到局部的病痛。除了以局部病痛为线索,综合运用四诊了解全身情况外,同时还要了解病史、体质、家庭、环境、时令气候对疾病有无影响。只有广泛而详细地收集临床资料,才能为正确诊断打下基础。二是要求对病情资料进行全面分析、综合判断。要防止只见树木不见森林，或主次不分的现象。

（二）四诊合参

四诊合参的含义有二：一是指望、闻、问、切四诊并重，诸法参用，全面收集病情资料；二是指对四诊收集的病情资料，必须综合分析、参照互证，以全面准确地作出诊断。

四诊合参的重要性在于：第一，望、闻、问、切四诊是从不同的角度诊察病情和收集资料，各自既有其独特的方法和意义，又有一定的局限性，可以互补但不能彼此取代。夸大任何一诊的作用而忽视其他诊法的观点和做法都是片面的、有害的。只有全面应用四诊，才能系统地收集临床资料，确保诊断正确。第二，疾病是一个复杂的过程，其临床表现可体现在多个方面，故必须四诊合参，才能全面收集临床资料。尤其是在疾病危重时刻，其临床表现有时会出现假象（如假脉、假症等），在这种情况下，任何一诊的信息都有可能是假象，如不遵循四诊合参的原则，片面相信某一诊的作用，就极易导致误诊。第三，在临床实践中，四诊往往是同步或混合进行的。通常在询问病情的同时，也要听其语言、呼吸，望其神、色、形、态，并察舌、切脉、触按肌肤。因此，所谓"一望而知"或"三指定乾坤"的说法和做法，既违背四诊合参的原则，也不符合临床实际，是必须加以反对的。

四诊合参是正确诊断的需要。要认识疾病的本质，就必须对四诊获得的感性材料，反复分析综合、推理判断、准确辨证。这是一个完整的思维加工过程，只有四诊，没有合参，就意味着认识仍停留于感性阶段，没有上升到理性阶段，这个认识过程就没有完成。

（三）辨证求本

辨证求本，是通过对四诊收集到的症状、体征、病史及其他临床资料进行分析、综合、辨别、判断，以求对疾病本质及其规律作出概括。"本"者，根源、实质之意；"求本"之"本"是一个综合性病理概念，包括病因、病位、病性及病势等与疾病当前阶段本质相关的一切病理要素，那就是病机。正如朱震亨《丹溪心法》云："此求其病机之说与夫求其本，其理一也。"

中医学认为，病机就是对疾病本质的高度概括。一般来说，证候类型常以其病机命名，证的确定建立在对疾病认识的基础之上，求本的过程就是辨证的过程，辨证的目的就在于求本。例如，肝胆湿热证，多有胁肋胀痛、厌食腹胀、口苦尿赤或黄疸、舌红苔黄腻、脉弦数等，病位在肝胆，病邪是湿热，病机是肝胆湿热，故证名为肝胆湿热证。

（四）病证结合

病证结合是指辨病和辨证相结合。中医诊断包括辨病和辨证，其诊断结论由病名和证名组成。病与证是疾病诊断的两个不同的侧重点。辨病是对疾病全过程与发展规律所作的概括，把控贯穿疾病始终的基本矛盾；辨证是对疾病当前阶段的病位、病性等所作出的结论，抓住当前疾病的主要矛盾。正由于病与证对疾病本质反映的侧重面有所不同，所以中医学强调要辨病与辨证相结合，从而有利于正确诊断。不过，临床上有时是先辨病后辨证，有时又是先辨证后辨病，两种情况都有各自的优势，可灵活掌握应用。

整体观在中医诊断中的指导地位

中医学是从整体研究人体和医学问题的。中医学以整体的"人"为出发点，将人体脏腑、形体等各个部分联系起来，把人的生理、病理现象同自然、社会联系起来，从运动变化过程中，研究人体和医学问题，而不是孤立静止地进行研究，这就是中医的整体观。中医整体观在中医诊断中具有突出的指导作用。例如：中医诊断的三大原理及四大原则，均是建立在中医整体观理论之上，并在整体观的指导之下来阐述中医诊断的道理。由此可见，中医整体观是中医诊断学的"灵魂"。

五、学习中医诊断学的基本方法

中医诊断学是一门理论性、实践性和科学性很强的学科，是以中医基础理论、基本知识和基本技能对疾病进行诊断的具体运用。因此，要学好中医诊断学，必须培养正确的学习方法。

（一）要熟练掌握中医学基础理论

中医学的诊断方法和辨证思维，无不贯穿着中医学的基本理论。如诊察神色变化的生理病理基础，病理舌象、脉象的临床意义，各脏腑的病变特点，各种病因病性的确定等，均涉及阴阳五行、气血津液、脏腑经络、病因病机等基本理论。只有熟练掌握这些知识才能归纳及分析诊法所收集的临床资料，进而确定相互间的病理联系，达到辨证和辨病的目的。因此，在学习中医诊断学的同时，要不断地复习，进一步深化所学的中医理论知识，以指导诊断基本技能的学习、掌握和运用。

（二）要做到理论与实践相结合，边学边做

前人说"熟读王叔和，不如临证多"，强调了临床实践在学习中医诊断学中的重要性。诊断的方法与技巧，只有在临床实践长期操作过程中仔细揣摩，反复体会，才会逐渐掌握和不断提高。例如如何望舌质，怎样判断是淡白舌还是淡红舌，如何诊脉，洪脉该如何体会等，这些技能单从书本上或死记硬背是无法体会到的。再者临床上的病情是复杂多变的，不会出现书本上那些最典型、最基本的病证。所以只有积极、主动地参与临床实践，感性和理性交替转化，才是学好中医诊断学这门知识课和技能课的必由之路。

（三）要学会辨证思维方法

临床诊断，从收集病情资料，到作出病、证判断，是从感性认识到理性认识的过程，是医学理论知识与科学思维方法综合运用的过程。临床诊断不仅反映一个医生的学术水平，同时也反映其科学思维能力。诊病不明，辨证不准，除可能与其医学理论知识不足，掌握病情资料不完整和不准确外，更与其思维能力较差或思维方法不正确等有关。因此，要提高临床诊断水平，不仅要有渊博的医学知识，还应具有自然辩证法、医学辩证法、逻辑学等思维科学知识，更要重视思维方法和思维模式的锻炼和培养。

（马维平）

复习思考题

扫一扫
测一测

1. 中医诊断学的主要内容有哪些?
2. 何为辨证? 简述病、证、症三者的区别与联系。
3. 中医诊断疾病的基本原理是什么?
4. "四诊合参"的重要性体现在哪三个方面?

上篇

四　诊

第一章

望　　诊

1. 望诊的概念。
2. 五色主病的内容。
3. 常见异常舌质与舌苔的临床意义。

望诊,是医生对患者身体外部进行有目的地观察,以收集病情资料、测知内脏病变的一种诊察方法。

望诊为四诊之首,在四诊中占有重要地位。这与人的视觉在认知客观事物中的重要地位有关。人体大多数的生理、病理信息,都要通过望诊获得,这是其他诊法无法取代的。因此,医生诊疗时就要充分利用视觉观察,并在临床实践和日常生活中注意培养和训练自己敏锐、准确的观察能力,在不断的实践中,逐步提高望诊的能力。

望诊的准确性,除了与医生对知识的掌握程度以及临床经验的积累等因素相关之外,还应注意以下两点:①光线充足,避免干扰:望诊应尽量在充足的自然光线下进行,如无自然光线,也可在日光灯下进行,但要避开有色光线及室温高低的干扰,必要时应在自然光线下复诊。②充分暴露,排除假象:诊察时应充分暴露受检部位,以便观察。对于个别与整体病情不相符的征象,应认真分析,排除假象。

望诊的内容主要包括 5 个部分:全身望诊、局部望诊、望排出物、望小儿指纹、舌诊。

第一节　全身望诊

全身望诊,是指对患者的精神、色泽、形体、姿态等方面进行的整体性观察,以便对患者的疾病情况获得一个总体印象。

一、望神

"神"有广义和狭义之分。广义的神,是指人体整体生命活动的总称,即"神气";狭义的神,是指人的精神活动,即"神志"。中医的望神,是对以上两个方面的综合判断。

（一）望神诊病的原理

神的产生与人体精气和脏腑功能的关系非常密切。神产生于先天之精，又依赖后天水谷之精的不断充养。先后天之精充足，则精所化生的气血津液充足，脏腑功能正常，人体就能表现出有神。可见，神是以先、后天之精及其所化生的气血津液为物质基础，最终通过脏腑的功能活动表现于外的。所以，精气充足，则体健神旺，抗病力强，患病多轻，预后较好；精气亏虚，则体弱神衰，抗病力弱，患病多重，预后较差。因此，观察患者神的旺衰变化，可以诊察其精气的盛衰，推断病情的轻重和预后。

（二）望神的要点

神作为人体生命现象的高度概括，主要通过目光、气色、神情、体态等方面综合反映出来。因此，望神时主要观察的是患者以上几个方面的变化。

（三）神的分类及判断

1. 得神　又称"有神"，是精充、神旺的反映。其特征为神志清楚，精神振奋，反应灵敏，表情自然，两目灵活，明亮有神，面色荣润，含蓄不露，呼吸平稳，肌肉壮实，运动自如。提示精气充足，正气强盛，脏腑功能正常，为健康表现。或虽病但精气未衰，病轻易治，预后较好。

2. 少神　又称"神气不足"，是精气不足，神气不旺的反映，介于得神与失神之间。其临床表现为精神不振，思维迟钝，两目乏神，面色少华，暗淡不荣，少气懒言，倦怠乏力，肌肉松软，动作迟缓。提示精气轻度损伤，脏腑功能较弱，正气不足。常见于虚证患者，或疾病恢复期但正气尚未复原者。

3. 失神　又称"无神"，是精亏神衰或邪盛神乱的表现，见于久病虚证或邪实患者。①精亏神衰而失神：表现为精神萎靡，意识模糊，反应迟钝，目无光彩，眼球呆滞，面色无华或晦暗，呼吸微弱或喘促无力，手撒遗尿，肉削著骨，动作艰难，或神昏郑声等。提示精气大伤，功能衰减。多见于慢性久病之人，预后多不良。②邪盛神乱而失神：表现为神昏谵语，躁扰不宁，循衣摸床，撮空理线；或壮热神昏，呼吸气粗，喉中痰鸣；或猝然昏倒，两手握固，牙关紧闭等。提示邪气亢盛，内陷心包，热扰神明；或肝风夹痰，上蒙清窍，阻闭经络。多见于危重患者，病重的表现。

4. 假神　危重病患者，由于精气极度衰竭，突然出现某些症状暂时"好转"的现象，称之为假神。如患者本已失神，突然神识似清，想见亲人；或原本目光晦滞，突然目似有光却浮光外露；或原本面色晦暗，却突然两颧泛红如妆；或原本毫无食欲，却突然索食，且食量大增等。提示脏腑精气极度衰竭，正气将脱，阴不敛阳，虚阳外越，阴阳即将离决。常是危重患者临终前的先兆，古人将其喻作"回光返照""残灯复明"。

5. 神乱　指神志错乱、失常，属狭义之神的异常表现，多见于癫、狂、痫、脏躁等患者。临床常见：①情志异常：表现为烦躁易怒，坐卧不宁，失眠惊悸，多言喜动，多为里热炽盛或阴虚火旺，热扰心神所致；或情绪低落，表情淡漠，默默无语，反应迟钝，或哭笑无常，不敢独处，或愚笨痴呆，喃喃自语，多因气郁痰凝、蒙蔽心神所致或先天智力低下，如郁证、癫病等。②狂躁不安：表现为狂躁妄动，胡言乱语，少寐多梦，打人毁物，骂詈不避亲疏，登高而歌，弃衣而走，逾垣跃屋，力逾常人等，多属阳证，常见于狂病。多由气郁化火生痰，痰火扰乱心神所致。③意识障碍：表现为突然昏倒，口吐涎沫，双目上视，四肢抽搐，伴有怪叫声（多如羊叫声），醒后如常，属痫病；或突然昏仆，手撒遗尿，醒后半身不遂，口眼㖞斜，语言不利，属中风。多由脏气失调，肝风夹痰上扰，阻闭清窍所致。

（四）望神的注意事项

1. 做到一会即觉　神的表现在患者有意无意之间流露最真，所以医生要重视刚接触患者时的第一直觉印象，做到静气凝神，冷眼观察，一会即觉，获得对患者神的旺衰的真实印象。

2. 注重形神合参　神为形之主，形为神之宅，两者关系十分密切。故体健则神旺，体弱则神衰。但也有不一致的，如久病形羸色败者，虽神志清醒，亦属失神；新病昏迷烦躁者，虽形体丰满，亦非佳兆。所以必须形神合参。

3. 把握失神主症　有些症状和体征对判断失神具有重要诊断意义，如神昏谵语、循衣摸床；猝倒神昏，手撒遗尿；骨枯肉脱，形羸色败；饮食不入，泄泻不止等，都是病重失神之主症，临床不可大意。

二、望色

望色，又称色诊，是指通过观察患者全身皮肤（主要是面部皮肤）色泽变化来诊察疾病的方法。本节重点介绍望面部色泽。

（一）面部色诊原理

首先，面部血脉分布十分丰富，人身"十二经脉，三百六十五络，其血气皆上于面而走空窍"（《灵枢·邪气脏腑病形》）。其次，面部皮肤薄嫩，机体气血盛衰，易从面部色泽变化显现。再次，面部是医生最方便诊察的部位。

（二）面部色诊的诊断学意义

面部的色泽对诊察疾病具有重要意义，归纳起来有 4 点：①判断气血的盛衰：机体气血的盛衰，在面部反映最及时且最明显，如面红润而华多为气血旺盛，面淡白无华多为气血不充。②辨别病邪的性质：不同的病邪侵犯机体就会产生不同的病理变化，在面部就会表现出不同的色泽。如面赤多为热证，面白多为寒证或阳虚证，面紫多为气滞血瘀。③确定疾病的部位：观察面部不同部位的色泽变化，可以诊察相应脏腑的病变。《黄帝内经》中色诊分候方法有两种：一是按五色与五脏的对应关系诊察，即青为肝色，赤为心色，白为肺色，黄为脾色，黑为肾色；二是按颜面分候脏腑的方法分部位诊察，即左颊候肝，右颊候肺，额候心，鼻候脾，颏候肾（《素问·刺热论》）。借助上述方法，观察面部不同区域的色泽变化，有助于确定病变所在的具体脏腑；④预测疾病的轻重与转归：凡五色明亮光泽、含蓄不露者，称为善色，即使主病也较轻浅，预后良好；凡五色晦暗枯槁、真色暴露者，称为恶色，主病深重，预后较差。

（三）常色与病色

1. 常色　健康人面部皮肤的色泽，谓之常色。其特点是：明润（明亮润泽）、含蓄（红黄之色隐藏于光泽之间、皮肤之内）。这是人体精充神旺、气血津液充足、脏腑功能正常的表现。常色又分为主色和客色两种。

（1）主色：主色是人之种族皮肤的正常色泽，又称正色。主色为人生来就有的基本面色，终身基本不变。但主色也有偏赤、偏白、偏青、偏黄、偏黑的现象。中国人属黄种人，正常面色是红黄隐隐，明润含蓄。

（2）客色：是指因外界环境因素（季节、昼夜、情绪等）的不同，或生活条件的差异，而微有相应变化的正常肤色（特别是面色）。如春季面稍青，夏季面稍赤，长夏面稍黄,秋季面稍白,冬季面稍黑。白昼面红润,黑夜面暗淡。喜则面赤,怒则青紫,忧则色沉,思则面黄,悲则泽减,恐则苍白。

除上述变化外,人的面色还可因运动、饮酒、水土、职业、年龄、日晒等因素的影响而发生改变。

2. 病色 人体在疾病状态下面部出现的色泽,称为病色。病色的特点是:晦暗、暴露。面部病色的显露程度与光泽的有无,受疾病的新久、轻重、病性等多种因素的直接影响。一般而言,新病、轻病、阳证,面色鲜明显露但有光泽,而久病、重病、阴证,则面色显露与晦暗并见。故病色又有善色与恶色之分。

(1)善色:指患者面色虽有异常,但仍光明润泽。提示病变尚轻,脏腑精气未衰,胃气尚能上荣于面,故称善色。如阳黄患者面色黄而鲜明如橘皮色,即为善色。

(2)恶色:指患者面色异常,且枯槁晦暗。提示病变深重,脏腑精气已衰,胃气不能上荣于面,故称恶色。如臌胀患者面色黄黑晦暗枯槁,即为恶色。

以赤色为例,面色如以缟(白绢,半透明而有光泽)裹朱砂,红色隐约内含而有光泽,具有明润含蓄的特点,为常色;面色赤如鸡冠,色鲜红显露但有光泽,属病色,但脏腑精气未衰,故为善色;面色赤如衃血(凝聚之死血),色紫红暴露而晦暗、枯槁,表明脏腑精气衰败而病重,故为恶色。

根据《素问·五脏生成》记载,将常色、善色、恶色列表比较如下(表1-1)。

表1-1 常色、善色、恶色鉴别表

五色	正常面色	轻病面色(善色)	重病面色(恶色)
青	如以缟裹绀	如翠羽	如草兹
赤	如以缟裹朱	如鸡冠	如衃血
黄	如以缟裹栝蒌实	如蟹腹	如枳实
白	如以缟裹红	如豕膏	如枯骨
黑	如以缟裹紫	如乌羽	如炲

(四)五色主病

病色分为青、赤、黄、白、黑五种,分别提示不同脏腑和不同性质的疾病。

1. 青色 总属经脉瘀滞,气血运行不畅所致。主寒证、疼痛、瘀血、惊风、肝病等。面色淡青,多为虚寒证;面色青黑,多为实寒证、剧痛。面色青灰,口唇青紫,伴心胸憋闷疼痛者,多属心阳虚衰兼心血瘀阻的胸痹;若心悸、胸痛反复发作,突发剧烈胸痛,面色青灰,口唇青紫,冷汗不止,肢凉脉微,属心阳暴脱。小儿高热,若见眉间、鼻柱、唇周色青者,多属惊风或惊风先兆。

2. 赤色 多因热盛而脉络扩张,面部气血充盈或虚阳浮越所致。主热证,亦可见于戴阳证。满面通红者,多属外感发热,或脏腑火热炽盛的实热证。两颧潮红者,多属阴虚阳亢的虚热证。久病、重病面色苍白,却颧红如妆,游移不定者,为戴阳证,多因久病脏腑精气衰竭,阴不敛阳,虚阳浮越所致,属病危。

3. 黄色 多由脾虚不运,气血不足,面部失荣,或湿邪内蕴所致。主脾虚、湿证。面色淡黄而晦暗不泽者,称为萎黄,多属脾胃气虚,运化无力,气血不足;面色淡黄而兼虚浮者,称为黄胖,属脾气虚衰,湿邪内盛;面目一身俱黄者,称为黄疸,其中黄色鲜明如橘皮者,属阳黄,乃湿热熏蒸为患;面黄晦暗如烟熏者,为阴黄,乃寒湿郁滞所致。

4. 白色　多由气虚血少,或阳气虚弱,无力行血上充于面所致。主虚证、寒证。面色淡白无华,伴唇舌色淡者,多属气血不足。面色㿠白(面白而虚浮)者,为阳虚或阳虚水泛。面色苍白(白中透青)者,多属阳气暴脱之亡阳证,或阴寒凝滞、血行不畅之实寒证,或大失血之人。

5. 黑色　多因肾阳虚衰,血失温养,脉络拘急,血行不畅,或肾精亏虚,面部失荣所致。主肾虚、寒证、水饮、瘀血。面黑暗淡者,多属肾阳虚,水寒不化,血失温养所致。面黑干焦者,多属肾阴虚,阴虚火旺,机体失养所致。眼眶周围色黑者,多属肾虚水饮或寒湿带下。面色黧黑(黑而晦暗),肌肤甲错者,多为瘀血久停所致。

(五)望色注意事项

一是要善于比较,即将患者面色与健康人的常色相比较,或将患者面部局部色泽改变与自身对应部位的面色相比较;二是要将望面色与其他部位望诊相结合;三是要注意气候、光线、情绪、饮食、昼夜等因素对面色的影响,排除干扰才能正确诊断。

三、望形

望形,又称望形体,是指通过观察患者体型、体质和形态来诊察病情的方法。

(一)望形诊病的原理

人体以五脏为中心,通过经络气血外连皮、肉、脉、筋、骨等基本组织(五体),从而构成躯体。五体依赖五脏精气的充养,而形体运动又可促进五脏功能活动。因此,五脏精气的盛衰和功能的强弱可通过五体反映于外。故观察患者形体的强弱胖瘦等表现,可以了解内在脏腑的虚实、气血的盛衰。

(二)望形体的内容

1. 形体强弱　①强壮:表现为骨骼粗大,胸廓宽厚,肌肉结实,筋强力壮,皮肤光滑润泽等,伴精力旺,食欲佳,提示内脏坚实,气血旺盛,抗病力强,不易患病,即使患病也容易治愈,预后较好;②羸弱:表现为骨骼细小,胸廓狭窄,肌肉瘦削,筋弱无力,皮肤枯槁等,伴精力弱,食欲差,提示内脏虚弱,气血不足,抗病力弱,容易患病,且病后迁延难愈,预后较差。

2. 形体胖瘦　正常人胖瘦适中,各部组织匀称。过于肥胖或消瘦都可能是病理状态。判断人体的胖瘦,较常用的指标是体重指数(见"知识链接")。观察形体胖瘦时,应注意与精神状态、食欲、食量等结合起来综合判断。①肥胖:若形体肥胖,而肌肉结实,食欲旺盛,神旺有力,为形健气充,不属病态。若形体肥胖,肉松皮缓,食少懒动,动则气喘乏力,属形盛气虚。见于阳虚脾弱,痰湿内盛之人,易患喘哮、眩晕、中风等,故有"肥人多痰湿"之说。②消瘦:若形体较瘦,但精力充沛,神旺有力,则属健康之人。若形瘦乏力,气短懒言,多属后天不足,气血亏虚;形瘦多食,多为阴虚火旺,可见于消渴、瘿瘤等病;形瘦颧红,皮肤干枯者,多属阴血不足,形体失养,多见于温病后期、肺痨等。故有"瘦人多虚火,多痨嗽"之说。若久病卧床不起,骨瘦如柴者,是脏腑精气衰竭,属病危之象。

体 重 指 数

体重指数（BMI）＝体重（kg）/身高（m）^{2}。2000 年国际肥胖特别工作组提出了亚洲成年人 BMI 正常范围为 18.5～22.9；<18.5 为体重过轻；≥23 为超重；23～24.9 为肥胖前期；25～29.9 为 Ⅰ度肥胖；≥30 为 Ⅱ度肥胖。

四、望态

望态，又称望姿态。姿即姿势、体位，态即形体动态。望姿态是通过观察患者的姿势和动态来诊察病情的方法。

（一）望态诊病的原理

首先，患者的特殊姿态、体位动静都是疾病的外在表现。阳主动，阴主静。阳证、热证、实证患者，机体功能亢进，多表现为躁动不安；阴证、寒证、虚证患者，机体功能衰退，多表现为喜静懒动。其次，肢体运动受心神支配，所以，望姿态还可判断心神状况。心神正常，则肢体运动自如，动作协调；心神失常，则肢体动静失调，可见被动体位、强迫体位、无意识动作等异常动态。

（二）姿态异常及意义

1. 姿态异常　①坐姿：坐而仰首，胸胀气粗者，多属肺实气逆；坐而喜俯，少气懒言者，多属肺虚体弱。但坐而不得平卧，或只能半卧，卧则气逆咳喘，呼吸困难者，多属肺胀咳喘，或水饮停于胸腹。②卧姿：卧时面常向里，喜静懒动，身重不能转侧者，多属阴证、寒证、虚证；卧时面常向外，躁动不安，身轻自能转侧者，多属阳证、热证、实证。仰卧伸足，掀去衣被者，多属实热证；蜷卧缩足，喜加衣被者，多属虚寒证。③立姿：站立不稳，其态似醉，伴眩晕者，多属肝风内动或脑有病变；不耐久立，站立时常欲依靠他物支撑，多属气血亏衰。站立（或坐）时常以手扪心，闭目不语，多见于心虚怔忡；若以手护腹，俯身前倾，多为腹痛之征。④行态：以手护腰，弯腰曲背，行动艰难，多为腰腿病；行走时，突然止步不前，以手护心，多为脘腹痛或心痛；行走时身体动摇不定，是肝风内动，或筋骨受损，或脑有病变。

2. 动态异常　不同的疾病可产生不同的病态，观察患者肢体的异常动态有助于疾病的诊断。患者唇、睑、指、趾颤动者，若见于外感热病，多为动风先兆；若见于内伤虚证，多为气血不足，筋脉失养，虚风内动。颈项强直，两目上视，四肢抽搐，角弓反张，常见于小儿惊风、破伤风、痫病、子痫、马钱子中毒等。猝然昏倒，不省人事，口眼㖞斜，伴半身不遂者，属中风。若猝然昏倒，不省人事，口吐涎沫，四肢抽搐，醒后如常者，属痫病。肢体软弱，行动不便，多属痿证。关节拘挛，屈伸不利，多属痹证。

第二节　局部望诊

局部望诊是在全身望诊的基础上，根据病情和诊断的需要，对患者某些局部进行深入、细致的观察，以测知相应脏腑病变的一种诊察方法，主要包括头面、五官、躯体、四肢、二阴、皮肤等部位。

一、望头面

（一）望头部

头为精明之府，内藏脑髓；脑为髓海，为肾所主，且肾其华在发，发为血之余；头又为诸阳之会，手足三阳经及督脉皆上行于头，足厥阴经及任脉亦上行于头，脏腑精气可通过经脉上行至头。故望头部情况，主要可以诊察肾、脑的病变和脏腑精气的盛衰。

望头部应重点观察头部的大小、外形、囟门、动态以及头发的色泽与分布情况。头形的大小以头围（头部通过眉间和枕骨粗隆的横向周长）来衡量（图 1-1）。

头围在各发育阶段的变化为：新生儿约 34cm，6 个月时约 42cm，1 周岁约 45cm，2 周岁约 47cm，3 周岁约 48.5cm，4~10 岁共增加约 1.5cm，18 岁可达 53cm 或以上，以后几乎不再变化。明显超出此范围者，为头形过大，反之为头形过小。若头形偏大或偏小，但智力发育正常者，一般无病理意义。

1. 头形异常

巨颅：小儿头颅均匀增大呈圆形，颅缝开裂，相比之下脸部较小，面容呈倒三角形，双目呈落日征（双目下视，上部巩膜外露），多伴有智力低下。为先天不足，肾精亏损，水液停聚于脑所致（图 1-2）。

小颅：多为小儿颅缝早闭所致，主要表现为头颅顶部尖突高起，额部窄小，而脸部相对较大，伴智力低下。多因先天肾精不足，颅骨发育不良所致（图 1-3）。

方颅：小儿前额左右突出，头顶平坦，顶面观头颅呈方形。为肾精不足或脾胃虚弱，颅骨发育不良所致。可见于佝偻病、先天性梅毒等患儿（图 1-4）。

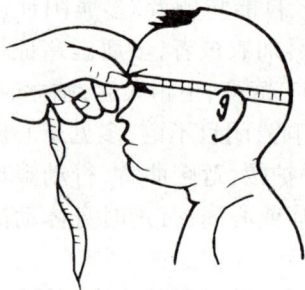

图 1-1　头围测量

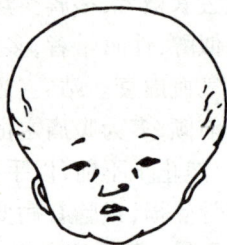

图 1-2　巨颅

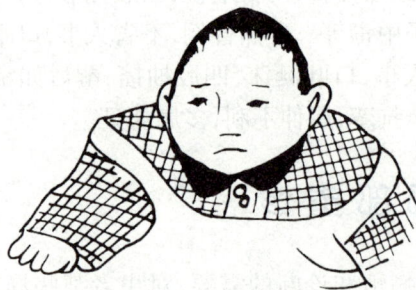

图 1-3　小颅

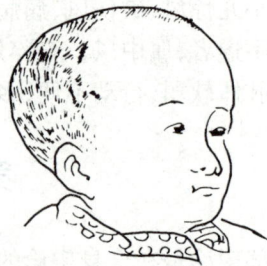

图 1-4　方颅

2. **囟门异常** 囟门是婴幼儿头顶颅骨未闭合时所形成的骨间隙,有前囟、后囟之分(图1-5)。后囟呈三角形,约在出生后2~4个月内闭合;前囟呈菱形,约在出生后12~18个月内闭合。囟门是临床观察小儿发育和营养的主要部位之一。主要病证有囟填、囟陷、解颅等。

囟填:即囟门突起(图1-6)。多属实证,多因温病火邪上攻,或脑髓有病,或颅内水液停聚所致。但小儿在哭泣时囟门暂时突起不属病态。

囟陷:即囟门凹陷(图1-7)。多属虚证,多因吐泻伤津,气血不足或先天肾精亏虚,脑髓失充所致。但6个月以内的婴儿囟门微陷则属正常。

解颅:即囟门迟闭,该合不合。是先天肾气不足,或后天脾胃虚弱,致骨骼失养,发育不良所致,多见于佝偻病患儿,常兼有"五软"(头软、项软、手足软、肌肉软、口软)、"五迟"(立迟、行迟、发迟、齿迟、语迟)等症状。

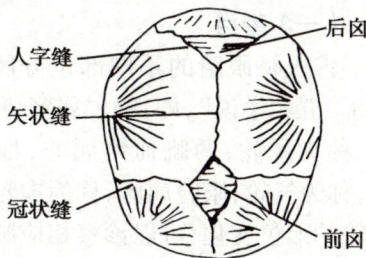

图1-5 囟门

人字缝
矢状缝
冠状缝
后囟
前囟

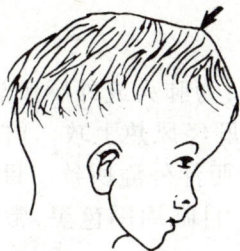

图1-6 囟填

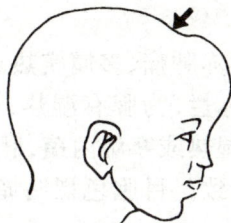

图1-7 囟陷

3. **头动异常** 头摇不能自主,不论成人或小儿,多为肝风内动之兆,或为老年气血虚衰,脑神失养所致。

4. **望头发** 发为血之余,肾之华,故望发可以了解肾气的强弱和精血的盛衰。正常人肾气充盛、精血充足,故发黑稠密润泽。若形色异常,则可能为病态。①发黄:小儿头发稀疏黄软,生长迟缓,甚或久不生发,多因先天不足,肾精亏损,或喂养不当,气血亏虚所致。小儿发结如穗,枯黄无泽,伴面黄肌瘦,多属疳积。②发白:青年发白,伴耳鸣、腰酸者,属肾虚;伴失眠、健忘者,为劳神伤血所致。亦有发白而无任何不适者,为先天禀赋所致,不属病态。③脱发:突然片状脱发,脱落处显露圆形或椭圆形光亮头皮,称为斑秃。多为血虚受风,或长期精神紧张、焦虑惊恐,损伤精血,发失所养所致。青壮年头发稀疏易落,伴眩晕、耳鸣、腰膝酸软者,为肾虚;头发易落,头皮瘙痒,多屑多脂者,为血热化燥或兼痰湿所致。

(二)望面部

1. **面形异常** ①面肿:面部浮肿,多见于水肿病,多为肺、脾、肾三脏功能失调,水液停聚所致。若颜面红肿,灼热疼痛,压之退色,目不能睁者,称为抱头火丹;重者头肿如斗,称为大头瘟。多因热毒内结,血热壅盛,或感染时疫,火毒上攻所致。②腮肿:一侧或两侧腮部以耳垂为中心肿起,边缘不清,按之有柔韧感及压痛者,为痄腮。为外感瘟毒所致,多见于儿童。③口眼㖞斜:突发一侧口眼㖞斜,患侧面肌弛缓,额纹消失,眼不能闭合,鼻唇沟变浅,口角下垂,向健侧㖞斜。若无半身偏瘫者,为面瘫,多因风邪中络所致;若兼半身不遂者,多为中风,为肝阳化风,风痰阻闭经络所致。

2. 特殊面容　①惊恐貌:患者面部呈恐惧状,多见于小儿惊风、狂犬病、瘿瘤等病。②苦笑貌:患者面部呈无可奈何的苦笑状,可见于新生儿破伤风等。

二、望五官

(一)望目

古人将眼睛的不同部位分属五脏,归纳总结出了"五轮学说",即:瞳仁属肾,称为水轮;黑睛属肝,称为风轮;两眦血络属心,称为血轮;白睛属肺,称为气轮;眼睑属脾,称为肉轮(图1-8)。观察五轮的形色变化,可以诊察相应脏腑的病变。

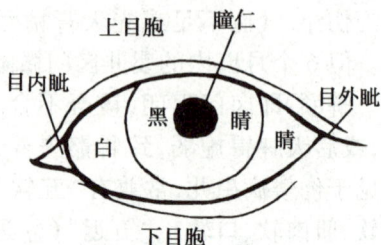

图1-8　目部配属脏腑图

望目包括察目神、目色、目形、目态等内容,其中目神的变化及其临床意义已在望神中介绍,故此处重点介绍目色、目形、目态的变化及临床意义。

1. 目色　目赤肿痛,多属实热。如白睛发红,为肺火或外感风热;两眦赤痛,为心火上炎;睑缘赤烂,为脾有湿热;全目赤肿,为肝经风热上攻。白睛发黄,是黄疸的主要标志,为湿热或寒湿内蕴,肝胆疏泄失职,胆汁外溢所致。目眦淡白,为血少不能上荣于目所致。目胞色黑晦暗,多属肾虚。目眶周围色黑,常见于肾虚水泛,或寒湿下注。

2. 目形　目胞浮肿,多为水肿。眼窝凹陷,多见于吐泻伤津或气血虚衰的患者。久病重病,眼眶深陷,甚则视不见人,则为阴阳竭绝之候,属病危。眼球突出,兼咳喘气短者,属肺胀;兼颈前肿块,急躁易怒者,为瘿瘤。胞睑红肿,若睑缘肿起结节如麦粒,红肿不甚者,为针眼;若胞睑漫肿,红肿较重者,为眼丹,皆为风热邪毒或脾胃蕴热上攻所致。

3. 目态　正常人瞳孔双侧等大等圆,直径为2~5mm,对光反应灵敏,眼球运动随意灵活。其异常改变主要有以下几种:①瞳孔缩小(直径小于2mm):可见于川乌、草乌、毒蕈、有机磷农药中毒,以及出血性中风。②瞳孔散大(直径大于5mm):常见于危急症患者,瞳孔完全散大,为脏腑功能衰竭、心神散乱、濒临死亡的重要体征。如一侧瞳孔逐渐散大,可见于温热病热极生风证、中风、颅脑外伤或颅内肿瘤等患者。③目睛凝视:又称目睛微定,指患者两眼固定,不能转动。固定前视者,称瞪目直视;固定上视者,称戴眼反折;固定侧视者,称横目斜视。多属肝风内动之证,或脏腑精气耗竭,或痰热内闭证,属病重。④昏睡露睛:指患者昏昏欲睡,睡后胞睑未闭而睛珠外露,多属脾胃虚衰,或吐泻伤津。⑤眼睑下垂:又称睑废,指胞睑无力张开而上睑下垂。其中双睑下垂者,多为先天不足,脾肾亏虚;单睑下垂者,多因脾气虚衰或外伤所致。

(二)望耳

1. 耳之色泽　正常人耳廓色泽红润,是气血充足的表现。耳轮淡白,多属气血亏虚;耳轮红肿,多为肝胆湿热或热毒上攻;耳轮青黑,多见于阴寒内盛或剧痛患者;耳轮干枯焦黑,可见于温病后期肾阴耗伤及下消证,多属肾精亏虚,精不上荣,为病重;小儿耳背有红络,耳根发凉,多为麻疹出疹的先兆。

2. **耳之形态** 正常人耳廓厚大,是肾气充足的表现。耳廓瘦小而薄,是先天亏损,肾气不足;耳轮干枯萎缩,多为肾精耗竭,属病危;耳轮皮肤甲错,可见于血瘀日久的患者。

3. **耳内病变** 耳内流脓水,称为脓耳,多由肝胆湿热熏蒸所致;后期转虚,则多属肾阴不足,虚火上炎。

(三)望鼻

1. **鼻之色泽** 鼻端微黄明润,为新病,虽病而胃气未伤;见于久病则为胃气来复。鼻端色白,多属气血亏虚;鼻端色赤,多属肺脾胃蕴热;鼻端色青,多为阴寒腹痛;鼻端色黑,多为肾虚寒水内停;鼻端枯槁晦暗,为胃气已衰,属病危。

2. **鼻之形态** 鼻头红肿生疮,多属胃热或血热;鼻端生红色粉刺,称为酒渣鼻,多因肺胃蕴热,侵入血络所致;鼻柱溃陷,多见于梅毒或麻风病。鼻翼扇动,是肺失宣降、呼吸困难的表现,多因痰热阻肺,见于哮病、喘病等。

3. **鼻内病变** 鼻流清涕,为外感风寒或阳气虚弱;鼻流浊涕,属外感风热或肺胃蕴热;鼻流腥臭脓涕,日久不愈者,为鼻渊,乃外感风热或肝胆湿热上逆于鼻所致;鼻腔出血,称为鼻衄,多因邪热灼伤鼻络,或阴虚肺燥所致。

(四)望口与唇

1. **口唇的色泽** 正常人唇色红润,是胃气充足、气血和畅的表现。唇色淡白,为血虚或失血所致;唇色紫黯或黯黑,为血瘀所致,多见于心气虚、心阳虚或呼吸极为困难的患者。

2. **口唇的形态** 唇裂如兔唇者,多为先天发育畸形所致;口唇干燥,说明津液已伤;口唇糜烂,多为脾胃积热上蒸所致;口角流涎,见于小儿多属脾气虚弱,见于成人多为风中络脉或中风后遗症;口腔糜烂,为口疮,多由心脾积热上蒸所致;小儿口腔黏膜、舌上满布片状白屑,状如鹅口,为鹅口疮,多因湿热秽浊之气上蒸于口所致;若小儿口腔颊黏膜(即第2磨牙处黏膜)出现针头大小的灰白色斑点,周围绕以红晕,称为麻疹黏膜斑,为麻疹将出之兆。

3. **口唇的动态** 口唇的异常动态有:①口张:即口开而不闭,属虚证;②口噤:即口闭难开,牙关紧急,属实证;③口撮:即上下口唇紧缩,多为正邪交争所致;④口㖞:即口角向一侧歪斜,多为风痰阻络;⑤口振:即战栗鼓颔,口唇振摇,为阳衰寒盛或正邪剧争;⑥口动:即口唇频繁开合,不能自禁或口角掣动不止,多属热极生风或脾虚生风。

(五)望齿与龈

1. **察牙齿** ①牙齿色泽:正常人牙齿洁白润泽而坚固,是肾气充足、津液未伤的表现。若牙齿干燥,为胃阴已伤;牙齿光燥如石,为阳明热盛,津液大伤;牙齿燥如枯骨,多为肾阴枯竭、精不上荣。②牙齿动态:牙关紧急,多属风痰阻络或热极生风;咬牙龄齿,多为热盛动风;睡中龄齿,多为胃热或虫积所致,亦可见于常人。

2. **望牙龈** ①牙龈色泽:正常人牙龈淡红而润泽,是胃气充足、气血调匀的表现。牙龈淡白,多属血虚或失血;牙龈红肿疼痛,多为胃火亢盛。②牙龈形态:牙缝出血,为齿衄,兼齿龈红肿疼痛者,属胃火亢盛;若齿龈不红不痛而微肿者,多为虚火上炎或脾不统血所致。龈肉萎缩,牙根暴露,牙齿松动,为牙宣,多属肾虚或胃阴不足,虚火燔灼,龈肉失养所致。

（六）望咽喉

1. 咽喉色泽 正常人咽喉色淡红润泽，不痛不肿，呼吸通畅，发音正常，食物下咽顺利无阻。若咽部红肿灼痛明显，多由肺胃热毒壅盛所致；若咽部嫩红，肿痛不显著，多由肾阴亏虚、虚火上炎所致；咽部淡红漫肿，多由痰湿凝聚所致。

2. 咽喉形态 一侧或两侧喉核红肿，形如乳头或状似蚕蛾，表面或有黄白色脓点，为乳蛾，属肺胃热盛或虚火上炎所致。咽部溃烂处表面所覆盖的一层黄白或灰白色膜，称为假（伪）膜，若假膜松厚，容易拭去者，病情较轻，是肺胃热浊之邪上壅于咽；若假膜坚韧，不易拭去，重剥出血，很快复生者，为白喉，多见于儿童，属烈性传染病。

三、望躯体

（一）望颈项

正常人颈项直立，两侧对称，气管居中，安静时颈侧动脉搏动不明显。其异常表现有：①瘿瘤：颈前结喉处有肿块突起，或大或小，或单侧或双侧，可随吞咽而上下移动。多由肝郁气滞痰凝所致，或与地方水土失调有关。②瘰疬：颈侧颔下有肿块如豆，累累如串珠。多因虚火内灼，炼液成痰，或外感风火时毒，夹痰结于颈部所致。③颈瘘：指颈部肿痛、瘰疬溃破后，久不收口，形成瘘管。多因痰火久结，气血凝滞，疮孔不收而成。④项痈、颈痈：指项部或颈部两侧焮红漫肿，疼痛灼热，甚至溃烂流脓。多由风热邪毒蕴蒸，气血壅滞，痰毒互结于颈项所致。⑤气管偏移：指气管不居中，向一侧偏移。可见于悬饮、气胸、肺部肿瘤等患者。⑥颈脉怒张：指颈部脉管明显胀大，平卧更甚。见于心血瘀阻，肺气壅滞及心肾阳衰、水气凌心等证。

（二）望胸胁

1. 外形 正常人的胸廓呈扁圆柱形，两侧对称，左右径大于前后径（比例约为1.5∶1），小儿和老人左右径略大于前后径或几乎相等，两侧锁骨上下窝对称。常见的胸廓变形有：①扁平胸：胸廓前后径不及左右径的一半，呈扁平状。常见于肺肾阴虚或气阴两虚的患者。②桶状胸：胸廓前后径增大，约等于左右径，甚至超过左右径，肋间隙增宽且饱满，胸廓呈圆桶状。多因久病咳喘，肺肾气虚，肺气失宣而壅滞，渐积使胸廓变形而成。③鸡胸：肋骨下部明显前突，肋骨侧壁凹陷，形似鸡胸。多见于小儿佝偻病。④胸廓两侧不对称：一侧胸廓塌陷，多见于肺痿、悬饮后遗症和肺部手术后等患者；一侧胸廓膨隆，肋间隙变宽，多见于悬饮、气胸等患者。

2. 呼吸 正常人呼吸均匀，节律整齐，每分钟16~18次，胸廓起伏左右对称。妇女以胸式呼吸为主，男子和儿童以腹式呼吸为主。常见的呼吸异常有：①呼吸形式异常：若胸式呼吸增强，腹式呼吸减弱，多为腹部病变所致，如臌胀、腹内癥积、腹部剧痛等，亦见于妊娠妇女；若胸式呼吸减弱，腹式呼吸增强，多为胸部病变所致，如肺痿、悬饮、胸部外伤等；如两侧胸部呼吸不对称，即胸部一侧呼吸运动较另一侧明显减弱，为减弱一侧的胸部有病，可见于悬饮、气胸、肺肿瘤等。②呼吸时间异常：若吸气时间延长，多因吸气困难所致，可见于急喉风、白喉等患者；若呼气时间延长，伴口张目突、端坐呼吸，多为呼气困难所致，可见于哮病、肺胀、尘肺等。③呼吸强度异常：若呼吸急促，胸部起伏显著，多为邪热、痰浊阻肺，肺气失宣所致；若呼吸微弱，胸廓起伏不显，多为肺气亏虚。④呼吸节律异常：呼吸节律不整，表现为呼吸由浅渐深，再由深渐浅，以至暂停，往返重复，或呼吸与暂停交替出现，皆为肺气虚衰之象，属病重。

（三）望腹部

1. **外形** 正常人腹部平坦、对称，直立时腹部可稍隆起，约与胸平齐，仰卧时则稍凹陷。外形异常有：①腹部膨隆：指仰卧时腹壁明显高于胸耻连线。若单腹膨胀，四肢消瘦者，多属臌胀病（图1-9），多因肝郁脾虚，水停瘀阻所致；若腹部胀大，周身浮肿者，属水肿病；若仅见腹部膨隆，多见于积聚等病。②腹部凹陷：指仰卧时腹壁明显低于胸耻连线。新病为剧烈吐泻，津液大伤；久病为脾胃虚弱，气血不足，或伴肉削著骨者，为脏腑精血耗竭，属病危。③腹壁青筋暴露：表现为腹大坚满，腹壁青筋怒张。多见于肝郁脾虚，湿停瘀阻之臌胀重证。

2. **动态** 腹部动态主要与呼吸有关，因此腹部的异常动态，多与某些病变致使腹式呼吸的强度改变有关，可参考"望胸胁"中有关内容。

图1-9 臌胀

（四）望腰背部

1. **外形** 正常人腰背部两侧对称，直立时脊柱居中，颈、腰段稍向前弯曲，胸、骶段稍向后弯曲，但无左右侧弯。其异常改变主要有：①脊柱后突：指脊骨过度后弯，致使前胸塌陷，背部凸起，又名龟背，俗称驼背。多由肾气亏虚、发育异常，或脊椎疾患所致，亦可见于老年人。②脊柱侧弯：指脊柱偏离正中线向左或右歪曲。多由小儿发育期坐姿不良所致，亦可见于先天肾精不足，发育不良的患儿或一侧胸部有病的患者。③脊疳：指患者极度消瘦，以致脊骨突出似锯，为脏腑精气极度亏损之象。

2. **动态** 正常人腰背俯仰转侧自如。其异常改变主要有：①角弓反张：指患者脊背后弯，反折如弓，兼颈项强直，四肢抽搐，为肝风内动、筋脉拘急之象。②腰部拘急：指腰部疼痛，活动受限，转侧不利。多因寒湿内侵，腰部脉络拘急，或跌仆闪挫，局部气滞血瘀所致。

四、望四肢

五脏均与四肢有关，而脾与四肢的关系尤为密切；且四肢是手足十二经脉循行之处。故望四肢可以诊察五脏六腑和经脉的病变。常见病理表现有：①肌肉萎缩：即四肢或某一肢体肌肉消瘦、萎缩，松软无力。多因气血亏虚或经络阻闭，肢体失养所致。②四肢肿胀：是全身浮肿的一部分，见于水肿病。③膝部肿大：膝部红肿热痛，屈伸不利，见于热痹；若膝肿大而股胫消瘦，形如鹤膝，称为"鹤膝风"（图1-10），多因寒湿久留，气血亏虚所致。④下肢畸形：直立时两踝并拢而两膝分离，称为"膝内翻"，又称"O"形腿或罗圈腿（图1-11）；两膝并拢而两踝分离，称为"膝外翻"，又称"X"形腿（图1-12）。踝关节呈固定内收位，称"足内翻"；呈固定外展位，称"足外翻"。皆属先天不足或后天失养，发育不良所致。⑤青筋暴露：指小腿青筋怒张，形似蚯蚓。为寒湿内侵、络脉血瘀所致。⑥手指变形：指关节呈梭状畸形，活动受限者，多由风湿久蕴，筋脉拘挛所致。指（趾）末节膨大如杵者，称为"杵状指（趾）"（图1-13），多由久病心肺气虚，血瘀湿阻而成。

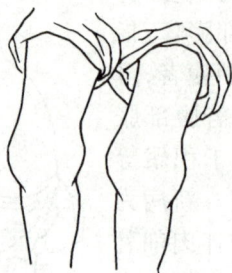

图 1-10　鹤膝风

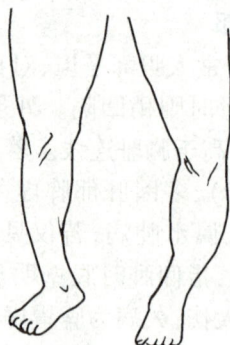

图 1-11　"O"形腿

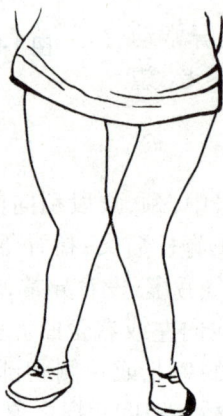

图 1-12　"X"形腿

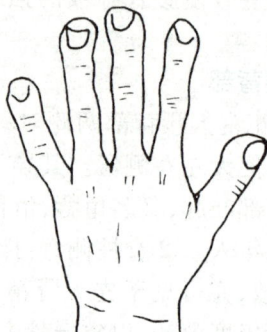

图 1-13　杵状指

五、望二阴

（一）望前阴

望男性前阴主要观察阴茎、阴囊、睾丸有无硬结、肿胀、溃疡及异常形色的改变。对女性前阴的诊察必须有明确的适应证,由妇科医生检查,男医生应在女护士陪同下进行。

1. 外阴肿胀　男性阴囊或女性阴户肿胀,称为阴肿。阴肿而不痒不痛者,多为全身水肿的局部表现。体腔内容物向外突出,致男性阴囊肿大,一般称为疝气,可因小肠坠入阴囊,或内有瘀血、水液停聚,或脉络迂曲,睾丸肿胀等引起。阴囊或阴户红肿灼痛瘙痒,多为肝经湿热下注所致。

2. 外阴收缩　男性阴囊阴茎,或女性阴户收缩,称为阴缩。多因寒袭肝经,气血凝滞,拘急收引所致。

3. 外阴生疮　前阴生疮,或有硬结破溃腐烂,时流脓水或血水者,称为阴疮,多因肝经湿热下注,或感染梅毒所致。

4. 外阴湿疹　男子阴囊,或女子大小阴唇出疹,瘙痒灼痛,湿润或有渗液者,分别称为肾(阴)囊风、女阴湿疹。多由肝经湿热下注所致。若日久皮肤粗糙变厚者,为阴虚血燥所致。

5. 阴户有物突出　妇女阴户中有物突出如梨状,名为阴挺,即子宫脱垂(图 1-14)。多由中气下陷所致,常见于体弱脾虚或产后劳伤之人。

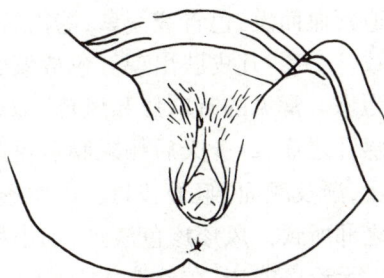

图 1-14　子宫脱垂

(二)望后阴

望后阴时,患者应取侧卧位,双腿尽量前屈靠近腹部,使肛门充分暴露,诊察者用双手分开臀部进行观察。主要观察有无红肿、痔疮、肛裂、瘘管及其他病变。

1. 肛痈　指肛门周围红肿疼痛而高起,破溃流脓者,多由湿热下注或外感热毒而发。

2. 肛裂　指肛门皮肤与肛管黏膜有狭长裂伤,排便时疼痛出血者,多因大便燥结坚硬,努力排便而撑裂所致。

3. 痔疮　肛门内外生有紫红色柔软肿块,突起如峙,故称为痔疮。其生于肛门齿状线以内者为内痔,以外者为外痔,内外皆有者为混合痔。多因肠中湿热蕴结或血热肠燥,或久坐、负重、便秘等,使肛门部血络瘀滞所致。

4. 瘘管　指肛痈成脓自溃或切开后,久不敛口,外流脓水所形成的管腔。局部痒痛,脓水淋漓,缠绵难愈。

5. 脱肛　指直肠黏膜或直肠全层脱出肛外。轻者大便时脱出,便后缩回,重者脱出后不能自回,需用手慢慢推还。多由脾虚中气下陷所致。

六、望皮肤

望皮肤主要诊察其色泽、形态的变化及皮肤特有病证,如斑、疹、疔、疖等。

(一)色泽异常

1. 皮肤发赤　皮肤发赤,色如涂丹者,称为丹毒。发于头面者称抱头火丹;发于小腿者称流火;发于全身,游走不定者称赤游丹。多由风热或湿热化火所致,亦可因外伤染毒所致。

2. 皮肤发黄　面、目、皮肤、小便俱黄者,为黄疸。有阳黄、阴黄之分,应注意鉴别(详见于望色)。

3. 皮肤紫黑　皮肤色黑而晦暗,多由肾阳虚衰,温运无力,血行不畅所致。若色黑干枯不荣,多由劳伤肾精,肌肤失养所致。

4. 皮肤白斑　皮肤局部明显变白,斑片大小不等,界限清楚,且无异常感觉,称为白癜风。多因风湿侵袭,气血失和,血不荣肤所致。

(二)形态异常

1. 皮肤干燥　指皮肤干枯无华,甚至皲裂、脱屑。多因阴津已伤,营血亏虚,肌肤失养所致,或因外邪侵袭,气血滞涩所致。

2. 肌肤甲错　指皮肤干枯粗糙,状若鱼鳞。属瘀血日久,肌肤失养。

白癜风

(三)皮肤病证

1. 斑疹　是全身性疾病表现于皮肤的症状,二者虽常常并称,但实质有别。①斑:皮肤黏膜出现深红色或青紫色片状斑块,平铺于皮肤,抚之不碍手,压之不退色者,称为斑。有阳斑、阴斑之分,凡色深红或紫红伴实热见症者为阳斑,多由热邪亢盛,内迫营血而发;色青或淡紫,隐隐稀少伴气虚见症者为阴斑,多由脾气虚衰,血失统摄所致。②疹:凡皮肤出现红色或紫红色粟粒状疹点,高出皮肤,抚之碍手,压之退色者,称为疹。常见的有麻疹和风疹。麻疹为儿科常见传染病,多发于冬末春初。初起有类似感冒之症,2~3天后颊黏膜可见麻疹斑,发热3~4天后,开始出疹,皮疹先发于耳后发际,渐及颜面、躯干、四肢,疹发透彻后按出现的先后顺序逐渐隐退。为外感麻毒时疫之邪所致。风疹疹色淡红,细小稀疏,皮肤瘙痒,为外感风邪所致。

无论斑或疹,在外感病中见之,若色红身热,先见于胸腹,后延及四肢,斑疹透发后热退神清者,是邪去正安,为顺;若斑疹布点稠密成团,色深红或紫黯,先见于四肢,后延及胸腹,壮热不退,神识不清者,是邪气内陷,为逆。

2. 水疱 ①白㾦:又名白疹,是皮肤出现的一种白色小疱疹,晶莹如粟,高出皮肤,擦破流水,颈胸多发,偶见四肢,面部不发。多因外感湿热郁于肌表,汗出不彻所致,常见于湿温病。②水痘:小儿皮肤出现粉红色斑丘疹,很快变成椭圆形的小水疱,晶莹透亮,大小不等,分批出现,皮薄易破,浆液稀薄,常兼有轻度恶寒发热。多因外感时邪,内蕴湿热所致。③湿疹:周身或局部皮肤出现红斑、瘙痒,迅速形成丘疹、水疱,破后渗液,形成红色湿润之糜烂面。多因湿热蕴结,复感风邪,郁于肌肤而发。

3. 疮疡 指发于皮肉筋骨之间的化脓性外科疾患。①痈:患部红肿高大,根盘紧束,焮热疼痛,易于成脓。多为湿热火毒蕴结,气血壅滞所致。其特点是:未脓易消,已脓易溃,脓液黏稠,疮口易敛,属阳证。②疽:患部漫肿无头,皮色不变或晦暗,不热少痛麻木,难于成脓,多为气血亏虚,阴寒凝滞而发。其特点是:未脓难消,已脓难溃,脓汁稀薄,疮口难敛,溃后易伤筋骨,属阴证。③疔:患部细小如粟,顶白,根深如钉,麻木痒痛。多发于颜面和手足。多因外感疫毒、火毒等所致。其特点是:邪毒深重,易于扩散。④疖:患部形小而圆,红肿热痛不甚,脓出则愈。多因外感热毒或湿热蕴结所致。其特点是:病位表浅,症状轻微。

第三节 望排出物

望排出物是观察患者的分泌物、排泄物和某些排出体外的病理产物的形、色、质、量的变化来诊察疾病的一种方法。一般来说,排出物色白、质稀者,多属虚证、寒证;色黄、质稠者,多属实证、热证。

一、望痰涎

(一)望痰

痰是机体水液代谢失常所形成的病理产物。肺、脾、肾三脏与水液代谢密切相关,因此,望痰对于诊察肺脾肾三脏的功能状态及病邪的性质有一定的意义。

痰白清稀者,属寒痰,因寒邪阻肺,津凝不化而成痰,或脾阳不足,湿聚为痰;痰黄稠有块,属热痰,多因热邪犯肺,煎熬津液而成痰;痰少而黏,难于咯出者,属燥痰,因燥邪犯肺,耗伤肺津,或肺阴虚所致;痰白滑量多,易于咯出者,属湿痰,因脾失健运,水湿内停,聚而成痰;痰中带血,色鲜红者,称为咯血,多因肺阴亏虚、肝火犯肺或痰热壅肺,肺络受损所致;咯吐脓血痰,气腥臭者,为肺痈,因热毒壅肺,化腐成脓所致。

（二）望涎

涎为脾之液，由口腔分泌，具有濡润口腔、协助进食和促进消化的作用。望涎可以诊察脾和胃的病变。

口流清涎量多者，多属脾胃虚寒；口中时吐黏涎者，多属脾胃湿热；小儿口角流涎，涎渍颐下，称为"滞颐"，多由脾虚不能摄津所致，亦可见于胃热、虫积或消化不良；睡中流涎者，多为胃中有热、宿食内停或痰热内蕴。

二、望呕吐物

呕吐物清稀无酸臭味，或呕吐清水痰涎者，多因胃阳不足，腐熟无力，或寒邪犯胃，损伤胃阳，导致水饮停于胃，胃失和降所致。呕吐物秽浊有酸臭味，多因热邪犯胃，胃失和降所致。呕吐不消化食物，味酸腐，多属伤食。呕吐黄绿色苦水，多属肝胆郁热或湿热。吐血黯红或紫黯有块，夹有食物残渣者，为胃火伤络，或肝火犯胃，或胃腑血瘀所致。

三、望大便

大便清稀如水样，多属寒湿泄泻；大便黄褐如糜而臭，多属湿热泄泻；大便夹有黏冻、脓血，为湿热蕴结大肠，肠络受损所致，多见于痢疾或肠道的恶性病变；大便灰白呈陶土色，多见于黄疸；大便燥结，干如羊屎，排出困难，多因热盛伤津或阴血亏虚，肠失濡润所致。大便带血，称为便血，若色鲜红，附在大便表面或排便前后滴血者为近血，多见于肠风下血或肛裂、痔疮出血；若色紫黯或如柏油状，与大便混合者为远血，多因胃肠热盛迫血妄行或脾不统血所致。

四、望小便

小便清长量多，多属虚寒证；小便黄赤而短，多属热证。尿中带血，多因热伤血络，或脾肾不固，或湿热蕴结膀胱所致。尿中有砂石，多因湿热蕴结下焦，煎熬尿液，杂质久而结为砂石。小便混浊如米泔水，或滑腻如脂膏，称为尿浊，多因脾肾亏虚，固摄无力，脂液下流，或湿热下注，气化不利，清浊不分，并趋下所致。

第四节　望小儿指纹

望小儿指纹是通过观察3岁以下小儿食指掌侧前缘部浅表络脉的形色变化来诊察病情的一种方法。

食指掌侧前缘络脉为寸口脉的分支，与寸口脉同属手太阴肺经，其形色变化，在一定程度上可以反映寸口脉的变化，故望小儿指纹与诊寸口脉的意义相同。由于3岁以内小儿寸口脉位短小，切脉时只能用一指诊脉，诊脉时又常哭闹不宁，脉象易失真，而小儿皮肤薄嫩，食指络脉易于观察，故常以望指纹代替脉诊。

观察小儿指纹时，令家长抱小儿面向光亮，医生用左手拇指和食指握住小儿食指末端，再用右手拇指的侧缘，在小儿食指掌侧前缘从指尖向指根部推擦几次，用力要适中，使指纹显露，便于观察。

一、正常小儿指纹

（一）指纹特点

小儿正常指纹在食指掌侧前缘，隐隐显露于掌指横纹附近，纹色浅红，呈单枝且粗细适中。

（二）影响因素

小儿指纹受多种因素的影响。如年幼儿络脉长而显露；年长儿络脉短而不显。皮肤薄嫩者，指纹显而易见；皮肤较厚者，络脉常模糊不显。肥胖儿络脉较深而不显；体瘦儿络脉较浅而易显。天热络脉扩张，指纹增粗变长；天冷脉络收缩，指纹变细缩短。因此，望小儿指纹需排除相关因素的影响，才能作出正确诊断。

二、异常小儿指纹

对小儿异常指纹的观察，应注意其纹位、纹色、纹态、纹形等方面的变化，其要点可归纳为：三关测轻重，浮沉分表里，红紫辨寒热，淡滞定虚实。

（一）三关测轻重

小儿食指按指节可分为三关：食指第一节（掌指横纹至第二节横纹之间）为风关，第二节（第二节横纹至第三节横纹之间）为气关，第三节（第三节横纹至指端）为命关（图1-15）。根据指纹在食指三关显现的部位，可以推测邪气的浅深和病情的轻重。

指纹显于风关者，是邪气入络，邪浅病轻，可见于外感初起；指纹达于气关者，是邪气入经，邪深病重；指纹达于命关者，是邪入脏腑，病情严重；指纹直达指端（称透关射甲），提示病情凶险，预后不良。

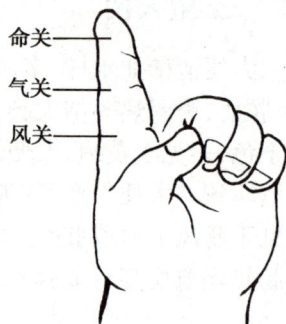

图1-15　小儿食指脉络三关示意图

（二）浮沉分表里

指纹浮而显露，为病邪在表，见于外感表证。因外邪袭表，正邪相争，气血趋于表所致。指纹沉隐不显，为病邪在里，见于内伤里证。因邪气内困，阻滞气血难于外达所致。

（三）红紫辨寒热

指纹偏红，属外感表证、寒证。因邪正相争，气血趋表，指纹浮显，故纹色偏红。指纹紫红，属里热证。因里热炽盛，脉络扩张，气血壅滞所致。指纹色青，主痛、惊风。因脉络郁滞，气血不通所致。指纹淡白，属脾虚、疳积。因脾胃气虚，生化不足，气血不能充养脉络所致。指纹紫黑，为血络郁闭，病属危重。一般来说，纹色浅淡者，多属虚证，是正气不足；纹色深黯者，多属实证，是邪气有余。故《四诊抉微》有"紫热红伤寒，青惊白是疳"之说。

（四）淡滞定虚实

指纹浅淡而纤细，多属虚证，因气血不足，脉络不充所致。指纹浓滞而粗，多属实证，因邪正相争，气血壅滞所致。

第五节 舌 诊

舌诊是通过观察患者舌质和舌苔的变化以诊察疾病的一种方法。凡脏腑的虚实、气血的盛衰、津液的盈亏、病位的浅深、预后的好坏，都能较为客观地从舌象上反映出来，成为医生诊病的重要依据，所以舌诊是望诊的重要内容，也是中医诊法的特色之一。

一、舌诊基础

（一）舌的结构与舌象的物质基础

舌为肌性器官，由横纹肌和黏膜组成，其主要功能是辨别滋味、调节声音、拌和食物、协助吞咽。通常整个舌的肌肉组织称为舌体。舌体的上面称舌背，又称舌面，舌体的下面称舌底，舌体的前端称舌尖，舌体的中部称舌中，舌体的后部称舌根，舌的两边称舌边。舌黏膜覆盖在舌体表面，形成许多突起，称为舌乳头。根据乳头的形状不同，可分为丝状乳头、蕈状乳头、轮状乳头和叶状乳头等。其中丝状乳头和蕈状乳头参与了舌象的形成，轮状乳头和叶状乳头则与味觉有关。

舌质主要由肌肉和丰富的血管、神经组成，涉及舌体的色泽、形态和水液分布情况，在疾病过程中较易发生变化而反映出疾病的本质。蕈状乳头表面的上皮细胞透明，透过上皮隐约可见乳头内的毛细血管，肉眼观察呈红色小点。蕈状乳头的色泽和形态改变，是舌质变化的主要因素。

舌苔是附着于舌面上的一层苔状物，由丝状乳头、脱落细胞、黏液、食物残渣等混合而成。丝状乳头表面的上皮细胞有轻度角化和脱落，常呈微白色，是正常舌呈薄白苔的要素。

（二）脏腑经络与舌象

舌与脏腑经络密切相关，五脏六腑都直接或间接地通过经络、经筋与舌相联系。但舌与心、脾胃的关系更为密切。舌为心之苗，手少阴心经之别系舌本。舌的脉络丰富，赖气血以充盈，而心主血脉，故人体气血运行情况，可以反映在舌质的颜色上；心主神明，舌体的运动又受心神的支配，因而舌体运动是否灵活，语言是否清晰，与心神密切相关。故舌可以反映心和神的病变。

舌为脾之外候，足太阴脾经连舌本、散舌下。舌苔禀胃气而生，舌体赖气血充养，而脾主运化，胃为水谷之海，脾胃为后天之本，气血生化之源。因此，舌象的形成和变化与脾胃功能密切相关，观察舌象就可以诊察全身气血的盛衰和脾胃的病理变化。

肝藏血主筋，足厥阴肝经络舌本；肾藏精，足少阴肾经循喉咙，挟舌本；足太阳膀胱之经筋结于舌本；肺系上达咽喉，与舌根相连；其他脏腑也通过经络直接或间接地与舌产生联系。因而体内脏腑一旦发生病变，舌象就会出现相应的变化，所以察舌象的变化，可以测知内在脏腑的病变。

脏腑的病变反映于舌面，具有一定的分布规律，即舌尖属心肺，舌边属肝胆，舌中属脾胃，舌根属肾。

（三）精气神与舌象

舌为血管丰富的肌性组织，赖气血的营养、津液的滋润和神的支配、协调，才能发挥其正常的生理功能。舌体的形质和舌色,与气血的盛衰和运行状态有关;舌苔和舌体的润燥,与津液的盈亏有关。唾为肾液,涎为脾液,它们都来自舌下肉阜部涎腺的开口(称为金津、玉液),其生成、输布与肾、脾胃等脏腑密切相关。因此,通过观察舌质、舌苔的颜色、形态、润燥等,可以判断气血的盛衰、津液的盈亏。

舌具有敏锐的味觉,能灵活自如地运动以搅拌食物、辅助发音,这些都离不开神,尤其是心神的主宰和协调。因此,舌体运动是否灵活,语言是否清晰,味觉是否灵敏,在一定的程度上能反映心神是否正常。

二、舌诊的方法与注意事项

(一)舌诊体位和伸舌姿态

望舌时患者应面向自然光线,或坐或仰卧,头略扬起,自然地将舌伸出口外,舌体放松,舌面平展,舌尖略向下,尽量张口使舌体充分暴露。如伸舌过分用力、舌体紧张蜷曲或伸舌时间过长等,都会影响舌体的血液循环而引起舌色改变,或舌苔紧凑变样,或干湿度发生变化。

(二)诊舌的方法

1. 按顺序观察舌象　望舌一般可按舌尖—舌中—舌边—舌根的顺序进行。由于舌质的颜色易变,伸舌时间过长可使舌色失真,而舌苔受观察时间的影响较小,因而望舌应先看舌质,再看舌苔。若一次望舌判断不准确,可让患者休息片刻后,重新望舌。此外,还要注意舌下络脉的观察。

2. 刮舌法和揩舌法　刮舌法是指以适中的力量,用消毒压舌板的边缘,在舌面上由后向前刮3~5次;揩舌法是指用消毒纱布裹于手指上,蘸少许生理盐水在舌面上揩抹数次。此二法的目的是为观察苔底,鉴别舌苔有根无根、苔的松腐与坚敛,排除染苔。若舌苔刮之不去或刮而留下污迹,多为里实有邪;若刮之易去,刮后舌体明净光滑,则多属虚证。

(三)诊舌的注意事项

为了保障舌诊的真实性和可靠性,应尽量减少或避免各种非疾病因素对舌象的影响,并注意以下几点:

1. 光线的影响　光线的强弱与色调,对颜色的影响极大。如光线过暗,可使舌色黯滞;日光灯下,舌色多偏紫;白炽灯下舌苔多偏黄;周围有色物体的反射光,可使舌色发生相应的改变。因此,望舌应以白天充足而柔和的自然光线为佳,如在夜间或暗处,用日光灯为好,光线要直接照射到舌面。

2. 饮食或药物的影响　饮食及药物可使舌象发生变化。进食之后,由于食物的反复摩擦,可使舌苔由厚变薄;饮水后,可使干燥舌苔变得湿润。刚进辛热食物,可使舌质偏红;过食肥甘之品或服大量镇静剂,可使舌苔厚腻;长期服用某些抗生素,可产生黑腻苔或霉腐苔。另外,某些饮食物或药物,可使舌苔染色,称为染苔。如饮用牛奶、豆浆、钡剂、椰汁等,可使舌苔变白、变厚;进食蛋黄、橘子、柿子、核黄素等,可使舌苔变黄;食用各种黑褐色食品、药品,或吃橄榄、酸梅,长期吸烟等,可使舌苔染成灰色、黑色。一般染苔多在短时间内自然退去,或可经揩舌除去。若舌象与病情不相符,可通过询问饮食、服药等情况予以鉴别。

3. 口腔对舌象的影响　牙齿残缺,可造成同侧舌苔偏厚;义齿可使舌边留有齿痕;张口呼吸者,往往舌苔干燥。这些因素所致的舌象异常,都不是机体的病理征象,临床上应仔细鉴别,以免误诊。

三、舌诊的内容和正常舌象及生理差异

(一)舌诊的内容和正常舌象

舌诊主要是观察舌质和舌苔两个方面的变化。望舌质包括望舌的颜色、形质和动态,可诊察脏腑的虚实,气血的盛衰。望舌苔包括望苔质和苔色,可诊察病邪的性质、浅深以及邪正的消长。望舌时,必须全面观察舌质与舌苔,并进行综合分析,才能对病情作出正确判断。

正常的舌象特征是:舌体柔软灵活,大小适中,舌色淡红明润,舌苔薄白均匀,苔质干湿适中,简称"淡红色,薄白苔"。

(二)舌象的生理变异

1. 年龄因素　儿童为稚阴稚阳之体,脾胃不健,但生长发育很快,往往处于代谢旺盛而营养相对不足的状态,故舌质多淡嫩而舌苔偏少。老年人精亏血少,脏腑功能低下,气血运行迟缓,舌色多黯红。以上皆属生理性变异。

2. 体质因素　因先天体质禀赋的不同,舌象可以出现一些生理性差异。肥胖之人舌体多胖大且舌色偏淡,消瘦之人舌体略瘦小且舌色偏红。其次,先天性裂纹舌、齿痕舌、地图舌等,除有相应病理表现外,一般多无临床意义。但不排除对某些疾病的易感性和好发性。

3. 性别因素　舌象一般与性别无明显关系,但女性在经前期可因舌蕈状乳头充血而使舌质偏红,属生理现象。

4. 气候因素　夏季气候炎热潮湿,舌苔多略黄而厚腻;秋季气候干燥,舌苔多微干而欠润;冬季严寒,舌常湿润。

舌诊技能要点

形象	仪表端庄,衣着干净整洁
描述	1. 描述正常舌象特征
	2. 描述病理舌象特征及主病
体位调整	1. 正坐或仰卧
	2. 充足而柔和的自然光线
	3. 充分暴露舌体:口尽量张开,舌体自然放松,舌面平展舒张,舌尖自然下垂
舌诊顺序	1. 先看舌质
	2. 后看舌苔
	3. 按舌尖、舌边、舌中、舌根的顺序进行

四、望舌质

望舌质包括观察舌的神气、色泽、形质、动态以及舌下络脉五部分内容。

(一)察舌神

察舌神是望神的一部分,是观察舌质的色泽和动态而得出的总体印象。凡舌质红

活、鲜明、润泽,舌体运动灵活,为荣舌,视舌有神,提示津液充足,气血充盈,心神健旺,即使患病亦轻浅,属正气未伤之善候。凡舌质黯滞、枯涩,运动失灵,缺乏生机,为枯舌,提示津液耗竭,气血大亏,为心神衰败之恶候。

（二）望舌色

舌色,一般分为淡红舌、淡白舌、红舌、绛舌、青紫舌 5 种。

1. 淡红舌

【舌象特征】　舌色淡红润泽,白中透红。

【临床意义】　舌淡红反映心气旺盛,胃气强盛,气血健运,为气血调和之象,多见于健康人。外感病初期,病情轻浅,尚未伤及气血及内脏,舌色仍可保持淡红色;内伤杂病,若见舌色淡红明润,提示阴阳平和,气血充盈,病情尚轻,或为疾病转愈之佳兆。

2. 淡白舌

【舌象特征】　比正常舌色浅淡,白多红少。

【临床意义】　主气血两虚、阳虚。气血亏虚,血不上荣,或阳气不足,运血无力,均可导致舌肌脉络空虚而不充盈,致舌色浅淡。其中,淡白光莹,舌体瘦薄,为气血两虚;淡白湿润,舌体胖嫩,属阳虚水湿内停。

3. 红舌

【舌象特征】　较正常舌色红,甚至呈鲜红色。红舌可见于整个舌体,亦可见于舌尖、舌边。

【临床意义】　主热证,有虚、实之分。为邪热亢盛,气血蒸腾,舌部血脉充盈所致。其中,全舌老红,苔黄者,为实热证;舌体略小,鲜红少苔,或光红无苔,或有裂纹者,为虚热证。舌尖红赤破溃,多为心火上炎;舌两边红赤,多为肝胆热盛;舌红有出血点,在外感热病多为邪热迫血妄行,即将吐衄、发斑,在内伤杂病往往是内脏出血的征兆。

4. 绛舌

【舌象特征】　较红舌颜色更深,或略带黯红色。

【临床意义】　主热入营血、阴虚火旺。绛舌多由红舌发展而成,多由热入营血,耗伤营阴,血行瘀滞;或阴虚水涸,虚火上炎所致。其中,舌绛有苔,多属热入营血。绛色愈深,热邪愈甚。舌绛而少苔或无苔,或有裂纹,则为阴虚火旺。

5. 青紫舌

【舌象特征】　全舌呈紫色,为红绛舌加深加黯而成。在淡白舌中泛现紫色者,称为淡紫舌;在绛舌中泛现紫色者,称为绛紫舌;舌体局部出现青紫色斑点,大小不等,不高出舌面者,称为斑点舌。其中,大者称瘀斑,小者为瘀点。

【临床意义】　主血瘀、热极、寒极、酒毒。全舌青紫,多为全身性血行瘀滞;舌有紫色斑点者,是瘀血阻滞于局部。舌色紫红或紫绛,干枯少津,舌苔黄而干,多为热毒壅盛,内入营血,营阴受灼,气血壅滞所致。舌色淡紫或紫黯而湿润,多为阳气虚衰,运血无力,或阴寒内盛,血脉瘀滞所致。舌色青紫为寒凝血瘀之重证,提示阴寒极盛,阳气受遏,血行凝泣。酒毒内蕴也可见肿胀之紫舌,多见于酒癖患者。

（三）望舌形

舌形是指舌的形状,包括老嫩、胖瘦、点刺、裂纹等方面的特征。

1. 老、嫩舌

【舌象特征】　舌质纹理粗糙或皱缩,坚敛而不柔软,舌色较黯者,为苍老舌;舌质纹理细腻,浮胖娇嫩,舌色浅淡者,为娇嫩舌。

【临床意义】 老舌多见于实证;嫩舌多见于虚证。舌质老嫩是舌色和舌形的综合表现。实邪亢盛,正邪剧争,气血壅滞,则使舌质显得坚敛苍老;气血不足,不能充盈舌体,或阳虚不化,津液内停,则使舌体显得浮胖娇嫩。

2. 胖、瘦舌

【舌象特征】 舌体较正常舌大而厚,伸舌满口,称胖大舌。舌体肿大满嘴,甚至不能闭口,舌体不能缩回,称肿胀舌。舌体比正常舌瘦小而薄,称为瘦薄舌。

【临床意义】 胖大舌多主水湿内停、痰湿热毒上泛。多由气虚、阳虚、水液内停所致,胖大舌多兼见舌边齿痕。肿胀舌的成因有三:一是心脾热盛,气血上涌,舌络过度充盈,而致舌红绛、肿胀;二是平素嗜酒又病温热,热邪夹酒毒上涌,致舌紫绛而肿胀;三是某些药物、食物中毒而使血液凝涩,络脉瘀滞,引起舌肿胀而青紫晦暗。瘦薄舌总由气血阴液不足,不能充养舌体所致。其中舌体瘦薄而淡者,为气血两虚;舌体瘦薄而色红绛干燥者,为阴虚火旺。

3. 点、刺舌

【舌象特征】 为蕈状乳头肿胀或高突而形成。点,是指突起于舌面的红色或紫红色星点,其中大者为星,称红星舌;小者为点,称红点舌。刺,是指舌乳头突起如刺,摸之棘手的红色或黄黑色点刺,称为芒刺舌。点刺多见于舌尖部。

【临床意义】 主脏腑热极,血分热盛。一般点刺越多,提示邪热愈甚。如舌尖生点刺,多为心火亢盛;舌中生点刺,多为胃肠热盛;舌边生点刺,多为肝胆火盛。舌红生芒刺,多为气分热盛;点刺色鲜红,多为血热内盛,或阴虚火旺;点刺色紫绛,为热入营血而气血瘀滞。

4. 裂纹舌

【舌象特征】 舌面上出现各种形状的裂纹、裂沟,深浅不一,而裂沟中并无舌苔覆盖。裂纹既可见于全舌,亦可见于局部,形状不一,可呈"人""川""爻""∫"等,严重者可如回状、卵石状,或如刀割样、剪碎样。

【临床意义】 主热证。邪热内盛,阴液大伤,或阴虚液亏,舌体失于濡养,可致舌红绛而有裂纹;血虚不能上荣于舌,则舌淡白而有裂纹;脾失健运,湿邪内侵,精微不能濡养舌体,则舌淡白胖嫩而有裂纹。在健康人中,约0.5%的人舌面上有纵、横裂纹,其上有舌苔覆盖,且无不适症状,称先天性裂纹舌,不属病态。

(四)望舌态

舌态,即舌体的动态。包括痿软、强硬、歪斜、颤动、吐弄、短缩等。

1. 痿软舌

【舌象特征】 舌体软弱无力,不能随意伸缩回旋。

【临床意义】 主阴液亏损,或气血俱虚。舌痿软而淡白无华者,多属于气血虚衰,舌体失养所致;舌红干而渐痿者,为肝肾阴亏,舌肌筋脉失养所致。

2. 强硬舌

【舌象特征】 舌失柔和,屈伸不利,或不能转动,板硬强直,伴语言謇涩。

【临床意义】 主热入心包、高热伤津或风痰阻络。舌体强硬,色红绛而少津者,多因邪热炽盛,热陷心包,或热盛伤津;舌体强硬,胖大兼厚腻苔者,多因风痰阻络所致;舌强语言謇涩,伴肢体麻木、眩晕者,多为中风先兆。

3. 歪斜舌

【舌象特征】 伸舌时舌体偏向一侧,或左或右。

【临床意义】 多见于中风或中风先兆,肝风夹痰或夹瘀,痰瘀阻滞一侧经络,使受阻侧舌肌弛缓,收缩无力,而健侧舌肌正常,所以伸舌时向健侧歪斜。

4. 颤动舌

【舌象特征】 舌体不自主地震颤、抖动。轻者仅伸舌时颤动;重者不伸舌时亦抖颤难宁。

【临床意义】 主肝风内动。舌淡白而颤动者,多属血虚生风;舌绛紫而颤动者,多属热极生风;舌红少津而颤动者,多属阴虚动风;舌红绛而颤动不已,伴眩晕肢麻者,为肝阳化风。另外,酒毒内蕴,亦可致舌体颤动。

5. 吐弄舌

【舌象特征】 舌伸出口外,不即回缩者,称为吐舌;舌反复吐而即回,或舌反复舐口唇,掉动不宁者,称为弄舌。

【临床意义】 主心脾有热。舌质红而吐弄,为心脾有热;舌色紫绛而吐弄,多见于疫毒攻心,或正气已绝;小儿智力发育不全,亦可见吐弄舌。

6. 短缩舌

【舌象特征】 舌体卷短、紧缩,不能伸长,甚至舌不抵齿。短缩舌常与痿软舌并见。

【临床意义】 主病情危重。若阳气暴脱,寒凝筋脉,舌脉挛缩,则舌短缩,舌淡紫或青紫而湿润;若气血俱虚,舌失充养,筋脉痿弱,则舌短缩而舌质淡嫩;若脾虚不运,痰浊内蕴,经气阻滞,则舌短缩而舌体胖大苔黏腻;若热盛伤津,筋脉挛急,则舌短缩而红绛干燥。总之,病中见舌短缩,是病情危重的表现。此外,先天性舌系带过短,亦可见舌短缩,但无辨证意义。

(五)望舌下络脉

舌系带两侧各有一条纵行的大络脉,称为舌下络脉。正常的舌下络脉,其管径不超过 2.7mm,长度不超过舌尖至舌下肉阜连线的 3/5,颜色黯红,脉络无怒张、紧束、弯曲、增生,排列有序。绝大多数为单支,极少有双支出现。

舌下络脉的形色变化可反映气血的运行状况。如舌下络脉色紫,脉形粗张,弯曲柔软,或周围有结节者,为气滞血瘀所致;色青或淡紫,脉形直而紧束者,常由寒凝血瘀,或阳虚血滞所致;舌底瘀丝,其色多青或紫,在脉络之间有紫色瘀点,甚至出现明显的瘀血舌底,见于各种瘀血证的早期或郁证。

五、望舌苔

舌苔是附着于舌面的一层苔状物,由脾胃阳气蒸化胃中水谷之气上聚于舌面而成。正常的舌苔表现为:薄白均匀,干湿适中,舌面的中部和根部稍厚。异常舌苔多由外邪侵袭或脏腑失调,而致脾胃浊气上升而成。望舌苔主要是观察苔色和苔质的变化。

(一)望苔质

苔质的变化包括厚薄、润燥、腻腐、剥落、偏全、真假等。

1. 薄、厚苔

【舌象特征】 薄苔是指透过舌苔能隐隐见到舌质者,又称"见底苔";若透过舌苔见不到苔下的舌质,称为厚苔,又称"不见底苔"。

【临床意义】 主邪正盛衰和邪气浅深。舌苔薄白,可见于正常人,亦主表证或病轻之里证。厚苔,是胃气夹邪气熏蒸所致,主邪盛入里,或内有痰、饮、水、湿、食积等。在疾病过程中,舌苔厚薄的变化,主要反映邪正的消长进退。舌苔由薄变厚,提示邪气渐盛,或表邪入里,为病进;舌苔由厚变薄,舌上复生薄白新苔,提示邪去正复,为病退。舌苔的厚薄转化以渐变为佳,若薄苔突然增厚,提示邪气极盛,迅速入里;厚苔骤然消退,而舌上无新苔复生,为正不敌邪,或胃气暴绝。

2. 润、燥苔

【舌象特征】 舌苔润泽有津,干湿适中,称为润苔;舌面水分过多,伸舌欲滴,扪之湿滑,称为滑苔。舌苔干燥,扪之无津,甚则干裂,称为燥苔;苔质粗糙,水分极少,扪之碍手,称为糙苔。

【临床意义】 主津液盈亏和输布情况。润苔可见于常人,病中见润苔,提示津液未伤,如风寒表证、湿证初起、食滞、瘀血等均可见润苔。滑苔为水湿内聚的表现,主痰饮、主湿。燥苔主津液已伤,常见于高热、大汗、吐泻后,或过服温燥药物所致;亦有因痰饮、瘀血内阻,阳气被遏,津液不能上承而见燥苔者,属津液输布障碍。糙苔多由燥苔加重而成。舌苔粗糙,津液极少,多见于热盛伤津之重证;苔质粗糙而不干者,多为秽浊之邪盘踞中焦。舌苔由润变燥,表示热盛津伤,或津失输布;舌苔由燥转润,为热退津复,或饮邪始化。

3. 腻、腐苔

【舌象特征】 苔质颗粒细腻致密,融合成片,如涂有油腻之物,中厚边薄,紧贴舌面,揩之不去,刮之不脱,称为腻苔。苔质颗粒粗大,质地疏松,状如豆腐渣堆积于舌面,边中皆厚,揩之易去,称为腐苔。若舌上黏厚一层,有如疮脓,则称脓腐苔。

【临床意义】 主痰浊、食积;脓腐苔主内痈。苔薄腻,或腻而不板滞者,主食积,或脾虚湿困;苔白腻而滑,主痰浊、寒湿内阻;苔黏腻而厚,口中发甜,主脾胃湿热;苔黄腻而厚,主痰热、湿热、暑湿。

腐苔为胃气衰败,湿浊上泛所致,多见于食积胃肠,或痰浊内蕴。脓腐苔多见于内痈或邪毒内结,属邪盛病重。病中腐苔渐退,续生薄白新苔,为病邪消散,正气渐复之象;若腐苔脱落,不能续生新苔,为久病胃气衰败,属无根苔。

4. 剥落苔

【舌象特征】 舌苔全部或部分脱落,脱落处光滑无苔,称为剥苔(可分为前剥、中剥、后剥及花剥苔)。舌苔不规则地剥脱,边缘凸起,界限清楚,形似地图,部位时有转移者,称为地图舌。舌苔剥脱处,舌面不光滑,仍有新生苔质颗粒,或舌乳头可见者,称为类剥苔。舌苔全部剥脱,舌面光洁如镜者,称为镜面舌,是剥苔中最严重者。

【临床意义】 主胃气不足,胃阴枯竭或气血两虚。舌红苔剥者,多为阴虚;舌淡苔剥或类剥苔,多为血虚或气血两虚;镜面舌色红绛者,为胃阴枯竭,胃无生发之气;若舌苔部分脱落,未剥脱处仍有腻苔者,为正气已虚而痰浊未化,病情较为复杂。舌苔从全到剥,是胃气阴不足,正气渐衰的表现;舌苔剥脱后,复生薄白新苔,为邪去正胜,胃气渐复之佳兆。

5. 有根、无根苔

【舌象特征】 舌苔紧贴于舌面,中厚边薄,不易脱落,脱后新苔渐生者,称为有根苔;舌苔疏松浮于舌面,舌易刮脱,不易复生,或舌面光剥如镜者,称为无根苔。

【临床意义】 有根苔是有胃气的征象,提示气血有源,预后良好;无根苔提示胃气衰败,气血乏源,预后不良。病之初、中期,舌见有根苔且厚,为胃气壅实,病较深重;久病见有根苔,说明胃气尚存。新病出现无根苔,乃邪浊渐聚,病情较轻;久病出现无根苔,是胃气匮乏,不能上蒸,病情危重。

(二)望苔色

苔色可分为白苔、黄苔、灰黑苔三类。既可单独出现,也可相兼出现。

1. 白苔

【舌象特征】 舌面上附着的白色苔状物,称为白苔。白苔有厚薄、润燥、滑腻之分。

【临床意义】 多主表证、寒证、湿证,亦可见于热证。苔薄白而润,可为正常舌象,或为表证初起,或为里证病轻,或为阳虚内寒。苔薄白而滑,多为外感寒湿,或脾肾阳虚,水湿内停。苔薄白而干,常见于风热表证。苔白厚腻,多为湿浊内停,或为痰饮、食积。苔白厚而干,为痰浊湿热内蕴。苔白厚如积粉,扪之不燥者,称为积粉苔,系秽浊湿邪与热毒相结而成,常见于瘟疫或内痈。苔白而燥裂,粗糙如砂石,提示邪热炽盛,津液大亏。

2. 黄苔

【舌象特征】 黄苔有淡黄、深黄、焦黄之分。苔呈浅黄色,称为淡黄苔或微黄苔;苔色黄而深厚,称为深黄苔或正黄苔;舌苔深黄,中带黑褐色,称为焦黄苔或老黄苔。

【临床意义】 主热证、里证。淡黄苔为热轻,深黄苔为热甚,焦黄苔为热极。舌苔由白转黄,或黄白相间,为外感表邪化热入里。舌苔薄黄,提示邪热较轻,多见于风热表证,或风寒化热入里初期。黄滑苔,多为阳虚寒湿之体,痰饮聚久化热,或为气血亏虚,复感湿热之邪。黄腻苔,为湿热或痰热内蕴,或食积化热。深黄燥苔,主热甚伤津;黄瓣苔(黄而干,中有裂纹似花瓣),为燥热内结胃肠;焦黄苔,为热盛伤津,燥结腑实之证。

3. 灰黑苔

【舌象特征】 苔色浅黑,称为灰苔;苔色深灰,称为黑苔。灰苔与黑苔只是颜色浅深不同,其临床意义相同,故常合称为灰黑苔。

【临床意义】 主热极或寒极。苔质的润燥是辨别寒热的重要指征。苔灰黑而干燥,为热极伤阴、阴虚火旺;苔灰黑而润滑,为阴盛阳虚,痰湿久郁。舌边尖呈白腻苔,而舌中舌根部出现灰黑苔,舌面湿滑,多为阳虚寒湿内盛,或痰饮内蕴。舌边尖为黄腻苔,而舌中为灰黑苔,多为湿热内蕴,日久不化所致。舌苔焦黑干燥,舌质干裂起刺,为热极津枯之征。苔黄黑者,为霉酱苔,多为胃肠素有湿浊宿食,积久化热,熏蒸秽浊上泛舌面所致,亦可见于湿热夹瘀的病证。

课堂互动

请同学们通过对以上知识的学习,相互进行舌象的观察,并描述对方的舌质、舌苔的情况。

六、舌象分析要点及舌诊的临床意义

(一)舌象分析要点

1. 舌的神气与胃气的综合判断 舌神是对舌质的色泽和动态的观察;舌的胃气

主要是对舌苔有根无根的观察。舌象有神气、有胃气,表明正气未衰,病情较轻,或病情虽重,预后良好;舌象无神气、无胃气,反映正气已虚,或不易恢复,病情较重,预后较差。

2. 舌质与舌苔的综合判断　舌质与舌苔的变化,所反映的生理病理意义各有所侧重,舌质主要反映脏腑气血津液的盛衰,舌苔主要反映病邪的性质和胃气的盛衰。一般情况下,舌质与舌苔的变化是统一的,其主病往往一致。如舌质红,舌苔黄燥,两者都主热,综合判断也为热证。但在临床实践中,舌质与舌苔的变化并不总是统一的,有时甚至出现相反的状况。如舌质淡白,舌苔黄腻,淡白舌多主虚寒,黄腻苔常为湿热之征,舌色与舌苔所反映的病性相反。因舌质主要反映正气,舌苔主要反映病邪,所以平素脾胃虚寒者,复感湿热之邪,便可见上述舌象。

常见的舌苔、舌质相反的舌象的辨证要点为:淡白舌白燥苔,主脾肺气虚证或燥邪伤肺证;淡白舌黄滑苔,主素体阳虚,感受湿热;淡白舌黄燥苔,主气血两虚兼气分热盛;红舌黄滑腻苔,主胃肠湿热;绛舌白粉苔,主瘟疫邪陷营分;青紫舌黄滑苔,主寒凝血脉兼痰食内停。

3. 舌象的动态分析　在疾病发展过程中,舌象亦随之相应变化,通过对舌象的动态观察,可以了解疾病的进退、顺逆等。如外感病中,舌苔由薄变厚,表明病邪由表入里;舌苔由白转黄,为病邪化热之象;舌色转红,舌苔干燥,为邪热充斥,气营两燔;舌苔剥落,舌质光红,为热入营血,气阴俱伤。内伤杂病的发展过程中,舌象也会出现一定的变化规律。如中风患者舌质淡红,舌苔薄白,表示病情较轻,预后良好;若舌色由淡红转红,再转黯红、红绛、紫黯,舌苔由白转黄腻或焦黑,表明风痰化热,瘀血阻滞。反之,舌色由黯红、紫黯转为淡红,舌苔渐化,提示病情趋向稳定、好转。掌握舌象变化与疾病发展的关系,便可更好地认识疾病演变的规律,为早期诊断、早期治疗提供重要依据。

(二)舌诊的临床意义

1. 判断邪正盛衰　诊察舌质的神、色、形态的变化是判断正气盛衰的重要依据。如舌质红润,主气血旺盛;舌色淡白,为气血两虚;舌色黯滞,运动失灵,为失神,提示脏气衰败,正气大伤,预后不良。舌苔的有无可判断胃气的存亡。如舌苔有根,是胃气充足;舌苔无根或光剥无苔,是胃气衰败。

2. 区别病邪性质　不同性质的病邪,可引起舌象的不同改变。如热邪可致舌红绛,舌苔黄或灰黑而干燥;寒邪可致舌淡紫,苔白或灰黑而滑腻;燥邪可致舌红少津;湿浊、痰饮、食积内阻或外感秽浊之气,均可见舌苔厚腻;内有瘀血,则苔紫黯或有斑点,或舌下络脉怒张。

3. 辨别病位浅深　随着邪气入侵人体部位的加深,舌象亦会发生相应的变化。如苔薄说明病位尚浅,主病邪在表;苔厚提示病位已深,主病邪入里。舌红则邪尚在气分;舌绛紫则邪已深入营血。

4. 推断病势进退　对舌象的动态观察,可测知疾病进退趋势。如苔色由白转黄,由黄转灰黑,苔质由薄转厚,由润转燥,多为病邪由表入里,由轻变重,由寒化热,邪热内盛,津液耗伤,为病进。反之,若舌苔由厚变薄,由黄转白,由燥变润,为病邪渐退,津液复生,病情向愈。若舌苔骤增骤退,多为病情骤变所致。如薄苔突然增厚,是邪气急骤入里的表现;若满舌厚苔突然消退,是邪盛正衰,胃气暴绝的表现,二者皆为恶候。

5. 估计病情预后 舌荣有神,舌面有苔,舌态正常者,为邪气未盛,正气未伤,胃气未败,预后较好;舌质枯晦,舌苔无根,舌态异常者,为正气亏虚,胃气衰败,病情多凶险。

知识拓展

临床常见舌象辨证概览

舌质	舌苔	舌象描述	所主病证
淡红	薄白	淡红舌,薄白苔	风寒表证,病情轻浅;亦见于常人
	薄白而滑	淡红舌,薄白滑苔	外感寒湿;脾肾阳虚,水湿内停
	白厚而干	淡红舌,白厚干苔	痰浊湿热内蕴
	黄腻	淡红舌,黄腻苔	湿热证;痰湿内蕴;食积化热
	白厚而积粉	淡红舌,积粉苔	感染瘟疫,或有内痈
	薄黄	淡红舌,薄黄苔	热邪轻证,风热表证;风寒入里化热初期
	黄白相兼	淡红舌,黄白苔	外感表邪化热入里
	白腻而厚	淡红舌,白厚腻苔	痰浊湿热内蕴
淡白	光莹而舌瘦	淡白舌,光莹舌体瘦	气血两虚
	湿润而舌胖	淡白舌,湿润舌体润	阳虚,水湿内停
	黄腻	淡白舌,黄腻苔	脾胃虚寒,复感湿热
	白燥	淡白舌,白燥苔	脾气虚证,燥邪伤肺证
	黄滑	淡白舌,黄滑苔	素体阳虚,感受湿热
	黄燥	淡白舌,黄燥苔	气血虚兼气分热盛
	灰黑润滑	淡白舌,黑润苔	阴盛阳虚,痰湿久郁
红	白而干燥	红舌,白干苔	邪热入里伤津
	白而燥裂如石	红舌,白燥苔	邪热炽盛,津液大伤
	黄腻	红舌,黄腻苔	湿热内蕴;痰热互结
	黄燥	红舌,黄燥苔	热甚津伤
	黄瓣	红舌,黄瓣苔	燥热内结肠胃
	焦黄	红舌,焦黄苔	热盛伤津,燥结腑实证
	少苔、无苔、裂纹	鲜红舌,少苔,无苔	阴虚内热
	黑而干燥	红舌,黑干苔	热极伤阴,阴虚火旺
	焦黑干燥	红舌,焦黑苔	热极津枯
	黄黑如霉酱	红舌,霉酱苔	湿浊宿食,积久化热;湿热夹瘀
绛	黄燥	绛舌,黄燥苔	热入营分
	状如白粉	绛舌,白粉苔	瘟疫邪陷营分
	少苔、无苔	绛舌,少苔或无苔	阴虚火旺
青紫	白润	全舌青紫,白润苔	全身性血瘀;阳衰寒盛
	黄干少津	紫舌,黄干苔	邪热壅盛;邪入营血;气血壅滞
	白腻	紫舌肿胀,白腻苔	酒毒内蕴

（【实习一】见实习项目）

（【实习二】见实习项目）

（姜　侠）

扫一扫
测一测

复习思考题

1. 何谓失神？其病因病机及临床表现是什么？

2. 五种病色各主何病？

3. 常见舌色的变化有哪些？其临床意义是什么？

4. 望舌苔主要观察舌苔的哪些方面？各有何临床意义？

5. 常见的苔色变化有哪些？临床意义如何？

第二章

闻　诊

1. 闻诊的概念。
2. 闻诊的内容和原理。
3. 常见异常声音和异常病体气味的临床意义。

闻诊是指医生通过听声音和嗅气味来诊察疾病的方法。闻诊是中医诊法的重要内容,在诊察脏腑病证和判断疾病病机方面具有重要的临床意义,颇受历代医家重视,素有"闻而知之谓之圣"的说法。

第一节　听　声　音

听声音是指通过听辨患者言语气息的高低、强弱、清浊、缓急等变化,以及各脏腑病变所致的咳嗽、呕吐、嗳气、太息、喷嚏、呵欠、肠鸣等各种异常声响,来判断病变寒热虚实等性质的诊病方法。

肺是发声的动力,声音的发出,是肺与喉、会厌、舌、齿、唇、鼻等器官协同作用的结果,与心、肝、脾、肾亦有着密切关系。因此,临床听辨声音的变化,不仅能诊察发声器官的病变,而且可进一步推断脏腑和整体的病变。

一、正常声音

正常声音是指人在生理状态下发出的声音,又称"常声"。常声具有发声自然,声调和畅,言语清楚,言与意符,应答自如等特征,表示人体气血充盈,发声器官和脏腑功能正常。

声音因人体的脏腑、形质、禀赋、性别、年龄等个体不同,尚存在一定差异。如男性多声低而浊,女性多声高而清,儿童多声尖清脆,老人多声低浑厚。此外,语音变化与情感变化密切相关。如喜则声欢悦顺畅;怒则声忿厉急疾;悲则声悲惨断续。上述因情感触动而发出的声音,均属正常声音。

二、异常声音

异常声音是指人在病理状态下发出的声音,又称"病变声音"。病变声音是疾病的病理变化在语声、语言以及人体其他声响方面的表现。

（一）语声

听语声主要是了解患者语声的有无、语调的高低、强弱、清浊、钝锐，以及有无异常声响等。一般而言，语声高亢洪亮有力，声音连续多言者，多为实证、热证、阳证，是阳盛气实、功能亢奋的表现；语声低微细弱，声音断续懒言者，多为虚证、寒证、阴证，是禀赋不足、气血虚损的表现。常见的语声异常有：

1. 语声重浊　指说话或咳嗽的声调因病变影响而低沉含混，简称"声重"。多因外感风寒，或湿痰内阻，使气道不畅所致。《素问·脉要精微论》云："声如从室中言，是中气之湿也。"

2. 音哑与失音　发声嘶哑，称"音哑"；语而无声，称"失音"，古称"喑"。闻诊时须注意分清新病久病。新病多因外感风寒、风热，或痰浊壅肺，使得肺失清肃，清窍壅塞所致，多属实证，常称"金实不鸣"；久病多因精气内伤，肺肾阴虚，虚火灼肺，使得肺失宣降，清窍失荣所致，多属虚证，常称"金破不鸣"。音哑或失音，亦可因暴怒争吵，或持续高声宣讲，耗伤气阴，咽喉失润所致。妊娠晚期出现声音嘶哑，音浊不扬，甚至不能出声，称"子喑"，多因胞胎阻络，肾精不能上荣所致。子喑分娩后即愈，一般不需治疗。

3. 呻吟　指病痛难忍而发出的痛苦哼哼声。新病呻吟，声音高亢有力，多属实证，亦可因剧痛所致；久病呻吟，声低无力，多为虚证。临床常结合望姿态来判断病痛的部位，如呻吟扪心者，多为胸痛；呻吟护腹者，多为腹痛。

4. 惊呼　指患者突然发出的惊叫声。惊呼声尖锐，表情惊骇，多为剧痛，或惊恐所致；小儿阵发惊呼，多为受惊；小儿夜啼惊呼，多为脾寒腹痛，或心腹有热，或食积、虫积、惊恐所致。成人惊呼，多属剧痛，或精神失常所致。

（二）语言

常人语言清晰，言意相符，即所谓"言由心声"。心病则语言错乱，言意不符。故语言是神志活动的表现之一，语言的异常变化，则主要反映心神的病变。

1. 谵语　指神识不清，语无伦次，声高有力的症状。多因热扰心神所致，属实证，故《伤寒论》谓"实则谵语"。常见于急性热病的极期。

2. 郑声　指神识不清，语言重复，时断时续，声音低弱的症状。多因脏气衰竭，心神散乱所致，属虚证，故《伤寒论》谓"虚则郑声"。常见于久病、重病后期，或亡阴证、亡阳证。

3. 独语　指自言自语，喃喃不休，见人语止，首尾不相接续的症状。多因心气虚弱，神气不足，或气郁痰阻，蒙蔽心神所致，属阴证。常见于癫病、郁病。

4. 错语　指神识清楚，语言时有错乱，语后自知言错的症状。错语有虚实之分。虚证多因心脾两虚，心神失养所致；实证多因痰浊、瘀血、气郁等阻遏心神所致。

5. 狂言　指精神错乱，狂躁妄言，语无伦次，骂詈而不避亲疏的症状。多因情志不遂，气郁化火，痰火扰心所致，属阳证、热证、实证。

6. 语言謇涩　指语言不流利，吐词不清晰的症状，简称"言謇"。多因风痰阻络所致。因语言习惯而成，或因先天舌系带过短所致言謇，称"口吃"，无诊断意义。

知识链接

《医宗金鉴》辨谵语、郑声

《医宗金鉴·伤寒心法要诀》云:"言语心主之也,心气实热而神有余,则发为谵语,谵语为实,故声长而壮,乱言无次,数数更端也。心气虚热而神不足,则发为郑声,郑声为虚,故音短而细,只将一言重复呢喃也。盖神有余,则能机变而乱言;神不足,则无机变而只守一声也。"

(三)呼吸

闻呼吸主要是了解患者呼吸频率的快慢,气息的强弱粗细,呼吸音的清浊等。正常呼吸频率为16~20次/分钟,且均匀通畅,不快不慢。呼吸气粗而快,多因外感邪气所致,属热证、实证;呼吸气微而慢,多因正气不足所致,属虚证、寒证。常见的病态呼吸有以下几种:

1. 喘 指呼吸困难,短促急迫,甚则张口抬肩,鼻翼扇动,不能平卧的症状。喘有虚实之分。喘发急骤,气粗声高息涌,胸中胀闷,唯以呼出为快者,属实证,多因风寒(热)袭肺、痰热壅肺,或痰饮阻肺,肺失肃降,肺气上逆所致。喘发徐缓,气怯声低息微,息短不续,动则尤甚,唯以深吸为快者,属虚证,多因肺肾亏虚,摄纳无权所致。

2. 哮 指呼吸急促似喘,喉间有哮鸣音的症状。哮分寒热。多因痰饮内伏,复感外邪而诱发,或因久居寒湿之地,过食酸咸生冷而诱发。

喘以气息急迫、呼吸困难为主,哮以喉间哮鸣声为要;喘不必兼哮,哮必兼喘。临床上哮与喘多同时出现,故常并称"哮喘"。

3. 气短 指轻度呼吸困难,呼吸短促不相接续,气少不足以息的症状。气短似喘而不抬肩,息促而不接续,气急而无痰鸣,即自觉短促,他觉征象不明显。气短分虚实,可见于多种疾病。气短息微,兼形瘦、神疲乏力、头晕等,属虚证,多因肺气不足,或元气大虚所致;气短息粗,兼胸部窒闷、胸腹胀满等,属实证,多因痰饮、气滞、瘀血、胃肠积滞所致。

4. 少气 呼吸微弱声低,气少不足以息,言语无力,称"少气",又称"气微"。少气主诸虚劳损,多因久病体虚,或肺肾气虚所致。

课堂互动

请同学们通过课本所学知识相互进行呼吸状况的观察,并描述对方的呼吸频率、气息强弱等。

(四)咳嗽

咳嗽是肺失肃降、肺气上逆的表现。古人曰:有声无痰谓之"咳",有痰无声谓之"嗽",有痰有声谓之"咳嗽"。咳嗽病位在肺,其他脏腑的病变累及于肺亦可出现咳嗽。故《素问·咳论》说:"五脏六腑皆令人咳,非独肺也。"

临床上可根据咳声的高低清浊,结合痰的颜色、质地、多少以及发病的时间、病史、兼症等情况,来辨别病证的寒热虚实。咳声重浊沉闷,多属实证;咳声轻清低微,多属虚证;咳声不扬,痰稠色黄,不易咯出,多属热证。咳声沉闷,痰多易咯,多因痰湿阻肺所致;干咳无痰或少痰,多因燥邪犯肺,或阴虚肺燥所致。咳声短促,呈阵发性、痉挛性,连续不断,咳声终止时有如鸡鸣样回声,称"顿咳",又称"百日咳",常见于小儿,多因风邪与伏痰搏结所致。咳声如犬吠,伴声音嘶哑,呼吸困难,常见于白喉,多因肺肾阴虚,火毒攻喉所致。

(五)呕吐

呕吐是胃失和降,胃气上逆的表现。古人曰:有声有物谓之"呕",有物无声谓之"吐",有声无物谓之"干呕"。然而,临床上难以截然分开,一般统称为"呕吐"。

临床上可根据呕吐声音的强弱、吐势的缓急、呕吐物的性状和气味,来辨别病证的寒热虚实。吐势徐缓,声音微弱,呕吐物清稀者,多属虚证、寒证;吐势较猛,声音洪大,呕吐物呈黏痰黄水,或酸或苦者,多属实证、热证。呕吐呈喷射状,多因热扰神明,或头颅外伤,颅内有瘀血、肿瘤等所致。呕吐酸腐食糜,多因食滞胃脘,胃气上逆所致。对于一些特殊呕吐,尚须四诊合参,综合判断。如吐利、腹痛并作,多为霍乱所致;朝食暮吐,或暮食朝吐,称"反胃",多因脾肾阳虚所致;口干欲饮,饮后即吐,称"水逆证",多因痰饮内停所致;多人共同进餐后皆发呕吐,可能为食物中毒。

(六)呃逆

呃逆是因胃气上逆,气冲咽喉而发出的一种声短而频,呃呃作响的声音。古称"哕",俗称"打呃"。偶尔呃逆,呃声短暂,且可自愈,多因饮食刺激,或偶感风寒所致,不属病态;呃逆频作,不能自愈,则属病态。新病呃逆,呃声响亮有力,多属寒邪,或热邪客胃所致;久病、重病呃逆不止,声低气怯无力,多属胃气衰败之危候。

(七)嗳气

嗳气是指胃中气体上出咽喉而发出的一种声长而缓的声音,古称"噫",俗称"打饱嗝"。日常因饱食,或饮用汽水,偶见短暂嗳气,且可自愈,多因饮食入胃,诱发胃气上逆所致,不属病态。长期嗳气,不能自愈,则属病态。嗳气酸腐,兼脘腹胀满,多因宿食内停所致;嗳气频作而响亮,嗳后胁肋脘腹胀减,并随情志变化而增减,多因肝气犯胃所致;嗳声低沉断续,兼纳差食少,多因胃虚气逆所致;嗳气频作,兼脘腹冷痛,得温痛减,多因寒邪客胃,或胃阳亏虚所致。

(八)太息

太息是因情绪抑郁,胸胁胀闷不畅而发出的一种长吁短叹声,又称"叹息"。多因情志不遂,肝气郁结所致。

(九)喷嚏

喷嚏是因肺气上逆,气冲喉鼻而突然发出的声响。常人偶发喷嚏,不属病态。新病喷嚏频作,兼恶寒发热,鼻流清涕,多因外感风寒,鼻窍不利所致;久病阳虚之人,突然出现喷嚏,多为阳气来复,病趋好转之佳兆。

(十)鼻鼾

鼻鼾是熟睡或昏迷时,因息道不利以致鼻内发出的一种鼻息声。熟睡鼾声,但无其他明显症状,多因慢性鼻病,或睡姿不当引起,常见于体胖、年老之人;昏睡不醒,鼾声不绝,多因神志昏迷,气冲息道所致,多属热入心包,或中风入脏之危候。

(十一)肠鸣

肠鸣是因胃肠运动而产生的一种声响。又称"腹鸣"。正常情况下,肠鸣音低弱而缓和,一般难以闻及,借助听诊器,可在脐部听得较为清楚,大约4~5次/分钟。

临床可根据肠鸣所发生的部位和声音,来辨别疾病的部位与性质。肠鸣发自胃脘,如囊裹水,振动有声,起立行走,或以手抚按,其声辘辘下行,多因水饮停聚于胃,阻滞中焦气机所致;鸣响在脘腹部辘辘如饥肠,得温得食则减,受寒饥饿加重,多因中气不足,胃肠虚寒所致;腹中肠鸣如雷,脘腹痞满,大便溏泄,多因风寒湿邪客于胃肠,气机紊乱所致;肠鸣完全消失,腹满胀痛拒按,属胃肠气滞不通之重证。

知识拓展

现代医学在体格检查时主要是通过视诊、触诊、叩诊、听诊、嗅诊这五种基本方法,并借助于听诊器进行检查。其中听诊是需要医生直接用耳或听诊器听取体内脏器运动时所产生的声响,根据声响的大小、强弱、性质、变化、传导性能诊察内脏状态的一种方法。此法主要用于胸部如心肺及腹部如胃肠等部位检查。中医在进行闻诊听声音时也可依具体情况借助听诊器进行诊察。

第二节 嗅 气 味

嗅气味是指通过嗅病体和病室的异常气味,以及病体排出物的异常气味,来诊察疾病的方法。嗅气味可判断疾病的寒热虚实。嗅气味包括嗅病体气味和病室气味。

一、病体之气

病体气味是由病体所散发出的各种气味,包括口气、汗、痰、涕、呕吐物、大小便、月经、白带、恶露等的异常气味;还可通过询问患者或陪护者闻及而获知。

(一)口气

口气是口中散发出的异常气味。正常人呼吸或讲话时,口中无异常气味散出。口中散发臭气,称"口臭",多因口腔不洁、龋齿、便秘及消化不良所致。口气酸臭,伴食欲不振,脘腹胀满,多因食积胃肠所致;口气臭秽,多因胃热所致;口气腐臭,或兼咳吐脓血,多因脏腑脓肿所致;口气臭秽难闻,牙龈腐烂者,属牙疳。

(二)汗气

汗气是汗液散发出的气味。汗气腥膻,多因湿热久蕴皮肤,熏蒸津液所致;汗气臭秽,多属瘟疫病热毒内盛之征;腋下汗气阵阵,膻臊难闻,称"狐臭",多因湿热郁蒸所致。

(三)痰涕之气

正常状态下,人体可排出少量无异常气味的痰和涕。咳痰黄稠臭秽,多因肺热壅盛所致;咳吐脓血腥臭痰,多因痰热壅肺,血腐化脓所致;咳吐痰涎清稀味咸,无异常气味,多因寒饮停肺所致。

鼻流清涕,无异常气味,多因外感风寒所致;鼻流浊涕,腥秽如鱼脑者,属鼻渊,多因湿热熏蒸所致。

(四)呕吐物之气

呕吐物清稀无臭味,多因胃寒所致;气味腐臭秽浊,多因胃热所致;呕吐未消化食物,气味酸腐,多因食滞胃脘所致;呕吐脓血而腥臭,多因脏腑痈疡所致。

(五)排泄物之气

排泄物之气,包括大小便以及妇女月经、白带、恶露等的异常气味。大便臭秽难闻,多因肠道湿热肠道郁热所致;大便溏泄而腥,多因脾胃虚寒所致;大便泄泻臭如败卵,或夹有未消化食物,矢气酸臭,多因食积化腐所致。小便臊臭,黄赤混浊,多因膀胱湿热所致;尿甜并散发烂苹果气味,则属消渴病。妇女经血臭秽,多属热证;经血气腥,多属寒证。带下黄稠臭秽,多因湿热所致;带下清稀而腥,多因寒湿所致;带下奇臭色杂,常见于癌肿,病多危重。产后恶露臭秽,多因湿热或湿毒下注所致。

二、病室之气

病室气味是由病体及其排出物散发而充满病室的气味。气味由病体发展到充满病室,说明病情危笃。

病室有血腥气味,多见于失血证或手术后患者;病室有腐臭气味,多见于疮疡溃腐患者;病室有尿臊气,多见于水肿病晚期患者;病室有烂苹果气味,多见于消渴病晚期患者。病室臭气触人,多见于瘟疫病患者,多因疫气熏蒸败坏脏腑气血所致;病室有尸臭,多见于脏腑败坏患者,病属危重。

（徐荣鹏）

复习思考题

1. 简述喘与哮的基本概念。
2. 何谓谵语和郑声？它们的区别要点是什么？
3. 咳嗽常见的病因病机及主要临床表现有哪些？
4. 听声音为什么能诊察疾病？
5. 简述二便气味的异常及其临床意义。

扫一扫
测一测

第三章

问　　诊

1. 问诊的主要内容、方法和注意事项。
2. 主诉的概念和询问主诉的方法。
3. 恶寒发热、但热不寒、但寒不热、寒热往来的临床意义。
4. 特殊汗出和疼痛的临床特征和意义。
5. 饮食、睡眠、二便异常表现的临床意义。

问诊是医生通过有目的地、有步骤地询问患者或陪诊者，以了解疾病的发生发展、诊治经过、现在症状和与疾病有关的其他情况，并用以诊察疾病的方法。

第一节　问诊的意义及方法

一、问诊的意义

问诊是医生了解病情、诊察疾病的重要方法，在诊法中占有重要地位。因为疾病的发生、发展、变化过程及诊治经过，患者的自觉症状、既往病史、生活习惯、饮食嗜好等诸多情况，是医生分析病情、判断病位、掌握病性、正确辨证不可缺少的重要依据，上述资料只有通过问诊才能获得。特别是在疾病早期，或患者仅有自觉症状，缺乏客观体征时，问诊就显得尤为重要。此外，通过问诊还可以了解患者的思想动态，以及其他与疾病有关的情况，这有助于疾病的诊断和治疗，并及时对患者进行疏导。

二、问诊的方法及注意事项

问诊应在安静适宜的环境下进行，以免受到干扰，对某些病情不便当众表述的患者，应单独询问，以便让患者无拘无束地叙述病情。询问病情，应直接向患者询问，若患者因病重或意识不清等不能自述时，可向知情人或陪诊者询问，但当患者能陈述时，应及时加以核实或补充，以便获取客观、真实、可靠的病史资料。

问诊时要视患者如亲人，对患者关心体贴；态度既要严肃认真，又要和蔼可亲，做到仔细询问、耐心听取患者陈述，使患者感到亲切，主动陈述病情。如遇病重难治患者，要正面开导，帮助患者树立战胜疾病的信心，医生切忌流露出悲观失望的言行或表情,以免给患者带来不良刺激,增加患者思想负担而使病情加重。切忌使用医学术语,应尽量使用通俗易懂的语言进行询问,以便让患者听懂,准确叙述病情。如发现患者所述病情不够清楚,疑问之处,可对患者进行必要的提示、追问或启发,但绝不可凭个人主观意愿去暗示、套问患者,以避免使所获病情资料失真而影响正确的诊断。要重视患者主诉,善于抓住主诉,并围绕主诉内容进行深入询问。既要重视主症,还要了解兼症和伴随症,力求做到重点突出、全面了解,充分掌握疾病资料。对危急重症患者应坚持"抢救为先"的原则,对其进行扼要询问,重点检查,争取时机,迅速抢救,待病情缓解后,再进行详细询问,以完善病史资料。

第二节 问诊的内容

问诊的内容主要包括一般情况、主诉、现病史、既往病史、个人生活史、家族史、现在症等。问诊时应根据就诊对象初诊或复诊、门诊或住院等实际情况,采取有针对性的、主次分明的询问。

一、一般情况

一般情况包括姓名、性别、年龄、婚否、民族、职业、籍贯、工作单位、现住址、联系方式等。询问一般情况,一是对患者的诊断和治疗负责;二是能帮助医生获取与疾病有关的翔实资料,为诊治疾病提供一定依据;三是便于病历的书写和查询,便于联系和随访患者。年龄、性别、职业、籍贯等不同,则多发病不同。如水痘、麻疹、顿咳等病,则多见于小儿;胸痹、中风等病,则多见于中老年。实证多见于青壮年;虚证多见于老年人。妇女有月经、带下、妊娠、产育等疾病;男子有遗精、滑精、阳痿、早泄等病变。长期从事水中作业者,易患寒湿痹证;硅沉着病(矽肺)、汞中毒、铅中毒等病,常与所从事矿山、玻璃、制铅等职业有关;某些地区因水土关系而使人易患瘿瘤病,疟疾在岭南等地发病率较高,血吸虫病多发于长江中下游一带等。

二、主诉

主诉是患者就诊时最迫切需要解决的最痛苦的主要症状、体征及持续时间。如"咳嗽1周,加重1天"。主诉是患者就诊的主要原因,是疾病的主要矛盾,具有重要的诊断价值。通过主诉常可初步估计疾病的范畴、类别和病势的轻重、缓急。询问主诉时,首先要善于抓住主诉;其次要围绕主诉,进一步问清其部位、性质、程度、时间等情况,决不能笼统、含糊。

知识链接

主诉与主症的异同点鉴别

主诉与主症,二者既有相同点又有区别。主诉是患者就诊时陈述其感受最明显或最痛苦的主要症状及其持续时间。而主症是以全身症状,或特别严重的症状,或患者最感痛苦的症状为标准。主诉与主症有一定的联系,二者都反映疾病的主要症状,但二者的不同点是:主症仅反映了症状表现,而主诉则不仅是症状表现,还包含持续的时间,甚至还包括了疾病的病势。因此,临床上不要把主诉和主症混为一谈。

三、现病史

现病史是指围绕主诉从起病到就诊时疾病的发生、发展、变化和诊治经过。问现病史一般包括以下内容：

发病情况：包括发病环境、发病时间的新久、发病原因或诱因，疾病最初的症状、部位、性质，曾做何处理等。询问发病情况，对辨别疾病的病因、病位、病性具有重要意义。

病变过程：指从起病到就诊时病情的变化。询问病变过程，应按时间先后顺序进行，主要询问某一阶段发病的原因或诱因，有何症状，症状的性质及程度如何，何时好转或加重，何时出现新的病情，以及病情变化有何规律等。通过询问病变过程，对了解疾病邪正斗争情况，以及病情发展趋势具有重要意义。

诊治经过：指疾病的诊断和治疗情况。询问诊治经过，重点要询问曾做过哪些检查，结果怎样；何医院作何诊断，诊断依据为何；经过哪些治疗，使用过何药物，药物剂量如何，治疗效果及反应怎样等。了解既往诊断和治疗情况，对当前疾病的诊断与治疗有重要参考价值。

四、既往病史

既往病史，又称"过去病史"，主要包括患者平素健康状况和既往患病情况。询问既往病史，对诊断、治疗现患疾病有一定参考意义。

患者平素健康状况和既往患病情况，与患者患病多有一定联系。素体健壮，多患实证；素体衰弱，多患虚证；素体阴虚，易感温燥，多发为热证；素体阳虚，易受寒湿，多发为寒证。

询问既往患病情况，应重点询问曾患过何种疾病（重要脏腑的疾病和传染性疾病等）、何时何地接受过何种预防接种、有无药物或其他物品的过敏史、做过何种手术治疗等。

五、个人生活史

个人生活史，主要包括生活经历、精神情志、生活起居、饮食嗜好、婚姻生育等。询问患者个人生活史，在诊断上具有十分重要的意义。

生活经历：包括出生地、居住地、经历地。询问生活经历，应注意某些地方病或传染病的流行区域，这有助于排除某些地方病及传染病的诊断。

精神情志：人生活在社会环境之中，不可避免要受外界因素的刺激，使精神情志产生变化，导致脏腑气血功能紊乱而引发疾病。同时，人的精神情志变化，对某些疾病的发生与发展亦有重要影响。因此，了解患者的性格特征、情绪倾向和精神状况及其与疾病的关系等，有助于诊断病情，并可提示医生对因精神情志刺激所导致的疾病，在药物治疗的同时，辅以心理疏导，以帮助治疗。

饮食起居：了解饮食和烟、酒、茶等嗜好，以及生活起居情况，对分析判断病情有一定意义。饮食嗜好、生活起居不当，不仅影响健康，甚至可导致疾病。嗜食肥甘者，多病痰湿；偏食辛辣者，易患热证；贪食生冷者，易患寒证。喜热饮者，多为阳虚体质，或患有寒证；喜凉饮者，多为阴虚体质，或患有热证。不爱运动，脾失健运，易生痰湿；劳倦过度,耗伤精气,易患诸虚劳损;起居无常,饮食无节,易患胃病等。

婚姻生育:对成年男女患者,应注意询问是否结婚,结婚年龄,配偶健康状况,有无传染病或遗传病等。育龄期女性应询问初潮年龄或绝经年龄、月经周期、行经天数和带下的量、色、质等变化;已婚女性还应询问妊娠次数、生产胎数,以及有无流产、早产、难产等。

六、家族史

家族史,包括父母、兄弟姐妹、子女等直系亲属和配偶的健康和患病情况。询问家族病史,对疾病的诊断具有重要意义。癫狂、痫病等遗传性疾病,常与血缘有关;肺痨等传染病,常与生活接触有关。另外,询问家族史,必要时还应注意询问直系亲属的死亡原因。

第三节 问现在症

现在症是当前病理变化的反映,是问诊的主要内容,是辨证的主要依据。问现在症,主要是询问患者就诊时所感到的一切痛苦和不适,以及与其病情相关的全身情况。问现在症的内容十分丰富,医家们总结成为"十问歌",言简意赅,至今在临床上仍有着重要的指导意义。但在具体运用时,要根据患者的实际病情,灵活进行有针对性的询问,不能千篇一律地机械套问。

知识拓展

十 问 歌

一问寒热二问汗,三问头身四问便。
五问饮食六胸腹,七聋八渴俱当辨。
九问旧病十问因,再兼服药参机变。
妇女尤必问经期,迟速闭崩皆可见。
再添片语告儿科,天花麻疹全占验。

一、问寒热

问寒热是指询问患者有无怕冷或发热的感觉。寒与热,是辨别病邪性质和机体阴阳盛衰的重要依据,是问诊的重点内容。

寒指寒冷感觉,临床上有恶风、恶寒、畏寒、寒战之别。患者遇风觉冷,避风则寒冷缓解,称"恶风";患者自觉怕冷,多加衣被,或近火取暖,寒冷不能缓解,称"恶寒";患者身寒怕冷,加衣覆被,或近火取暖,寒冷缓解,称"畏寒";患者恶寒重,全身发抖,称"寒战"。

热指发热感觉,即体温高于正常(国内标准:腋表 36.8℃,口表 37.1℃,肛表 37.5℃),或患者体温正常,但自觉全身或某一局部发热。

寒与热是正邪交争,阴阳盛衰的反映。寒热的产生,取决于病邪的性质和机体阴阳的盛衰,即阳盛则热,阴盛则寒,阴虚则热,阳虚则寒。故询问患者怕冷与发热的情况,可辨别病变的性质和阴阳盛衰的变化。

问寒热,首先要询问患者有无怕冷或发热的症状,其次要问怕冷与发热表现形式,寒热的轻重,出现的时间,持续的长短以及伴随症状等。临床常见的寒热症状有恶寒发热、但寒不热、但热不寒、寒热往来等。

(一)恶寒发热

恶寒发热指恶寒与发热同时出现,主表证,是诊断外感表证的重要依据。恶寒,因外邪袭表,卫阳被遏,肌表失于温煦所致;发热,因外邪袭表,玄府闭塞,卫阳失宣,正邪交争所致。恶寒是发热的前奏,故曰"有一分恶寒,便有一分表证"。临床根据感受外邪的性质不同,分为恶寒重发热轻、发热重恶寒轻和发热轻而恶风 3 种类型。

1. 恶寒重发热轻　主风寒表证、风寒湿表证。兼无汗、身痛、脉浮紧,属风寒表实证;兼汗出,脉浮缓,属风寒表虚证;兼头身重痛,胸脘痞闷,属风寒湿表证。

2. 恶寒轻发热重　主风热表证、暑热证。兼口渴、咽喉疼痛、脉浮数,属风热表证;兼头重痛如裹,心烦口渴,脉洪大,属暑热证。

3. 发热轻而恶风　主风邪袭表证、燥邪伤表证。兼自汗、脉浮,属风邪袭表证;兼鼻干咽燥,咳嗽痰少,属燥邪伤表证。

外感表证中的寒热轻重不仅可以判断病邪的性质,而且可以诊察邪正盛衰。恶寒发热皆重,提示邪正俱盛;恶寒发热皆轻,提示邪轻正衰;恶寒重发热轻,提示邪盛正衰。疮疡在火毒内发的早期,或酿脓的中期,以及破溃而毒邪未去,正不胜邪的末期,出现恶寒发热,是邪正相搏的反映。

(二)但寒不热

但寒不热指怕冷而不觉发热。但寒不热,主里寒证,多因素体阳虚,肌表失于温煦,或寒邪直中,损伤阳气所致。临床根据发病急缓、病程长短和兼症的不同,分为新病恶寒和久病畏寒两种类型:

1. 新病恶寒　主里实寒证。症见突然恶寒,四肢不温,或腹部冷痛,脉沉实有力等,多因感受寒邪,阳气郁遏,肌表失于温煦所致。恶寒而全身发抖,称"寒战",多因邪正剧烈相争所致,常见于瘟疫、伤寒和疟疾等疾病。

2. 久病畏寒　主里虚寒证。症见畏寒肢冷,得温可缓,舌淡嫩,脉沉迟无力等,多因阳气虚衰,肌体失于温煦所致。

(三)但热不寒

但热不寒指发热而不觉怕冷,甚反恶热。但热不寒,主里热证。临床根据发热的轻重、时间、特点和兼症的不同,分为壮热、潮热、微热 3 种类型。

1. 壮热　壮热指高热(体温 39℃ 以上)持续不退,不恶寒反恶热。其主里实热证。症见面赤,汗多,烦渴饮冷,脉洪大等,多因风寒入里化热,或风热内传,邪正相搏,阳热炽盛,充斥内外所致。

2. 潮热　潮热指定时发热,或定时热甚,如潮汐之有定时。临床常见 3 种类型:①阳明潮热:又称日晡潮热。日晡即申时(下午 3—5 时)发热明显,或热势加甚。其特点为热势较高,多兼见口渴冷饮,腹满硬痛,大便秘结等症,常见于阳明腑实证。多因胃肠燥热,日晡之时阳明经气旺盛,邪热与正气交争加剧所致。②湿温潮热:指午后发热明显,且身热不扬(肌肤初扪之不觉很热,久扪即感灼手)。多兼见头身困重、胸闷呕恶等症,常见于湿温病。③阴虚潮热:指午后及夜间发热,又称"骨蒸潮热"(其热有自骨内向外蒸发之感)。其特点为五心烦热,骨蒸发热,多兼见盗汗、颧红、舌红少津等症,常见于阴虚内热证。

3. 微热 微热指发热不高(一般不超过38℃),或体温正常仅自觉发热。其特点是发病时间较长,病因与病证较复杂,热势长期不退。临床常见3种类型:①气虚发热:指因气不足所致的发热。其以长期低热,烦劳则甚为特征,常兼见少气懒言、自汗、神疲乏力、脉虚等症,多因脾胃虚损,清阳不升,郁而发热所致。②阴虚发热:指因阴液亏损所致的发热。其以午后低热,或骨蒸潮热,手足心热甚于手足背为特征,常兼见咽干、神疲、脉虚等症,多因阴虚内热,或温病后期热邪耗伤真阴,余邪未尽所致。③气郁发热:表现为情志不舒,时有微热,常伴有急躁易怒、胁肋胀痛、脉弦等症。多因情志不畅,肝气郁结化火所致。④小儿夏季热:以炎热夏季,小儿长期低热不已,至秋凉时常可自愈为特征,常兼见烦躁、口渴、无汗、多尿等症,多因小儿气阴不足,不能适应夏季炎热气候所致。

(四)寒热往来

寒热往来指发热时不恶寒,恶寒时不发热,恶寒与发热交替发作,又称"往来寒热"。寒热往来,主半表半里证,多见于少阳病和疟疾,为邪正交争,互为进退所致。临床常见两种类型:

1. 寒热往来,发无定时 即时冷时热,一日数发无定时,多见于少阳病。

2. 寒热往来,发有定时 即寒战与高热交替发作,发有定时,或一日一发,或两三日一发,多见于疟疾。

二、问汗

汗为心液,乃津液所化,因阳气蒸化津液而成。汗具有调整阴阳,滋润肌肤,调节体温等作用。正常人在体力活动、进食辛辣、气候炎热、衣服过厚、情绪激动等情况下出汗,属生理现象。若当汗而无汗,不当汗而汗多,或仅见身体某一局部汗出,属病理现象。询问汗出的异常情况,对判断病邪性质及人体阴阳盛衰具有重要意义。问汗应注意了解患者有汗无汗,出汗的时间、多少、部位及其兼症等。

(一)汗出有无

询问汗的有无,是判断病邪性质和阴阳盛衰的重要依据。

1. 汗出 主风寒表虚证、风热表证,或里实热证、阴虚内热证、阳气亏虚证、亡阴证、亡阳证。兼发热恶风,脉浮缓等症,为风寒表虚证;兼发热重,恶寒轻,咽痛,脉浮数等症,为风热表证。因风性开泄,热性升散,腠理疏松,玄府开张所致。若汗出量多,兼高热,烦渴饮冷等症,为里实热证,因里热炽盛,迫津外泄所致。阴虚内热、阳气亏虚、亡阴、亡阳等证之汗出,因各有特征,故在特殊汗出中论述。

2. 无汗 主风寒表实证,或阳气亏虚证、津血亏虚证。兼恶寒重,发热轻,头身痛,脉浮紧等症,为风寒表实证。因寒性收引,腠理致密,玄府闭塞所致。若患者久病体虚,多为阳气亏虚,蒸化无力,或津血亏虚,化源不足所致。

(二)特殊汗出

特殊汗出,是指在出汗时间、出汗状况等方面具有某些特定征象的病理性汗出。主要有下列几种:

1. 自汗 即指经常日间汗出不止,活动后更甚。主气虚证、阳虚证。常伴神疲倦怠、气短乏力等症,因阳气不足,肌表失固,气不摄津,津液外泄所致。

2. 盗汗　即指熟睡后汗出,醒后汗止。主阴虚内热证。常伴潮热、颧红等症,因熟睡之时,卫阳入里,肌表不固,虚热蒸津外泄,故睡时汗出,醒后卫阳复归于表,故醒后汗止。

3. 绝汗　即指在疾病的危重阶段,突见大汗不止,又称"脱汗"。主亡阴证、亡阳证。病势危重,汗出如油,热而黏手,伴高热烦渴,脉细数疾,属亡阴证,因阴液重亏,虚热迫津外泄所致;病势危重,冷汗淋漓,身凉肢厥,脉微欲绝,属亡阳证,因阳气暴脱,不能固护津液,津液外泄所致。

4. 战汗　即指病势深重阶段,先见寒战,而后大汗出。战汗是邪正相争,病变发展的转折点。临床见战汗,应注意观察病情的变化。如汗出热退,脉静身凉,是邪去正复之佳象;若汗出而身热不减,烦躁不安,脉来疾急,为邪胜正衰之危候。

5. 冷汗　即指汗出而冷。主阳气虚证。因阳气虚弱,肌表失固,津液外泄,或因紧张,或受惊吓所致。

6. 热汗　即指汗出而热。主里热证。因里热蒸迫津液外泄所致。

7. 黄汗　即汗出色黄而黏。主湿热证。因湿热交蒸,迫津外泄所致。

(三)局部汗出

汗出局限于身体某一部位,称"局部汗出"。局部汗出有虚实寒热之别,问诊时应重点询问汗出的具体部位及伴随症状,以便审证求因。

1. 头汗　即汗出仅见头部或头颈部。多因上焦热盛,或中焦湿热熏蒸,或虚阳上越,迫津上泄所致。进食辛辣、热汤、饮酒而见头汗,是因阳气旺盛,阳热炎上所致。

2. 半身汗出　即汗出于身体或左侧或右侧,或上半身或下半身,一半见汗,一半无汗。多见于中风、痿证、截瘫患者,因风痰瘀阻滞经脉,营卫不周,半身气血失和所致。

3. 手足心汗　即汗出局限于手足心。平时、天热或情绪变化时,手足心微汗出,多属生理现象。手足心汗出过多,属病理现象,多因阳气内郁、阴虚阳亢、中焦湿热郁蒸所致。

4. 心胸汗　即心胸部易汗出或汗出过多。多属虚证,常见于心脾两虚、心肾不交证。

5. 阴汗　即男女外阴及其周围汗出过多。因下焦湿热郁蒸所致。

课堂互动

请同学们思考一下为什么会出现发热和怕冷的现象?如何根据寒热、出汗表现,来判断疾病的表里寒热虚实?

三、问疼痛

疼痛是临床上最常见的一种自觉症状,可发生于机体任何部位。其机理有二:一是"不通则痛",属实证,多因感受外邪,气滞血瘀,痰浊凝滞,或食滞、虫积等阻滞脏腑经络,闭塞气机,气血运行不畅所致;二是"不荣则痛",属虚证,多因气血不足,或阴精亏损,使脏腑经络失养所致。问疼痛,应注意询问疼痛的部位、性质、程度、时间、诱发因素和伴随症状等。

（一）问疼痛的部位

1. 头痛 "头为诸阳之会"，问头痛部位可确定病在何经。前额连眉棱骨痛，病属阳明经；后枕连项痛，病属太阳经；头两侧痛，病属少阳经；巅顶痛，病属厥阴经等。

2. 胸痛 胸痛多为心肺病变，问诊时应注意分辨胸痛的确切部位。"虚里"憋闷，或痛彻臂内，痛如针刺，属真心痛，因血瘀心脉所致；兼咳吐脓血腥臭痰，属肺痈，因肺热壅盛，腐烂血肉，液化成脓所致；腋下肋间饱满疼痛，因悬饮所致等。

3. 胁痛 胁痛多与肝胆病变有关，多因肝郁气滞、肝胆湿热、肝胆火盛以及悬饮等病证所致。

4. 脘痛 即上腹部剑突下疼痛，又称"胃脘痛"。脘痛常因寒、热、食积、气滞等致胃失和降，气机不畅而成。问诊时应注意辨别脘痛的寒热虚实。进食后痛势加剧或拒按，多属实证；进食后疼痛缓解或喜按，多属虚证。胃脘冷痛，得温则减，多属寒证；胃脘灼痛，喜凉恶热，多属热证。

5. 腹痛 腹痛多与所属脏腑病变有关。腹痛即泄，泄后痛减，因肝郁脾虚所致；腹痛下痢脓血，因大肠湿热痢疾所致；少腹绞痛，兼砂石、血尿，常见于血淋；右下腹绞痛，反跳痛，常见于肠痈；大腹隐痛，喜温喜按，食少便溏，因脾胃虚弱所致。

6. 背痛 背脊痛多与督脉、足太阳经、手三阳经病证有关。背痛不可俯仰，属督脉损伤所致；背痛连及项部，属风寒之邪客于太阳经所致；肩背作痛，属风湿阻滞，经气不利所致。

7. 腰痛 指腰脊正中或腰部两侧疼痛，多与肾病有关。腰脊或腰骶部冷痛，属寒湿痹证；腰脊刺痛，不能俯仰转侧，有外伤史，属瘀血阻络所致；两侧腰部空痛，属肾虚所致；腰脊疼痛，动则即发，属习惯性腰痛，属经络阻滞所致；腰部绞痛或钝痛、叩击痛，伴尿有砂石血尿，多属石淋。

8. 四肢痛 指四肢关节、肌肉、筋脉疼痛。上肢疼痛，痛连肩背，手指麻木，多因寒瘀阻络或气血亏损所致；下肢关节疼痛，多因风寒湿痹或热痹所致；指、趾关节疼痛，多因寒湿凝滞，气滞血瘀所致；小腿肌肉挛痛，多因寒邪内侵，气血郁滞所致；足跟或胫膝酸痛，多因肾虚所致，常见于年老体衰之人。

9. 周身疼痛 问诊时应注意询问发病的时间和病程的长短。凡新病周身疼痛，多属实证，多因感受风寒湿邪所致；久病卧床不起而周身作痛，多属虚证，因气血亏虚，肌体失养所致。

（二）问疼痛的性质

1. 胀痛 指疼痛且胀满的感觉，属气滞作痛的特征。胀痛多发于胸胁脘腹、四肢等处。若时发时止，排气稍舒，多因气滞所致。但头目胀痛，多因肝阳上亢，或肝火上炎所致。

2. 刺痛 指疼痛如针刺的感觉，属瘀血作痛的特征。其特点是范围小，夜间为甚，部位多固定不移，按之痛甚或拒按。

3. 冷痛 指疼痛有寒冷感而喜暖。冷痛以腰脊、脘腹、四肢关节等为多见。多因寒邪阻络，或阳气亏虚，肌体失于温煦所致。

4. 灼痛 指疼痛有灼热感而喜冷。灼痛以两胁、胃脘、肌表处多见。多因火邪窜络或阴虚火旺所致。

5. 隐痛　指疼痛不甚剧烈,尚可忍耐,但绵绵不休。隐痛以头、脘、腹部为多见。多因精血亏损,或阳气不足,肌体失养所致。

6. 绞痛　指疼痛剧烈如刀绞。绞痛范围较大,且多疼痛难忍,多因有形实邪阻闭,或寒邪凝滞,气滞血瘀所致,常见于真心痛、结石、蛔厥等。

7. 重痛　指疼痛伴沉重感。重痛以头部、四肢、腰及全身为多见,因湿邪困阻气机所致。

8. 闷痛　指疼痛伴有满闷、憋闷的感觉,多见于胸部,为痰浊阻肺,或痰浊闭阻心脉所致。

9. 掣痛　指痛处抽掣或牵引他处而痛,又称"彻痛"。掣痛常呈放射状,或有起止点,有牵扯感,多因经脉失养,或经脉阻滞所致。

10. 酸痛　指疼痛伴有酸楚的不适感。常见于四肢、腰背的关节、肌肉处。多因风湿侵袭,气血运行不畅,或肾虚、气血不足,组织失养所致。

11. 走窜痛　指痛处游走不定,或走窜攻痛,甚至感觉不到确切的疼痛部位。胸胁脘腹疼痛且走窜不定,常称"窜痛",多因气滞所致;肢体关节疼痛而游走不定,常称"游走痛",多为风痹。

12. 固定痛　指疼痛部位固定不移。胸胁脘腹等处固定作痛,多属瘀血所致;肢体关节疼痛固定不移,多为痛痹、着痹。

13. 空痛　指疼痛有空虚感。空痛以头部和小腹部为多见,因气血精髓亏虚,机体失养所致。

总之,凡新病疼痛,痛势较剧,持续不解,痛而拒按,多属实证;久病疼痛,痛势较轻,时痛时止,痛而喜按,多属虚证。

知识拓展

临床常见疾病之腹痛

疾病名称	腹痛特征
消化性溃疡	上腹部剧痛,呈烧灼样、压迫性、间歇性,放射至背部,进食加重。常伴恶心、呕吐、腹胀、烧心等症
胃肠炎	绞痛,部位不定,向周围放射,进食加重。常伴恶心、呕吐、腹泻、发热等症
胰腺炎	上腹部疼痛呈多样性,放射至背痛,平卧加重。常伴恶心、呕吐、发热等症
胆囊炎	右上腹放射至肩胛骨持续疼痛,运动和深呼吸加重。常伴厌食、恶心、呕吐、发热等症
阑尾炎	脐周转移至右下腹疼痛,持续绞痛,活动加重。常伴厌食、恶心、低热等症
肠梗阻	绞痛,部位不定,常突发。常伴呕吐胆汁(高位)、便秘等症
肾结石	侧腹剧烈绞痛,放射至同侧腹股沟,常突然发作。常伴呕吐、尿路综合征、血尿等症

四、问头身胸腹不适

问头身胸腹不适,是指问头身胸腹疼痛以外的其他不适症状。

(一)头晕

头晕是指感觉自身或四周景物旋转,甚者站立不稳,称"头晕"。问诊时应注意了解引发或加重头晕的因素及兼症。头晕且胀,烦躁易怒,舌红,脉弦数,属肝火上炎所致;头晕胀痛,耳鸣,腰膝酸软,舌红少苔,脉弦细,常因恼怒而加剧,属肝阳上亢所致;头晕面白,神疲体倦,舌淡,脉细,常因劳累而加重,属气血亏虚,清窍失养所致;头晕且重,如物裹缠,胸闷呕恶,舌苔白腻,属痰湿内阻,清阳不升所致;外伤后头晕刺痛,属瘀血阻滞,脉络不通所致。

(二)胸闷

胸部感觉堵塞满闷,称"胸闷",又称"胸痞"。胸闷多与心、肺、肝等脏病变有关。兼心悸气短,属心气不足或心阳不振所致;兼心痛如刺,属心血瘀阻所致;兼痰多,属痰湿内阻,肺气壅滞所致;兼胁胀、善太息,属肝气郁结所致。

(三)心悸

自觉心跳异常,心慌不安,不能自主,称为心悸。因受惊而心悸,称"惊悸";怔忡则为终日感觉心中跳动不安,稍动尤甚。惊悸、怔忡均属心悸。惊悸多时发时止,全身情况较好,病情较轻,常因目见异物、遇险临危受到惊吓而心神浮动,心气不定所致。怔忡较惊悸严重,持续时间较长,全身情况较差,病情较重,多因劳累过度、心血不足所致。

心悸多与心脏病变有关,其病因繁多。兼面白唇淡,头晕气短,属气血亏虚,心神失养所致;兼颧红盗汗,属阴虚火旺,热扰心神所致;兼气短乏力、自汗,属心阳气虚,鼓动无力所致;兼下肢或颜面浮肿,畏寒喘促,属脾肾阳虚,水气凌心所致;兼短气喘息,心胸刺痛,舌黯,属心脉痹阻,血行不畅所致。

(四)胁胀

胁肋部感觉胀满不舒,称"胁胀"。胁胀多与肝胆及其经脉病变有关。胁胀易怒,多因情志不舒,肝气郁结所致;胁胀灼痛,目黄口苦,舌苔黄腻,多因肝胆湿热所致。

(五)脘痞

脘部感觉胀满不舒,称"脘痞",又称"脘胀"。脘痞多与脾胃病变有关。脘痞而嗳腐吞酸,多因饮食伤胃所致;脘痞而食少便溏,多因脾胃虚弱所致。

(六)腹胀

腹部感觉胀满堵塞,如物支撑,称"腹胀"。腹胀多与胃肠气机不畅有关。腹时胀时减而喜按,属虚证,多因脾胃虚弱,健运失司所致;腹持续胀满而拒按,属实证,多因食积胃肠,或实热内结,阻塞气机所致;腹胀如鼓,皮色苍黄,腹壁青筋暴露,称"臌胀",多因肝、脾、肾功能失常,气、血、水互结,聚于腹内而成;小儿腹胀而大,面黄肌瘦,纳呆,多属疳积。

(七)身重

身体感觉沉重,如负重物,转侧挪动困难,称"身重"。身重多因肺、脾、肾功能失调,水湿滞留肌肤、骨节,或湿热耗伤气阴,机体失养所致。

（八）麻木

肌肤感觉、知觉减退，甚至消失，称"麻木"，又称"不仁"。麻木多见于头面四肢，多因气血亏虚，肝风内动，或湿痰瘀血痹阻经络，肌肤经络失养所致。

（九）疲乏

精神困倦，肢体懈怠无力，称"疲乏"。疲乏多与气血不足、脾胃虚弱、水湿内停等有关。兼纳差、便溏，属脾虚湿阻所致；兼少气懒言、头晕自汗、心悸，属气血亏虚所致；兼少气懒言、口渴心烦、身热、汗出、尿赤，属暑热伤气所致。

五、问耳目

耳能听声辨音，目能视物察色。肾开窍于耳，胆经循于耳后；肝开窍于目，五脏六腑之精气皆上注于目。询问耳目情况，可了解耳目病变，可推断全身脏腑经络的病理变化，特别是对判断肝、胆、肾、三焦的病变具有重要意义。

（一）问耳

问耳主要了解耳鸣、耳聋、重听等听觉的异常变化。应注意询问其特点、新久、程度以及兼症等。

1. 耳鸣　指自觉耳中鸣响，妨碍听觉。耳鸣应注意辨清虚实。突发耳鸣，声大如潮，按之鸣声不减，属实证，因肝胆火盛，上扰清窍所致。渐发耳鸣，声小如蝉，按之鸣声减或暂止，属虚证，因肝肾阴虚，肝阳上扰，或肾精亏虚，髓海不充，或气虚下陷，清阳不升所致。

2. 耳聋、重听　听力减退或消失，称"耳聋"。听力略减退，声音失真，声音重复称"重听"。重听属听力减退轻症，耳聋为听力减退重症。新病耳暴聋，属实证，多因肝胆火逆，或热邪蕴结，蒙蔽清窍所致；久病耳渐聋，属虚证，多因精气虚衰，清窍失充所致。年老耳渐聋，属衰老现象，因精衰气虚所致；外伤、某些药物（如链霉素）亦可导致耳聋，幼儿期往往还可由聋致哑。

（二）问目

目病繁多，这里重点介绍目痛、目眩、目昏等几个常见症状。

1. 目痛　指单眼或双眼疼痛。目痛剧，属实证，多因肝火上炎所致；目微痛，属虚证，多因阴虚火旺所引起。

2. 目眩　指两眼发黑，眼冒金花，或眼前感觉有蚊蝇飞动。目眩兼头晕，合称"眩晕"。目眩应注意辨清虚实。实证多因风火上扰清窍，或痰湿上蒙清窍所致；虚证多因中气下陷，清阳不升，或肝肾不足，精血亏虚，目窍失养所致。

3. 目昏、雀盲、歧视　视物昏暗，模糊不清，称"目昏"。白昼视力正常，而黄昏视物不清，如雀之盲，称"雀盲"，即"夜盲证"。视一物成二物而不清，称"歧视"，又称"视歧"。目昏、雀盲、歧视均属视力减退的病变，其程度不同，皆因肝肾亏虚，精血不足，目失充养所致，常见于久病或年老、体弱之人。

六、问睡眠

睡眠是人体适应自然界昼夜节律性变化，维持体内阴阳协调平衡的一种重要的生理现象。正常情况下，卫气昼行于阳经，阳气盛则醒；夜行于阴经，阴气盛则眠。

问睡眠可了解阴阳气血的盛衰、心脾肝肾等脏腑病变。问诊时应注意询问睡眠时间的长短、入睡的难易、有无多梦及兼症等。睡眠失常主要有失眠和嗜睡两种。

（一）失眠

经常不易入睡，或睡而易醒，醒后不能复睡，或睡眠不深，时常惊醒，或彻夜不眠，称"失眠"，又称"不寐""不得眠"。失眠以持久不能获得正常睡眠(睡眠时间不够，睡眠深度不够)，醒后不能消除疲劳、恢复体力和精力，常伴多梦为诊断依据。

失眠应注意辨清虚实。虚证多因阴虚火旺、心脾两虚、心胆气虚、心肾不交所致；实证多因心火、肝火、痰热、食积、瘀血所致。

（二）嗜睡

神疲困倦，睡意很浓，不论昼夜，经常不自主地入睡，称"嗜睡"，又称"多寐""多眠"。嗜睡多因阳虚阴盛所致，常见于痰湿困脾、脾胃虚弱、心肾阳衰等证。大病后神疲而嗜睡，是正气将复的反映。

课堂互动

请同学们思考一下睡眠的机理是什么？哪些因素能导致睡眠障碍？睡眠障碍对体质有哪些影响？

七、问饮食口味

饮食是水谷精气生化之源，是维持人体正常生命运动的物质基础。脾胃、肝胆等多个脏腑参与了饮食物的摄纳与消化吸收。问饮食口味，可了解脾胃及相关脏腑功能的盛衰。问诊时，应重点询问口渴、饮水、饮食、口味等情况。

（一）口渴与饮水

口干渴的感觉，称"口渴"。饮水指实际饮水的多少。饮水是人体内津液的主要来源。口渴与饮水密切相关，问口渴与饮水的情况，可了解津液的盛衰和输布情况，以及疾病的寒热虚实。

1. 口不渴饮 指口不觉干渴而不欲饮水。口不渴提示津液未伤，多见于寒证、湿证，亦见于热病但燥热不盛之证。

2. 口渴欲饮 指口渴而欲饮水，是津液损伤的表现，多见于燥证、热证。口渴程度及饮水的多少直接反映着机体内津伤的程度。口干微渴，兼发热恶风，咽喉肿痛，属外感温热病初期，津液损伤较轻；大渴喜冷饮，兼面赤、汗出，脉洪数，属热入阳明气分，津液大伤所致；口渴多饮，小便量多，体渐消瘦，属消渴病；口渴喜冷饮，兼潮热、盗汗，属阴虚火旺，津液灼伤所致。

3. 渴不欲(多)饮 指虽口干渴，但不欲饮水或饮水不多，是津液损伤较轻，或津液未伤，但其气化、输布发生障碍，津液不能上承所致。常见于阴虚、湿热、痰饮、瘀血以及热入营分等证。因阴虚内热，伤津不重，或湿热、痰饮、瘀血内停，气机受阻，津不上承，或热入营分，蒸腾营阴上承所致。

课堂互动

请同学们思考一下如何通过患者的饮水情况来分析判断疾病的寒热虚实。

（二）问食欲与食量

进食的需求程度和对饮食的欣快感觉，称"食欲"。进食数量，称"食量"。脾胃及相关脏腑功能正常，则食欲旺盛，食量适中；脾胃及相关脏腑功能失调，常致食欲与食量异常。问食欲与食量，可了解脾胃功能的强弱，判断疾病的预后转归。

1. **食欲减退**　食欲减退是疾病过程中常见的病理现象，有不欲食、纳少、纳呆3种情况。不想进食，或食之无味，食量减少，称"不欲食"，又称"食欲不振"；进食量减少，称"纳少"，常因不欲食引起；无饥饿感和进食要求，即无食欲，称"纳呆"。新病食欲减退，属脾胃初伤，胃气尚旺所致；久病食欲减退，兼神疲倦怠，面色萎黄，舌淡脉虚，属脾胃虚弱，胃气大伤所致；食少纳呆，兼头身困重，脘闷腹胀，舌苔厚腻，属湿盛困脾，或饮食停滞，脾胃运化失司所致。

2. **厌食**　指厌恶饮食，或恶闻食气，又称"恶食"。兼嗳气酸腐，脘腹胀满，属饮食不节，食滞胃腑，腐熟功能失常所致，多见于食积。厌食油腻，兼胸闷呕恶，脘腹胀满，属脾胃湿热所致。厌食油腻厚味，兼胁肋胀满灼热，身热不扬，属肝胆湿热所致。孕妇厌食反应，属妊娠后冲脉之气上逆，胃失和降所致，一般多属生理现象；孕妇厌食严重，称"妊娠恶阻"，是妊娠期常见的疾患。

3. **消谷善饥**　指食欲过于旺盛，进食量多，食后不久即感饥饿，又称"多食易饥"。多因胃火炽盛，腐熟太过所致。消谷善饥，形体反见消瘦，兼口渴多饮，小便多，属消渴病；兼颈前肿块，心悸多汗，属瘿病；兼大便溏泄，属胃强脾弱所致。

4. **饥不欲食**　指有饥饿感，但不想进食，或进食不多，称"饥不欲食"。因胃阴不足，虚火内扰，或蛔虫内扰所致。

5. **饮食偏嗜**　因地域与生活习惯不同，人常有饮食偏嗜。饮食偏嗜，一般不会引起疾病；若偏嗜太甚，则易导致病变。偏嗜肥甘，易生痰湿；偏食生冷，易伤脾胃；过食辛辣，易病燥热。嗜食生米、泥土等，称"嗜食异物"，常见于小儿，多属虫病。妇女妊娠期间，偏嗜酸辣等食物，不属病态。

（三）口味

口味，指口中有无异常的味觉、气味。口味异常，可反映脾胃及其他脏腑病变。

1. **口淡**　指口中无味，味觉减退。兼食少纳差，神疲乏力，便溏等，多见于脾胃气虚，或寒证。

2. **口苦**　指口中自觉有苦味。口苦属火热之证，多见于肝胆火旺，胆气上逆。

3. **口甜**　指口中自觉有甜味。兼黏腻，舌苔黄腻，多属湿热困脾所致；兼涎沫稀薄，舌苔薄白，多属脾虚所致。

4. **口酸**　指口中自觉有酸味，甚则闻之有酸腐气味。口酸多因肝胃郁热、肝胃不和，或食滞腐化所致。

5. **口涩**　指口中自觉有涩味，如食生柿子。口涩常兼舌燥，多因燥热伤津，或脏腑阳热偏盛，气火上逆所致。

6. **口咸**　指口中自觉有咸味。多因肾虚，或寒水上泛所致。

7. **口黏腻**　指口中黏腻不爽。口黏腻，舌苔厚腻，多因湿浊停滞、痰饮食积所致；口黏腻而甜，多属脾胃湿热；口黏腻而苦，多属肝胆湿热。

八、问二便

问二便主要询问大小便的性状、颜色、气味、时间、量的多少、排便次数、排便时的感觉，以及兼症等。因颜色、气味等已在有关章节介绍，这里重点介绍二便的性状、次数、便量、排便感等内容。

（一）问大便

健康人一般每日或隔日大便 1 次，色黄、质软、成形，干湿适中，排便通畅，便内无脓血、黏液及未消化的食物等，排便时无不适之感。大便异常主要包括便次、便质以及排便感觉的异常：

1. 便次异常　①便秘：指大便秘结不通，或蹲厕时间延长，或欲便而艰涩不畅，或便次减少，又称"大便难"。多因肠道热结，或阴血内耗，或津液亏少，使肠道燥化太过，或阳气亏虚，寒湿凝滞，使腑气不通，传导失职所致。便秘应注意分清虚实。实证多因邪滞肠道，腑气不通所致；虚证多因气血阴阳不足，或肠道失润，或推动无力所致。②泄泻：指便次增多，便质稀薄，甚至便稀如水样。多因内伤饮食，或感受外邪，或阳气亏虚，或情志失调，使脾失健运，大肠燥化不及，传导亢进所致。问泄泻应注意了解新久，以及大便的性状和兼症，以便辨清虚实。一般新病泻急，多属实证；久病泻缓，多属虚证。泻下黄褐稀水，兼肛门灼热，腹痛，舌红苔黄腻，多因大肠湿热所致；黎明前腹痛作泄，泄后即安，兼形寒肢冷，腰膝酸软，称"五更泻"，多因脾肾阳虚，寒湿积滞所致。

2. 便质异常　①完谷不化：指大便中经常夹杂较多未消化的食物。多因脾胃虚寒，或肾阳虚衰所致。②溏结不调：指大便时干时稀。多因肝郁脾虚，肝脾不调所致。大便先干后稀，多因脾胃虚弱所致。③便血：指大便带血，或便血相混，或全为血便。多因胃肠脉络受损所致。询问时应注意了解便血的颜色和质地。大便中夹脓血黏液，兼里急后重，多见于痢疾，因肠道湿热所致。先便后血，便血紫黯，或如柏油，属远血；先血后便，便血鲜红，血粪不融，属近血。

3. 排便感异常　①肛门灼热：指排便时肛门有灼热感。多因大肠湿热下注，或大肠郁热下迫所致，多见于热泻或湿热痢。②里急后重：指腹痛窘迫，时时欲便，肛门重坠，便出不爽。多因湿热内阻，肠道气滞所致。③排便不爽：指排便不通畅，总感滞涩难尽。多因大肠湿热、肝郁乘脾、食滞肠道，或脾虚气陷所致。④滑泻失禁：指大便不能控制，滑出不禁，甚则便出而不自知，又称"滑泻"。多因脾肾虚衰，肛门失约所致。⑤肛门气坠：指肛门有下坠感。多因脾虚气陷所致，常兼脱肛，常于劳累或排便后加重，多见于久泻、久痢患者。

（二）问小便

健康成人日间排尿 3~5 次，夜间 0~2 次，昼夜总尿量为 1000~1800ml。尿次和尿量受饮水、温度、出汗、年龄等因素的影响。

小便乃津液所化，询问小便有无异常变化，可诊察体内津液的盈亏和有关脏腑气化功能情况。一般应询问尿量、次数及排尿异常感觉等。

1. 尿量异常　①尿量增多：指尿量、尿次明显多于常人。小便清长量多，畏寒喜暖，多属虚寒证；消瘦，多饮，多食，多尿，属消渴病。②尿量减少：指尿量、尿次明显少于常人，称"尿量减少"。多因热盛、汗下吐泻伤津，或肺脾肾功能失调，气化不利，水湿内停所致。

2. 尿次异常　①小便频数：指排尿次数增多，时欲小便，简称"尿频"。新病小便频数，短赤急迫，多因下焦湿热，膀胱气化不利所致；小便频数，量多色清，夜间尤甚，多因肾阳不足，肾气不固，膀胱失约所致。②癃闭：小便不畅，点滴而出，称"癃"；小便不通，点滴不出，称"闭"，二者统称"癃闭"。多因肾阳不足，气化失司，开合失常，或湿热下注、瘀血、结石阻滞所致。

3. 排尿感异常　①小便涩痛：指小便排出不畅而痛。多因湿热蕴结下焦，膀胱气化不利所致，常见于淋证。②余沥不尽：指排尿后有少量尿液点滴流出，又称"尿后余沥"。多因肾气虚弱，肾关不固，开合失司所致，常见于老年或久病体衰者。③小便失禁：指清醒时小便不能随意控制而自遗。多因肾气不足，膀胱失约所致。神昏而小便自遗，属神无所用，为膀胱失约的危重证候。④遗尿：指睡中小便自行排出，俗称"尿床"。多因肾气不足，膀胱虚衰，失于固摄所致。若遗尿见于3岁以下健康幼儿，可视为正常。

九、问妇女

月经、带下、妊娠、产育属妇女的生理特点。其异常变化，又是妇科常见疾患和全身病理的反映。因此，妇女患者应注意询问经、带、妊、产等情况，以便作为诊断妇科疾病或其他疾病的依据。

（一）问月经

发育成熟的女子，有规律的、周期性的子宫出血，称"月经"。问月经应注意了解月经的周期，行经的天数，月经的量、色、质，有无闭经或行经腹痛，末次月经日期，以及初潮或绝经年龄等情况。

知识链接

正常月经

月经，一般每月1次，信而有期，故又称"月汛""月水""月信"。正常月经是：13~15岁初潮，周期约28天，行经一般3~5天，经量中等（50~100ml），经色正红无块，在妊娠期及哺乳期月经不来潮，绝经年龄约49岁。

1. 经期异常　①月经先期：指月经连续2个周期出现提前7天以上，又称"月经超前"。多因阳气亏虚，或肝郁血热、阳热炽盛、阴虚火旺所致。②月经后期：指月经连续2个周期出现错后7天以上，又称"经迟"。多因气血不足，或气滞、寒凝、血瘀所致。③经期错乱：指月经连续2个周期出现或前或后，差错在7天以上，又称"月经先后不定期"。多因肝郁气滞，或脾肾阳虚，或瘀血阻滞所致。

2. 经量异常　①月经过多：指月经周期基本正常，经量较常量明显增多。多因血热、脾肾阳虚或瘀阻胞络所致。②崩漏：指不在行经期间，阴道内大量出血，或持续下血，淋漓不止。来势急，出血量多，称"崩"，又称"崩中"；来势缓，出血量少，称"漏"，又称"漏下"。"漏者崩之渐，崩者漏之甚"，故统称"崩漏"。多因血热、脾肾阳虚或瘀阻胞络所致。③月经过少：指月经周期基本正常，经量较常量明显减少，甚或点滴即净。多因营血衰少，血海亏虚，或肾气亏虚，精血不足，血海不盈，或寒凝、血瘀、痰湿阻滞所致。④闭经：女子发育成熟后，月经应来不来，或曾来而中断，闭止3个月以上，且未受孕，称"闭经"。多因气虚血亏，血海空虚，或气滞血瘀、寒凝痰阻，胞脉不通所致。问诊时注意与妊娠期、哺乳期、绝经期相鉴别。此外，有些妇女终身无月经而同样能怀孕者，称"暗经"；有行经期经血上逆，只吐血、衄血或者眼耳出血者，称"倒经"。

3. 经色、经质异常　月经的颜色，称"经色"；月经性状，称"经质"。色淡红质稀，多因血虚不荣所致；色深红质稠，多因血热内炽所致；经色紫黯，夹有血块，兼小腹冷痛，多因寒凝血瘀所致。

4. 痛经　指经期或行经前后，小腹周期性疼痛，或痛引腰骶，甚至剧痛不能忍受，又称"经行腹痛"。经前或经期小腹胀痛或刺痛，多因气滞或血瘀所致；经期或经期前后小腹冷痛，遇温则减轻，多因寒凝或阳虚所致；经期或经后小腹隐痛，多因气血两虚，胞脉失养所致。

（二）带下

带下指妇女阴道内的一种少量蛋清样或乳白色、无臭的分泌物，具有润泽阴道的作用。带下过多，淋漓不断，或有色、质改变，或有臭味，属病理性带下。问诊时应注意了解带下的量、色、质和气味等。①白带：带下色白量多，质稀如涕，淋漓不绝，多因脾肾阳虚，寒湿下注所致。②黄带：带下色黄，质黏臭秽，多因湿热下注所致。③赤白带：白带中混有血液，赤白杂见，多因肝经郁热，或湿热下注所致。一般而言，带下色白清稀，无臭，多属虚证、寒证；带下色黄或赤，黏稠臭秽，多属实证、热证。

十、问小儿

儿科古称"哑科"。小儿问诊比较困难，临床主要通过询问陪诊者来获得有关疾病的资料。

小儿具有脏腑娇嫩、生机蓬勃、发育迅速等生理特点，在病理上则发病较快，变化较多，易虚易实。问小儿病除一般问诊内容外，还要注意结合小儿的生理特点，着重询问下列几个方面：

1. 出生前后情况　新生儿（出生后至1个月）的疾病多与先天因素或分娩情况有关。问诊时应着重询问妊娠期及产育期母亲的营养健康状况，有何疾病，曾服何药，分娩时是否难产、早产等，以便了解小儿的先天情况。婴幼儿（1个月至3周岁）发育较快，且脾胃功能尚不健全，喂养不当，易患营养不足、腹泻以及五软、五迟等病。问诊时应重点询问喂养方法，以及坐、爬、立、走、出牙、学语的迟早情况，以便了解小儿后天营养状况和生长发育是否正常。

2. 预防接种、传染病史　小儿6个月至5周岁之间，因先天免疫力逐渐消失，而后天免疫功能尚未形成，故易感染水痘、麻疹等急性传染病。预防接种可帮助小儿建立后天免疫功能，以减少感染发病。曾患过某些传染病，如麻疹、伤寒等，常可获得终身免疫力。问诊时应重点询问预防接种情况、传染病史、传染病接触史，以及家族遗传病史等。

3. 问发病原因　小儿脏腑娇嫩，抵抗力弱，调节功能低下，易受气候、环境影响，感受六淫邪气，而出现发热恶寒、咳嗽、咽痛等外感病证；小儿脾胃薄弱，消化力差，极易伤食，而出现呕吐、泄泻等脾胃病证；婴幼儿脑神经发育不完善，易受惊吓，而出现哭闹、惊叫等病证。

技能要点

问 诊 流 程

```
环境优雅安静舒适          礼节性交谈          问一般情况
仪表端庄举止友善   →   （自我介绍）    →
注意病人隐私保护
开始问诊                                        ↓

                    围绕主诉直接询问          问主诉
归纳整理问诊资料   ←   注意症状先后顺序    ←   （您今天来，主
                    要求病人直接回答：        要是哪儿不舒服）
                    "是"或"不是"
```

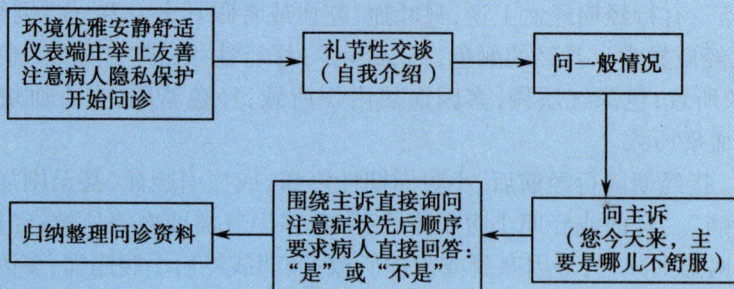

（【实习三】见实习项目）

（崔淑兰）

复习思考题

1. 何谓主诉？主诉应如何询问？
2. 现病史包括哪几方面的内容？如何询问？
3. 试述疼痛的机理。说出常见疼痛的特征和临床意义。
4. 试述寒热的机理。说出常见寒热表现及其临床意义。

第四章

PPT 课件
04章PPT

扫一扫
知重点

切　诊

学习要点

1. 切诊的概念。
2. 脉诊形成的原理。
3. 常见病脉及其临床意义。

切诊是指医生用手在患者的体表进行触、摸、按、压，以触觉判断、诊察疾病的方法。切诊分为脉诊和按诊两部分。

第一节　脉　诊

脉诊又称"切脉"，是医生用手指触按患者的动脉搏动，体验脉动应指的情况，了解和判断病证的一种诊病方法。

脉诊具有悠久的历史，有关脉学内容，始见于《黄帝内经》。书中详载了诊脉的部位、持脉的方法、诊寸口的原理、脉象变化的临床意义和常见的脉象与主病等。《伤寒论》论述了 26 种脉象，《脉经》提出 24 种脉象，李时珍的《濒湖脉学》载有 27 种脉象，李士材的《诊家正眼》载有脉象 28 种，近代脉诊多以 28 种脉象论述。

脉诊主要靠医生手指的触觉来体验分辨，故学习脉诊既要掌握脉学的基本理论和知识，更要掌握脉学的基本技能，反复训练，悉心体会，才能做到心中明了，指下易辨。

一、脉象形成的原理

脉象是脉动应指的形象，与脏腑气血功能活动有密切的关系。其形成原理，可以通过以下几个方面来认识。

（一）心、脉是形成脉象的主要脏器

心脏搏动是形成脉象的动力。心主血脉，心脏搏动把血液排入血管而形成脉搏跳动。全身血脉与心脏连通，形成一个密闭的循行系统，心脏不停地跳动，推动着血液在全身脉管中如环无端、周流不息地循行，成为血行的动力。血液在脉管中的循行之所以能形成脉象变化，全赖于心脏的正常搏动，而脉象的至数、节律与心脏的搏动一致。

脉为血之府，是血液运行的通道，约束和促进血液沿着一定的方向和路径循行。

脉管的完整是维持血液正常运行和脉象形成的必要条件。因此,脉管通畅、完整无损和约束血行的功能健全,是保证血液正常循行的重要前提,也是脉象形成不可缺少的条件。

(二)气血运行是形成脉象的物质基础

脉乃血府,赖血以充,赖气以行。气能行血,心脏搏动的强弱、节律赖气以调节,血液的运行靠气来推动;而血能载气,脉管自身的功能亦需要血的濡养。因此,气血在脉管内运行是脉象形成的物质基础。反之,脉象则在一定程度上能反映出气血的状况。

(三)其他脏腑与脉象形成的关系

血液在脉中运行不息,环周不休,除心脏的主导作用外,还必须依赖其他脏腑协调配合。肺朝百脉,助心行血,全身的血液都要通过脉管而流经于肺,通过肺的呼吸进行清浊之气交换,且肺主气,通过肺气的敷布,血液才能布散至全身;脾胃为后天之本,气血生化之源,脾主统血,血液的循行,有赖脾气的统摄;肝藏血,主疏泄以贮藏血液和调节全身血流量;肾藏精,精化气,是人体阴阳之根,各脏腑组织功能活动的原动力,且精可化血,是生成血液的物质基础之一。

由此可见,脉象是在全身各脏腑组织相互协调作用下,血液在脉内循行过程中所表现出来的综合反应。人体脏腑组织发生障碍,都会直接或间接地影响到血液的运行,血行的失常会敏感地反映到脉象的变化。脉象是全身功能活动状态的综合反应,因而通过诊脉,可从脉象的细微变化察知相关脏腑组织的病变。

二、脉诊的部位、方法和注意事项

(一)脉诊的部位

1. 遍诊法 即《黄帝内经》三部九候法。切脉的部位有头、手、足三部,每部又分为天地人三候,三而三之,合而为九,故称为三部九候法。

2. 三部诊法 见于张仲景《伤寒杂病论》。即人迎、寸口、趺阳三脉。其中以寸口候十二经,以人迎、趺阳分候胃气。也有加太溪以候肾者。

3. 寸口诊法 以上两种诊脉部位,后世已少采用,自晋代以来普遍采用寸口诊法。

寸口,又称气口或脉口。寸口是手掌腕后桡动脉所在的部位。寸口诊脉法始于《黄帝内经》,详于《难经》,推广于《脉经》。

寸口分寸、关、尺三部,以腕后的高骨(桡骨茎突)为标志,高骨内后侧的部位为关,关部之前(腕端)为寸,关部之后(肘端)为尺。两手各有寸、关、尺三部,统称两手六部脉(图4-1)。

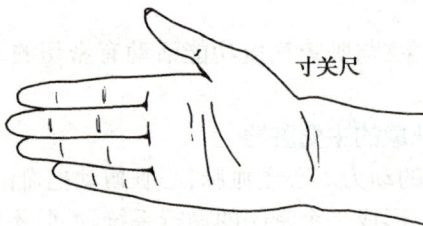

图4-1 诊脉寸、关、尺部位图

寸、关、尺三部又各分浮、中、沉三候,这就是寸口诊法的三部九候诊脉方法。《难经·十八难》指出:"三部者,寸、关、尺也;九候者,浮、中、沉也。"可见,寸口诊法的三部九候与遍诊法的三部九候名同而实异。

历代文献记载寸口脉的脏腑分配虽然有所不同,但大同小异,现列表比较如下(表 4-1)。

表 4-1　寸口分候脏腑的几种学说比较

著作	寸		关		尺		说明
	左	右	左	右	左	右	
《难经》	心	肺	肝	脾	肾	肾	大小肠配心肺表里相属。
	小肠	大肠	胆	胃	膀胱	命门	右肾为命门,故右尺候命门
《脉经》	心	肺	肝	脾	肾	肾	
	小肠	大肠	胆	胃	膀胱	三焦	
《景岳全书》	心	肺	肝	脾	肾	肾	大肠配左尺,是金水相从;小肠配右尺,是火居火位
	心包络	膻中	胆	胃	膀胱大肠	三焦命门小肠	
《医宗金鉴》	心	肺	肝	脾	肾	肾	小肠配左尺,大肠配右尺,是以尺候腹中的相应部位,故又以三焦分配寸关尺三部
	膻中	胸中	膈胆	胃	膀胱小肠	大肠	

表中所举的几家不同观点,其分歧在于大肠、小肠和三焦,而五脏的分候部位是一致的。目前关于寸、关、尺三部分候脏腑多以下列为准:

左寸候心与膻中;右寸候肺与胸中。

左关候肝、胆与膈;右关候脾与胃。

左尺候肾与小腹(膀胱、小肠);右尺候肾(命门)与小腹(大肠)。

这种分配方法体现了上(寸脉)以候上(身半以上),下(尺脉)以候下(身半以下)的原则。但必须指出,寸、关、尺分配脏腑所候的脉象是反映脏腑之气的变化情况,而不是五脏六腑出于寸口的某一部位。

诊脉独取寸口诊病的原理:一是因为寸口为手太阴肺经原穴太渊之所在,十二经脉之气汇聚于此,故称其为"脉之大会";二是因"肺朝百脉",故寸口脉气能够反映五脏六腑的气血状况;三是寸口脉在腕后,肌肤薄嫩,脉易暴露,切按方便。这就是历代医家非常重视诊脉独取寸口的缘由。

(二)诊脉的方法与注意事项

1. 时间　早在《黄帝内经》中就指出平旦(清晨)是诊脉的最佳时段,较易诊得真实脉象。诚然,临床切脉难以保证均在清晨进行,但在其他时间诊脉时必须做到:先让患者休息片刻,使其调匀呼吸,气血平静,同时保持诊室安静,以保证切脉的准确性。

每手诊脉的时间至少在 1 分钟以上,一般在 3~5 分钟。《黄帝内经》中提出,诊寸口时要候五十动,始知五脏的盛衰变化。其意义在于:一是借以了解脉动五十次中有无歇止,所谓"五十动而不一代者,以为常也,以知五脏之期",总以达到辨清脉象特征为目的。二是提醒医生,在察脉时不得两按三举,草率从事,而应心平气和,仔细认真。

2. 体位　诊脉时要让患者采取正坐位或仰卧位,手臂自然放平,和心脏处于同一水平,直腕,手心向上,在腕关节下垫上脉枕,有利于气血运行,不会影响脉象,且便于切脉。不正确的体位会影响局部气血运行而干扰脉象。

3. 指法　诊脉时,医生和患者侧向坐,用右手按诊患者的左手,用左手按诊患者的右手。指法有六:①三指平齐(指诊脉者食指、中指和无名指三个手指指端要平齐),手指略呈弓形倾斜,与受诊者寸口部位体表约成45°为宜。②定位与布指:下指时,首先用中指端按在高骨(桡骨茎突)内侧关部,再用食指按关前的寸部,无名指放在中指之后的尺上。若患者身高臂长,则布指略疏;若患者个矮臂短,则布指略密,总以适中为度,部位取准为要。③总按与单按:三指同样的指力按诊三部脉象,此谓"总按";一指单按寸、关、尺中的一部,以重点体会某一部位的脉象特征,谓之"单按"。在临床诊脉时单按、总按应结合使用。④举、按、寻:举、按、寻是指诊脉时运用指力的轻重和挪移,以探求、辨别最佳脉象的指法。用指轻按在皮肤上称举,又称浮取或轻取。手指用力适中,按至肌肉以体察脉象,称为中取。用指重按在筋骨间称按,也称沉取或重取。指力从轻到重,从重到轻,左右前后推寻,以探求脉动最明显的特征,称寻。举、按、寻是临床必须掌握的切脉技巧。⑤循法:即用指端沿脉道的轴向上下指指相移的诊脉法,以体会脉动范围的长短和脉搏来势的虚实。⑥推法:即指端对准脉道后,顺应脉搏的动势,左右内外微微推动,进一步体会脉率快慢,了解脉搏的力量和趋势。

4. 平息　平者,调匀之意。一呼一吸谓之息。诊脉时,医者先要调匀呼吸,使呼吸自然均匀,用一呼一吸作为计算患者脉率至数的时间单位。此外,平息的意义还在于使医生调匀呼吸,有助于思想集中。

脉诊技能要点

形象	仪表端庄,衣着干净整洁,调匀呼吸
描述	1. 描述正常脉象特征
	2. 描述常见脉象特征及主病
调整被测对象体位	1. 正坐或仰卧
	2. 调匀呼吸,保持安静
	3. 手臂自然放平,和心脏处于同一水平,直腕,手心向上,在腕关节下垫上脉枕
脉诊指法	1. 三指平齐
	2. 定位与布指
	3. 单按与总按
	4. 举、按、寻
	5. 循法
	6. 推法

三、脉象要素及平脉特征

（一）脉象要素

在历代中医脉学专著中,脉象的名称及描述繁多,且不同类型的兼脉更多。因此,将脉象按其要素归类概括,可达到执简驭繁的目的,且便于学习、记忆。

脉象要素,是构成脉象属性和特性的重要因素。脉象要素主要从位、数、形、势四个方面进行归类,并以四要素统括 28 脉,可起到提纲挈领的作用。位,指脉搏位置的深浅;数,指脉搏的至数(每息跳动的次数)和节律;形,指脉形的粗细、长短、脉管的硬度(含紧张度)及脉搏往来的流利度;势,指脉搏力量的强弱,且与脉的硬度和流利度密切相关。任何一种脉象都具有"位、数、形、势"四种属性,即具有深浅、至数、节律、粗细、长短、强弱、硬度(含紧张度)和流利度 8 个方面的特征。这些要素和特征以一定的方式进行组合和变化,就形成了多种多样的脉象形态。了解脉象的四大要素和 8 种特征,将有利于掌握平脉及 28 脉的脉象特征。

（二）平脉（正常脉象）

1. 平脉的特征　平脉是指正常人在生理条件下出现的脉象,又称正常脉象,简称常脉。平脉的表现是:三部有脉,一息四至或五至(相当于 70~80 次/分钟),不沉不浮,不大不小,不急不徐,从容和缓,柔和有力,节律整齐,尺脉虽沉但重按有力,并随生理活动和气候环境的不同而有相应的变化。

平脉应具有有胃、有神、有根三大特征。①有胃:人以胃气为本,脉亦以胃气为本,胃气充则健,胃气少则病,无胃气则亡。有胃气的脉象基本特征是从容、和缓、流利。即或是病脉,不论浮沉迟数,但有柔和有力之象,便是有胃气。诊察脉象胃气的盛衰,对判断疾病进退凶吉有一定的临床意义。②有神:脉贵有神,心主血而藏神,脉为血之府,血脉为神之基,神为血脉之用,血气充足,心神健旺,脉象自然有神。脉象有神的形态特征是节律整齐,柔和有力。不论何种病脉,只要节律不乱而有柔和之象,仍可判断为有神,但有神伤程度之不同。诊察脉象神之有无,可判断气血与心神的得失。③有根:肾为先天之本,是人体脏腑组织功能活动的原动力。肾气足,则生机旺盛,气血经脉流畅,脉象必然有根。有根之脉的特征主要表现为沉取应指有力,尺部尤显。诊察脉象根之有无,可判断肾精肾气的盛衰。

综上所述,脉之有胃、有神、有根的特点,实乃精、气、神在脉象中的综合反映,辨识其常变,颇有实际意义。

2. 平脉的生理性变异　脉象是人体全身功能状态的综合反映。因此,脉象和人体内外环境的关系十分密切,正常脉象也会随着人体内外环境因素的影响而有相应的生理性变异。①四季气候:由于受气候的影响,故平脉应四季而变,而有春微弦、夏微洪、秋微浮、冬微沉。此为应时之脉,属生理现象,反此则为病。②地理环境:地理环境也能影响脉象。南方地势低下,气温偏高,空气湿润,人体肌腠疏松,脉多细而略数;北方地势较高,气温偏寒,空气干燥,人体肌肤紧缩,故脉多表现沉实。③性别:女子的脉象较男子的脉象濡弱而略快,妊娠后常见滑数而冲和的脉象。④年龄:年龄越小,脉搏越快,婴幼儿每分钟脉动 120~140 次,5~6 岁的幼儿每分钟脉动 90~110 次,年龄渐长则脉象渐趋和缓,速率逐渐减慢。青壮年脉搏有力,老年人气血虚弱,精力渐衰,脉搏较弱。⑤体格:身躯高大之人,脉位较长;矮小之人,脉位较短。瘦人肌肉较薄,脉象常浮;肥胖之人,皮下脂肪较厚,脉象常沉。⑥情志:情绪波动也会使脉象发生相应的变化,这种一过性的脉象变化也属于生理性变异而非病脉。如喜乐之时,其脉较缓;恼怒之时,脉象弦急;惊恐之下,气机暂时逆乱而见动脉等。这些变异之脉象,随着情绪的平静恢复之后也就趋于正常。⑦劳逸:在剧烈运动或强体力劳动之后,脉多急疾;安卧或入睡之后,脉多迟缓。运动员脉多缓而有力。⑧饮食:在进食之后脉多有力,饮酒之后脉多数而有力;饥饿时脉象稍缓而无力。

此外,有些人因为血脉循行走向的变异,其脉不见寸口,从尺部斜向手背,名曰斜飞脉;若完全显现于寸口的背侧,名叫反关脉。还有出现于腕部其他位置的,这些都属于生理性的特异脉位,即桡动脉解剖位置的变异,不属病脉。

四、常见脉象及其临床意义

疾病反映在脉象的变化叫病脉。一般来说,除了正常生理变化范围以及个体生理变异状态外的脉象,都属病脉。在脉学发展过程中,医生切脉的体会对脉象的命名方法颇不一致,目前多数学者主张以浮、沉、迟、数、虚、实6脉为纲,统领28脉,从位、数、形、势四个方面进行体察。这种以纲带目,同中求异,由浅入深的脉诊学习方法,易于掌握,便于运用。

1. 浮类脉　此类包括浮脉、洪脉、芤脉、革脉、濡脉、散脉6种。其共同的脉象特征是脉位表浅,轻取即可体察脉象全貌。

(1)浮脉

【特征】　"轻手可举,泛泛在上,如水漂木。"轻取即得,重按稍减而不空。

【主病】　表证。

【分析】　浮,有漂浮之意。浮脉主表,外邪袭表,卫气外趋与邪抗争,邪气随之鼓动于外,脉搏应指而浮。外感风寒,寒主收引,血管拘急,故脉多浮紧;外感风热,热则血流薄急,故脉多浮数。

(2)洪脉

【特征】　洪脉极大,状如洪水,来盛去衰,滔滔满指。

【主病】　邪热亢盛。

【分析】　洪脉脉幅宽大,是邪热亢盛,充斥脉道,脉道随之扩大,气盛血涌,血流量增加,因而搏指有力。凡久病气虚,或虚劳、失血、久泄病证而见洪脉,必浮取盛大,沉取无根,多属邪盛正衰之危候。

(3)芤脉

【特征】　浮大中空,如按葱管。

【主病】　失血,伤阴,失精。

【分析】　芤脉浮大,应指无力,按之中空,即其脉体上下或两边皆实,唯中间独空。由于突然失血过多,血量骤然减少,营血不足,无以充脉,或津液大伤,脉不得充,血失阴伤,阳无所附而散于外,故见芤脉。

(4)革脉

【特征】　浮而搏指略弦,中空边坚,如按鼓皮。

【主病】　亡血,失精,小产,崩漏等证。

【分析】　革脉在脉位特点上浮取即得,其脉形是按之表坚而内虚(即脉管管壁坚实,脉管内空虚),如鼓皮内虚空而外绷急之状。多因正气不固,精血不能内藏,阳气无所依附,浮越于外,以致脉象中空边硬而浮。

（5）濡脉

【特征】 浮而细软,不任重按,重按不显。

【主病】 主诸虚证,又主湿证。

【分析】 濡,即浮软之意,如絮浮水,轻取即得,重按不显,又称软脉。精血亏虚,脉失所荣可见濡脉。湿邪太盛,脉道受到抑遏,气血失其通畅者,亦可见濡脉。

（6）散脉

【特征】 浮散无根,稍按则无,至数不齐。故曰"散似杨花无定踪"。

【主病】 元气离散。

【分析】 散脉是指脉搏浮甚无根的状态。散脉的形成是因心气虚衰,阳气离散而不能内敛,气血耗散殆尽,脏腑衰竭之危候。

2. 沉类脉 包括沉脉、伏脉、牢脉3种。其共同的脉象特点是脉位较深,须沉取才能体会脉之特点。

（1）沉脉

【特征】 轻取不应,重按始得,"举之不足,按之有余"。

【主病】 里证。

【分析】 邪郁于里,气血内困则脉沉有力;脏腑虚弱,正气不足,阳气虚陷,不能升举,气鼓动无力,故脉沉而无力。脉有力为里实,无力为里虚。

（2）伏脉

【特征】 重力推筋着骨始得,甚者伏而不见。脉位较沉脉更深。

【主病】 邪闭,厥证,也主痛极。

【分析】 伏者,潜藏伏匿之意。伏脉的形成,一是邪气闭塞,脉气不能宣通,脉道潜伏不显,脉多伏而有力;一是久病重病,气血虚损,不能鼓动脉气外行,故深伏筋骨之间,脉多伏而无力。两手脉深伏,伴太溪、趺阳脉不见者,属险证。

（3）牢脉

【特征】 兼具沉、实、大、弦、长5脉之象,坚牢不移。

【主病】 阴寒内实,疝气癥瘕。

【分析】 牢指坚实、牢固之意。因阴寒内积,致使阳气沉潜于里,固结不移,或疝气癥瘕阻滞气机,脉气困阻于内所致。若牢脉见于失血、阴虚等证,则属危重征象。

3. 迟类脉 此类脉包括迟脉、缓脉、涩脉、结脉、代脉5种脉象。其共同的脉象特点是至数一息不足四至,脉率少于正常人的脉率。

（1）迟脉

【特征】 脉来迟慢一息不足四至(相当于脉搏每分钟60次以下)。

【主病】 主寒证。

【分析】 多因阳气虚损,无力鼓动,致使脉来迟慢无力。或寒凝气滞,阳气失其温运,故脉来迟慢有力。亦可见于里实热证,因邪热内聚,阳气受到郁遏,阻滞血脉的正常运行,也可见迟脉,但按之实而有力。

（2）缓脉

【特征】 一息四至(每分钟60~70次),来去怠缓无力或脉形弛缓,缺乏紧张度。

【主病】 主湿病,主脾胃虚弱。

【分析】 不紧不急为缓。湿性黏滞,气机为湿所困,或脾胃虚弱,气血不足以充盈鼓动,故脉见来去怠缓。若有病之人脉象转缓,是正气恢复的象征。

（3）涩脉

【特征】 脉细而迟,往来艰涩不畅,如轻刀刮竹。

【主病】 伤精,血少,气滞血瘀,痰食内停。

【分析】 涩,艰滞也。津血亏损,血脉不充,或气虚无力推动血行,脉道失其濡润,以致脉气往来艰涩,故脉涩而无力。痰食胶固,气血阻滞,血流被遏,以致脉气往来艰涩困难,故脉涩而有力。

（4）结脉

【特征】 脉来缓慢,时有一止,止无定数。

【主病】 阴盛气结,寒痰血瘀,癥瘕积聚。

【分析】 因气血痰食,积滞不散,阻碍血行,以致心阳涩滞,血脉运行不畅,故脉来结而有力;或因气血渐衰,心阳不振,脉气运行无力而涩滞,故见结而无力。

（5）代脉

【特征】 脉来迟中一止,止有定数,良久复来。脉搏间歇时间较长。

【主病】 主脏气衰微,也主风证、痛证、七情惊恐、跌打损伤。

【分析】 因脉气衰微,气血两虚,元气不足,不能推动血行而致脉来迟中见有歇止,不能自还,良久复来;或因突然惊恐,跌仆损伤,致使脉气不能相接所致。不论虚实,总以脉气不能接续为主要机理。

4. 数类脉　此类脉包括数脉、促脉、动脉、疾脉 4 种脉象。此类脉象的共同特点是速率快,脉象来去较急。

（1）数脉

【特征】 一息脉来五至以上而不满七至(每分钟 90~120 次)。

【主病】 热证。

【分析】 因邪热亢盛,气血运行加速,故数而有力;久病阴虚,阴虚内热,则脉数无力或细数;虚阳外浮,则脉数大无力,按之豁然内空。

（2）促脉

【特征】 脉来数而时有一止,止无定数。

【主病】 阳盛实热,气血、痰饮、宿食停滞,亦主气血虚衰。

【分析】 因血随气行,热则气血行速,故脉来急数,数而时止。也可因气郁、血瘀、食滞、痰饮之邪,阻滞血行而见数中时止。促而细小无力者为心气虚衰,因真元衰败,阴血衰少之故,多为虚脱之象。

（3）动脉

【特征】 脉来滑数有力,应指跳突如豆,但搏动的部位短小。动脉具有滑、数、短 3 种脉象的特征。

【主病】 主惊,主痛。

【分析】 痛则阴阳失和,气血冲动,而呈滑数有力的脉象。惊则气血紊乱,脉行躁动难安,故也可见动脉。

（4）疾脉

【特征】 脉来急疾,一息七八至(每分钟 120~140 次以上)。

【主病】 阳极阴竭,元气将脱。

【分析】 疾脉是真阴枯竭于下,孤阳偏亢于上,气虚已极之象。伤寒、温病在热极时脉疾急而按之益坚者,是亢阳无制,真阴垂绝之候,其疾必兼躁扰之象。若脉疾而按之鼓指无力,为元阳将脱之征。痨瘵病见疾脉是危候。

5. 虚类脉 此类脉包括虚脉、细脉、短脉、弱脉、微脉5种。此类脉的共同特点是脉势弱,应指无力。

(1)虚脉

【特征】 三部脉举之无力,按之空虚,应指松软。

【主病】 主虚证。

【分析】 不足为虚。气虚无力推动血行,则脉象搏动无力,血虚不足以充盈脉管,则按之空虚。故虚脉可见之于气虚、血虚、气血两虚以及脏腑诸虚之证。

(2)细脉

【特征】 脉细如线,应指明显。

【主病】 主气血两虚,诸虚劳损,又主湿病。

【分析】 气虚无力推动血行,营血亏少不能充盈脉管,以致脉管收缩变细,故脉体细小而软弱无力,形细如线。若因湿邪所伤,阻遏脉道,也可见有细脉。若温热病,神昏谵语而见细数脉,是邪热深入营血或邪陷心包的证候。

(3)短脉

【特征】 首尾俱短,不满本位。只出现在寸或关部,尺脉常不显。

【主病】 短而有力为气郁,短而无力为气虚。

【分析】 气虚无力鼓动血行,致使脉管搏动短小而且应指无力,即所谓"短则气病"。也有因血瘀气滞,或痰滞食积,阻遏脉气的运行,以致脉气不能伸展而见短脉者,但短而有力。故短脉不可概作不足论之。

(4)弱脉

【特征】 极软而沉细。切脉时沉取方得,细而无力。

【主病】 主气血不足之证。

【分析】 脉为血之府,气血亏少,不能充盈脉道,故脉道缩窄,脉形细;气血不足,无力鼓动脉搏,故见脉位深而应指无力。

(5)微脉

【特征】 极细极软,按之欲绝,似有似无,模糊不清。

【主病】 主阳衰气少,阴阳气血诸虚之证。

【分析】 气血不足,脉道失充,故有形细特点。阳气衰微,鼓动无力,故应指极弱。轻取似无者是阳气衰,重按似无者是阴血枯竭。久病脉微是正气将绝,新病脉微多是阳气暴脱。

6. 实类脉 本类脉包括实脉、滑脉、紧脉、长脉、弦脉5种。其共同特征是脉位较长,应指有力,均主实证。

(1)实脉

【特征】 脉满本位,三部举按均有力。脉来充盛有力,其势来盛去亦盛。

【主病】 主实证。

【分析】 邪气亢盛,正气不虚,正邪相搏,气血壅盛,充盈脉管,故脉道坚实,应指有力。平人也可见到实脉，为正气充实、脏腑功能正常之象。

（2）滑脉

【特征】 往来流利，如盘走珠，应指圆滑。

【主病】 主痰饮，食滞，实热。

【分析】 实邪郁滞体内，致使气实血涌，血流加快，冲动脉管，故致脉来流利圆滑。平人之脉滑而冲和，是营卫充实之象。妇女妊娠期亦可见有滑数，为气血充盈而调和的表现。

（3）紧脉

【特征】 脉来绷急，状如牵绳转索。

【主病】 主寒，主痛，主宿食。

【分析】 寒为阴邪，主收引凝滞，寒邪与正气相争，以致脉道紧束拘急，故见脉来绷紧，挺急而劲，状如绳索。脉见浮紧为寒邪束表，沉紧为里寒。剧痛、宿食见紧脉，也是寒邪、积滞与正气相搏，气机收引，脉道紧束，故见脉来绷急，状如切绳。

（4）长脉

【特征】 脉形长，首尾端直，超过本位。

【主病】 肝阳亢盛，阳盛内热等有余之证。

【分析】 若脉长而和缓，是中气充足，气机运行畅通，气血并无亏损之平人脉象，正所谓"长则气治"之意。若肝阳亢盛，则脉长而弦硬。若气逆热炽，痰涎内窒者，则长而兼滑兼数；长而牢者为积聚。

（5）弦脉

【特征】 端直而长，如按琴弦。脉势较强而硬。

【主病】 肝胆病，诸痛，痰饮，疟疾。

【分析】 肝主疏泄，调畅气机，脉以柔和为贵，邪气犯肝，疏泄失职，气机不利，可阻滞气机，导致疼痛或痰饮，故脉气紧张，而出现弦脉。少阳胆气不利，也可见弦脉，故张仲景说"疟脉自弦"。

五、脉象鉴别、相兼脉和真脏脉

（一）相似脉的鉴别

1. 类比法 即将相似脉归类进行比较鉴别的方法。多采用浮、沉、迟、数、虚、实等6纲对28脉进行归类，然后在同一类脉象之间进行比较鉴别，以达到同中求异之目的（表4-2）。

表4-2 二十八脉分类比较表

脉纲	脉名	脉象	主病
浮脉类	浮	轻取即得，重取稍减而不空	表证
	洪	脉幅宽大，状如洪水，来盛去衰	热邪亢盛
	濡	浮而细软，不任重按	主虚，又主湿
	散	浮散无根，稍按则无	元气离散，脏腑之气将绝
	芤	浮大中空，如按葱管	失血，伤阴，失精
	革	弦急中空，如按鼓皮	亡血，失精，小产，崩漏

续表

脉纲	脉名	脉象	主病
沉脉类	沉	轻取不应,重按始得	里证
	伏	重按推筋著骨始得	邪闭,厥证,痛极
	牢	沉按实大弦长,坚牢不移	阴寒内实,疝气,癥瘕
迟脉类	迟	脉来迟慢,一息不足四至	寒证
	缓	一息四至,脉来怠缓	湿证,脾虚
	涩	往来艰涩,如轻刀刮竹	气滞血瘀,精伤血少,痰食内停
	结	脉来缓慢,时见一止,止无定数	阴盛气结,寒痰血瘀,癥瘕积聚
	代	脉来一止,止有定数,良久方来	脏气衰微,跌仆损伤,惊恐,痛证
数脉类	数	一息五至以上,而不满七至,来去较快	热证,亦主虚证
	促	脉来急数,时见一止,止无定数	阳盛实热,气滞血瘀,气血虚衰
	疾	一息七至以上,脉来急疾	阳极阴竭,元气将脱
	动	脉短如豆,滑数有力	痛,惊
虚脉类	虚	举之无力,按之空虚	虚证,多为气血两虚
	微	极细极软,似有似无,至数不明	阴阳气血诸虚,阳虚危候
	细	脉细如线,但应指明显	气血两虚,诸虚劳损,主湿
	弱	柔细而沉	气血不足
	短	首尾俱短,不及本位	有力为气郁,无力为气损
实脉类	实	举按均有力,来盛去亦盛	实证
	滑	往来流利,应指圆滑,如盘走珠	痰饮食滞实热(妊娠,不为病脉)
	紧	脉来绷急,如转绳索	寒,痛,宿食
	长	首尾端直,超过本位	阳气有余,热证
	弦	端直以长,如按琴弦	肝胆病,痛证,痰饮,疟疾

　　浮脉与虚脉、芤脉、散脉:四者脉位均表浅,但不同的是浮脉举之泛泛有余,重按稍减而不空,脉形不大不小,无形和势的改变。而虚脉、芤脉、散脉均有形、势或律的改变。虚脉为一切无力脉的总称,三部脉举、按、寻均无力为其特点;芤脉浮大中空,如按葱管;散脉浮大散乱无根,至数不齐。

　　芤脉与革脉:都有中空之象,但芤脉浮大中空,如按葱管(脉管较软);革脉浮大搏指,弦急中空,如按鼓皮(脉管较硬)。

　　沉脉与伏脉、牢脉:三者脉位均较深,轻取不应,重按始得。伏脉较沉脉部位更深,须推筋着骨始得;牢脉沉取实大弦长,坚牢不移。

　　迟脉与缓脉:两者均有脉来缓慢之感,迟脉一息不足四至;缓脉稍快于迟,一息四至,脉来有怠缓之感。

　　数脉与滑脉、疾脉:三种脉象的共同点是脉率均有快于正常脉象的感觉。不同的是,滑脉流利通畅,圆滑似数而并不数;数脉一息五至以上,不足七至;疾脉更快于数脉,一息七八至。

　　实脉与洪脉:脉势上都是充实有力,但洪脉状若波涛汹涌,盛大满指,来盛去衰,脉位较浅,浮取明显;实脉长大坚实,应指有力,举按皆然,来去俱盛。

细脉与微脉、弱脉、濡脉:四者都是脉形细小且软弱无力。细脉形小而应指明显;微脉则极细极软,按之欲绝,有时至数不清,起落模糊;弱脉沉细而无力;濡脉浮细而无力,即脉位与弱脉相反,轻取可以触知,重按反不明显。

弦脉与长脉、紧脉:弦脉与长脉均有首尾端直,指下挺然,直起直落之感。但长脉超过本部,如循长竿,长而不急;弦脉紧张度较大,如按琴弦。弦脉与紧脉,二者脉气均紧张。但弦脉如按琴弦,无绷急之势;紧脉如按在拉紧的绳索上,脉势绷急,其紧张度比弦脉大。

短脉与动脉:二者在脉形上均有短缩之象。但短脉不满三部,常兼迟涩;动脉其形如豆,常兼滑数有力。

结脉、代脉、促脉:三者都属于节律失常而有歇止的脉象。但结脉、促脉都是不规则的间歇,歇止时间短;而代脉则是有规则的歇止,且歇止的时间较长,这是结脉、促脉与代脉不同之处。结脉与促脉虽都有不规则的间歇,但结脉是迟而歇止,促脉是数而歇止。

2. 对举法

浮、沉:是从脉位鉴别。浮脉轻取即得,重按反而减弱,脉位显现部位浅,主表证属阳。沉脉轻按不及,重按始得,脉位显现部位深,主里证属阴。

迟、数:是从至数言,即从速率鉴别。迟脉一息不足四至,少于常人脉率,主寒证;数脉一息五至以上,较常人脉率快,主热证。

虚、实:是从脉势强弱言,即应指有力无力。虚脉三部举按均无力,主虚证;实脉三部举按均应指有力,主实证。

长、短:是从脉位应指时能否充满寸、关、尺三部进行鉴别。长脉是脉象的头尾超过寸、关、尺三部,多主阳盛实热之证;短脉是脉象的头尾俱短,不能满部,多主气虚或气郁。

滑、涩:是从脉气的流利度鉴别。滑脉是脉象应指圆滑流利,在指下一滚即过,应指来去时间短,主痰饮、主食积、主热;涩脉是脉象应指艰涩不流利,有如刀刮嫩竹,主气滞血瘀,伤精少血。

洪、微:是从脉势盛衰鉴别。洪脉是脉满指下,冲涌有余,主热盛;微脉是脉象细小,应指无力,无论是脉形或至数,均模糊不清,主虚极。

缓、紧:是从脉之弛张度鉴别。缓脉指脉体松宽,指下有迟滞急慢之感,来去时间较长,但至数并不见迟,主湿;紧脉是脉管紧束,绷急,故脉象应指有急劲之势,左右弹指,如绞绳索,主寒。

结、促:二者虽在节律上表现出不规则的歇止,但结脉是迟中一止,主阴盛气结,多见于实证;促脉是数中一止,主阳热炽盛之实证。

(二)相兼脉与主病

在前述单脉中,有些脉本身就是几种脉组合而成,如牢脉由沉、实、大、弦、长五脉合成。相兼脉,是指两种或两种以上单脉或复合脉同时兼夹组成的脉象,简称兼脉、合脉。临床上有二合脉、三合脉、四合脉(如沉数滑实为四合脉)之分。

相兼脉的主病,往往是各脉主病的总和。如沉迟脉主里寒证;浮数脉主表热证;沉细而数,主里虚热证。现将常见的相兼脉和主病列举如下:

浮紧脉:多主外感寒邪之表寒证,或风寒痹证疼痛。

浮缓脉:多主风邪伤卫,营卫不和的太阳中风表虚证。

浮数脉:多主风热袭表之表热证。

浮滑脉:多主表证夹痰,常见于素体痰盛而又感受外邪者。

沉迟脉:多主里寒证。

沉弦脉:多主肝郁气滞或水饮内停证。

沉涩脉:多主血瘀,尤常见于阳虚而致的寒凝血瘀证。

沉缓脉:多主脾虚,水湿停滞证。

洪数脉:多主气分热盛,多见于外感热病。

弦紧脉:多主寒主痛,常见于寒凝肝脉证,或肝郁气滞所致的疼痛。

弦数脉:多常见于肝郁化火,或肝胆有热之证。

弦细脉:多主肝肾阴虚,或血虚肝郁,或肝郁脾虚证。

滑数脉:多主痰热或食积内热症。

沉细数脉:主阴虚内热或血虚有热。

弦滑数脉:见于肝火夹痰,肝胆湿热或肝阳上扰,痰火内蕴证。

(三)真脏脉

凡脉无胃、无神、无根,称为真脏脉,又称为怪脉、鬼祟脉、败脉、死脉、绝脉,多见于疾病的后期,脏腑之气衰竭,胃气败绝的病证。古代医家在《黄帝内经》的基础上将真脏脉归类为"七绝脉",包括釜沸脉、鱼翔脉、虾游脉、屋漏脉、雀啄脉、解索脉、弹石脉等。以往的文献多认为真脏脉的出现,就是病入膏肓,无可救药,必死无疑。但随着医学科学的不断发展,对真脏脉有了新的认识,认为真脏脉绝大部分都是心律失常时的脉象特征,而其中又多为心脏器质性病变造成的,提示疾病危重,但并非无药可治,应仔细观察,全力抢救。

课堂互动

请同学们通过以上知识的学习,相互进行脉象的诊察,并描述对方脉象的情况。

六、诊妇人脉和小儿脉

(一)诊妇人脉

1. 诊月经脉　妇人左关尺部忽洪大于右手,口不苦,不发热,腹不胀,此为经期或月经将至之常脉。寸关脉调和而尺脉弱或细涩,月经多不利。闭经,尺脉虚细而涩为精亏血少之虚闭;尺脉弦涩则多为气滞血瘀之实闭;脉弦滑者多为痰湿阻于胞宫。

2. 诊带下脉　带下病多为脾湿所致,故脉多滑或濡。若滑数或弦数,多主湿热,带下色黄秽臭,可兼有外阴瘙痒;若见沉迟而滑,主寒湿盛,故带下清稀;若沉细而弱,主阳气不足,故带下清稀量多。

3. 诊妊娠脉　妇人婚后,平素月经正常,突然月经停止,脉来滑数冲和,兼见偏食,或见清晨呕恶者,是怀孕的早期征象。"妇人手少阴脉动甚者,妊子也"(《素问·平人气象论》),"阴搏阳别,谓之有子"(《素问·阴阳别论》),均指出妊娠脉特点是少阴脉(尺部)脉动加强,滑数有力,是聚血养胎,胎气旺盛的征象。凡孕妇脉沉而涩,多为精血不足,胎元受损;涩而无力,多主阳虚、死胎。

4. 临产脉 孕妇将产的脉象特点,一是尺脉"急转如切绳转珠";二是中指顶节两旁脉动较平时明显而剧烈,均主即将临产。

(二)诊小儿脉

小儿脉与成人有较大区别。小儿寸口部位短小,寸关尺三部难分,加之小儿容易哭闹,脉象特征难以把握,故诊小儿脉时,除望食指络脉外,后世医家创立了一指定三关脉法,是诊小儿脉的基本方法。

一指三部诊法:对3岁以下的小儿,医生用左手握住小儿手,用右手拇指按在高骨脉位上,不分三部只定至数;对3~5岁的小儿,则以高骨中线为关,用一指向两侧转滚寻觅三部;6~8岁可挪动拇指诊三部;9~10岁,可以次第下指依寸关尺三部诊脉;10岁以上,可按成人三部诊法进行。

小儿脉象特征及主病:3岁以下,一息七八至为平脉;5~6岁时,一息六至为平脉,七至以上为数脉,四五至为迟脉。小儿脉只诊浮沉、迟数、强弱、缓急,以辨别阴阳寒热表里虚实,不详求28脉。浮数为阳,沉迟为阴,强弱可测虚实,缓急可辨邪正。数主热,迟主寒。沉滑主痰食,浮滑主风痰。紧主寒,缓主湿,大小不齐是为滞。

七、脉诊的临床意义及脉症从舍

(一)脉诊的临床意义

1. 探求病因 疾病各种病因均可引起脉象的相应变化,反之,从某些特征性脉象中,就可推求出病因。如见浮脉即可判断为风袭,浮紧为风寒之邪为患;浮数为风热之邪为患。

2. 确定病位 疾病千变万化,就病位的浅深而论,不在表即在里,而脉象的浮沉就可以反映病位的浅深(即浮主表、沉主里);就脏腑定位而言,除可通过左、右三部脉的变化识别外,有些脉象还可直接进行脏腑定位,如在一般情况下,弦脉多主肝胆病,洪脉多主阳明胃热等。

3. 判断病性 疾病的性质不外寒、热、虚、实。迟、紧脉多主寒证,数、滑脉多主热证,虚、弱、细、微之脉多主虚证,实、洪、弦、长之脉多主实证。

4. 推断转归预后 从脉象的动态变化,还可推断疾病的转归和预后。如久病之脉渐趋和缓有力,提示正气渐复,邪退病愈之佳兆;久病诸虚失血伤津等证而突见洪、实、弦、革及怪脉等,则示邪盛正衰,正气将绝之危候。

必须指出,脉象虽能作为临床疾病诊断的重要依据之一,但不是唯一的依据,必须四诊合参,方能保证诊断的准确性。

(二)脉症顺逆与从舍

所谓脉症顺逆,是指脉与症在病机上的一致和不一致。在通常情况下,疾病所表现于外的症状和脉象在反映疾病本质方面是一致的,即有什么性质的病证,就会产生与其性质相一致的症状和脉象,称脉症相应。但在某些特殊的个别情况下,疾病的本质与某些症状或者脉象在属性上发生不一致,甚至相反,称脉症不相应。从判断疾病的顺逆来说,脉症相应为顺,不相应为逆。如实证而脉见洪、数有力,属脉症相应,为顺,提示邪盛正亦盛,多易治疗,预后良好;若实证反见细、微无力之脉,属脉症相反,为逆,提示邪盛正衰,邪易内陷,治疗困难,预后不良。

脉症不相应,还有一个真与假的问题,或症真脉假,或症假脉真,此时必须在辨明疾病本质的前提下,确定脉症的真假从而决定取舍,或舍脉从症、或舍症从脉。

舍脉从症:症真脉假时,必须舍脉从症。如在阳明腑实证中,症见腹胀满硬痛拒按,大便燥结,舌红苔黄厚焦燥,而脉反见沉细。症所反映的均属阳明腑实,邪热内结的疾病本质,属真;脉反沉(主寒)细(主虚),与症所反映的实热病机相矛盾,为假象,故当舍脉从症而论治。

舍症从脉:症假脉真时,必须舍症从脉。如"伤寒,脉滑而厥者,里有热,白虎汤主之"(《伤寒论》)。本证的病机乃热邪炽盛,壅闭于里。脉所反映的是真热;而四肢厥冷的症所反映的是寒,与全身热邪郁闭的真正病机相反,故属假象,此时应舍症从脉论治,故仲景用白虎汤治之。

脉有从舍,说明脉象只是疾病临床诊断的重要依据,但不是唯一的依据,只有四诊合参、综合判断,才能从舍得宜,辨证精当。

知识链接

李中梓脉象歌诀

浮 脉

【体象歌】浮在皮毛,如水漂木;举之有余,按之不足。

【主病歌】浮脉为阳,其病在表。寸浮伤风,头疼鼻塞;左关浮者,风在中焦;右关浮者,风痰在膈;尺脉得之,下焦风客,小便不利,大便秘涩。

【兼脉歌】无力表虚,有力表实。浮紧风寒,浮迟中风;浮数风热,浮缓风湿。浮芤失血,浮短气病;浮洪虚热,浮虚暑惫;浮涩血伤,浮濡气败。

沉 脉

【体象歌】沉行筋骨,如水投石;按之有余,举之不足。

【主病歌】沉脉为阴,其病在里。寸沉短气,胸痛引胁;或为痰饮。或水与血。关主中寒,因而痛结;或为满闷,吞酸筋急。尺主背痛,亦主腰膝;阴下湿痒。淋浊痢泄。

【兼脉歌】无力里虚,有力里实。沉迟痼冷,沉数内热;沉滑痰饮,沉涩血结;沉弱虚衰,沉牢坚积;沉紧冷疼,沉缓寒湿。

迟 脉

【体象歌】迟脉属阴,象为不及;往来迟慢,三至一息。

【主病歌】迟脉主脏,其病为寒。寸迟上寒,心痛停凝;关迟中寒,癥结挛筋;尺迟火衰,溲便不禁,或病腰足,疝痛牵阴。

【兼脉歌】有力积冷,无力虚寒。浮迟表冷,沉迟里寒;迟涩血少,迟缓湿寒;迟滑胀满,迟微难安。

数 脉

【体象歌】数脉属阳,象为太过;一息六至,往来越度。

【主病歌】数脉主腑,其病为热。寸数喘咳,口疮肺壅;关数胃热,邪火上攻;尺数相火,遗浊淋癃。

【兼脉歌】有力实火,无力虚火。浮数表热,沉数里热。阳数君火,阴数相火。右数火亢,左数阴戕。

第二节 按 诊

按诊是医生用手触、摸、推、按患者某些部位,以了解局部冷热、润燥、软硬、压痛、痞块或其他异常变化,从而推断疾病部位、性质和病情轻重等情况的一种诊病方法。

一、按诊的方法与意义

根据按诊的目的和准备检查的部位不同,应采取不同的体位和手法。诊前首先需选择好体位,然后充分暴露按诊部位。一般患者应取坐位或仰卧位。患者取坐位时,医生可面对患者而坐或站立进行。用左手稍扶病体,右手触摸按压某一局部,多用于皮肤、手足、腧穴的按诊。按胸腹时,患者须采取仰卧位,全身放松,两腿自然伸直,两手臂放在身旁。医生站在患者右侧,用右手或双手对患者身体某些部位进行切按。在切按腹内肿块或腹肌紧张度时,可让患者屈起双膝,使腹肌松弛或做深呼吸,以便于切按。按诊的手法主要有触、摸、按、叩四法。

触:是以手指或手掌轻轻接触患者局部皮肤,如额部、四肢及胸腹部的皮肤,以了解肌肤的凉热、润燥等情况的一种按诊方法。

摸:是以手指稍用力寻抚局部,如胸腹、腧穴、肿胀部位等,来探明局部的感觉情况,有无疼痛或肿物以及肿物的形态、大小等,以辨病位及病性的虚实。

按:是以重手按压或推寻局部,如胸腹、肿物部位,以了解深部有无压痛或肿块,肿块的形态、质地、大小、活动程度、光滑度、性质等,以辨脏腑虚实和邪气的性质。

以上三法的区别表现在指力轻重不同,所达部位浅深有别。触者用手轻触皮肤;摸者稍用力达于肌层;按则重指力诊筋骨或腹腔深部。临床操作时可综合运用。一般是先触摸,后按压,由轻而重,由浅入深,先远后近,先上后下地进行诊察。

叩:即叩击法,是医生用手叩击患者身体某部位,使之震动产生叩击音、波动感或震动感,以此来确定病变的性质和程度的一种检查方法。叩击法有直接叩击法和间接叩击法两种。

直接叩击法是医生用手指中指指尖或并拢的二、三、四、五指的掌面直接敲击体表部位。例如,对臌胀患者可进行直接叩诊,若叩之如击鼓者为气臌;叩之音浊者为水臌。也可将手放于患者腹部两侧对称部位,用一侧手叩击,若对侧手掌感到有震动波者,是有积水的表现。

间接叩击法是医生用左手掌平贴在体表,右手握成空拳叩击左手背,边叩边询问患者叩击部位的感觉,有无局部引痛,以推测病变部位和程度。如腰部有叩击痛,除考虑可能与局部骨骼疾病有关外,主要与肾脏疾病有关。

按诊时应注意:①医生举止要稳重大方,态度要严肃认真,手法要轻巧柔和,避免突然暴力或冷手按诊;②争取患者的主动配合,使患者能准确地反映病位的感觉;③要边检查边注意观察患者的表情变化,以了解病痛所在的准确部位及程度。

按诊是切诊的一部分,通过按诊不仅可以进一步探明疾病的部位、性质和程度,同时也使一些病证表现进一步客观化。它是对望、闻、问诊所获资料的补充和完善,为全面分析病情、判断疾病提供重要的指征和依据。

二、按诊的内容

按诊的运用相当广泛,临床上常用的有按肌肤、按手足、按胸胁、按脘腹、按腧穴等。

(一)按肌肤

按肌肤是通过诊查肌肤的寒热、润燥、滑涩、疼痛、肿胀、疮疡等不同情况的反映,来分析疾病的寒热虚实及气血阴阳盛衰的诊断方法。

1. 诊寒热 按肌肤的寒热可了解人体阴阳的盛衰、表里虚实和邪气的轻重。总体而言,肌肤寒冷、体温偏低者为阳气虚少;体温升高者为阳气盛,多为实热证。若四肢厥冷而大汗淋漓、面色苍白、脉微欲绝者为亡阳之征;肌肤灼热,若汗出如油,四肢肌肤尚温而脉躁疾无力者,为亡阴之征。身灼热而肢厥为阳热盛,格阴于外所致,属真热假寒证。外感病汗出热退身凉,为表邪已解;皮肤无汗而灼热者,为热甚。身热初按热甚,久按热反转轻者为热在表;久按其热反甚者为热在里。局部病变从按肌肤之寒热可辨证之阴阳。皮肤不热,红肿不明显者,多为阴证;皮肤灼热而红肿疼痛者,多为阳证。

2. 诊润燥滑涩 通过触摸皮肤的滑润和燥涩,可以了解汗出与否及气血津液的盈亏。如皮肤干燥者,为无汗或津伤;湿润者,身已出汗;肌肤滑润者,为气血充盛;肌肤枯涩者,为气血不足。新病皮肤多滑润而有光泽,为气血未伤之表现。久病肌肤枯涩者,为气血两伤;肌肤甲错者,多为血虚失荣或瘀血所致。

3. 诊疼痛 通过触摸肌肤疼痛的程度,可以分辨疾病的虚实。如肌肤濡软,按之痛减者,为虚证;硬痛拒按者,为实证;轻按即痛者,病在表浅;重按方痛者,病在深部。

4. 诊肿胀 用手按压肌肤肿胀程度,以辨别水肿和气肿。按之凹陷,不能即起者,为水肿;按之凹陷,举手即起者,为气肿。

5. 诊疮疡 触按疮疡局部的凉热、软硬,来判断证之阴阳寒热。若肿硬不热者,属寒证;肿处灼手而压痛者,属热证;根盘平塌漫肿者,属虚证;根盘紧束而高起者,属实证。患处坚硬多无脓;边硬顶软的已成脓。

(二)按手足

按手足是通过触摸患者手足部位的冷热,来判断疾病的寒热虚实。凡手足俱冷者,是阳虚寒盛,属寒证;手足俱热者,多为阳热炽盛,属热证。但亦有因阳热太盛,阳气闭郁于内,不得外达而四肢厥冷的里热证,即热深厥亦深的表现,应注意鉴别。热证见手足热者,属顺候;热证反见手足逆冷者,属逆候。

诊手足时,还可做比较诊法。如手足心与手足背比较,若手足背热甚者,多为外感发热;手足心热甚者,多为内伤发热。手心热与额上热比较,若额上热甚于手心热者为表热;手心热甚于额上热者为里热。

在儿科方面,还有以小儿指尖冷主惊厥;中指独热主外感风寒;中指指尖独冷者,为麻痘将发之象。

此外,诊手足寒温对判断阳气存亡,推测疾病预后,亦具有重要意义。若阳虚之证,四肢犹温,为阳气尚存,病虽重尚可治疗;若四肢厥冷,多预后不良。

(三)按胸胁

按胸胁是根据病情的需要,有目的地对前胸和胁肋部进行触摸、按压或叩击,以了解局部及内脏病变的情况。前胸部即缺盆(锁骨上窝)至横膈以上。侧胸部又称胁部,即胸部两侧,腋下至第11、12肋骨端的区域。胸内藏心肺,胁内包含肝胆,所以胸胁按诊除排除局部皮肤、经络、骨骼之病变外,主要是用以诊察心、肺、肝、胆等脏腑的病变。按胸胁包括按胸部和按胁部两部分。

1. 按胸部 胸为心肺之所居,按胸部可以了解心肺及虚里的病变情况。前胸高起,叩之膨膨然,其音清者,多为肺胀,亦见于气胸;若按之胸痛,叩之音浊者,常为饮停胸膈或痰热壅肺;胸部外伤,则见局部青紫肿胀而拒按。

虚里位于左侧第4、5肋间,心尖搏动处,为诸脉之所宗。诊虚里是按胸部的重要内容。按虚里可测知宗气之强弱、疾病之虚实、预后之吉凶,尤以危急病证寸口脉难凭时,诊虚里更具有重要的诊断价值。诊虚里时,患者取仰卧位,医生站其右侧,用右手平抚于虚里部,注意诊察动气之强弱、至数和聚散。正常情况下,虚里搏动不显,仅按之应手,其搏动范围直径2~2.5cm,动而不紧,缓而不怠,节律清晰,是心气充盛,宗气积于胸中,为平人无病的征象。

虚里按之其动微弱者为不及,是宗气内虚之征。搏动迟弱,或久病体虚而动数者,皆为心阳不足。若动而应衣为太过,是宗气外泄之象。按之弹手,洪大而搏,或绝而不应者,是心气衰绝,证属危候。孕妇胎前产后,虚里动高者为恶候。虚损劳瘵之病,虚里日渐动高者为病进。

虚里搏动数急而时有一止,为宗气不守。胸高而喘,虚里搏动散漫而数者,为心肺气绝之兆。虚里动高,聚而不散者,为热甚,多见于外感热邪或小儿食滞、痘疹将发之时。

2. 按胁部 肝胆位居右胁,肝胆经脉分布两胁,故按胁肋主要是了解肝胆疾病。按胁部除在胸侧腋下至肋弓部位进行按、叩外,还应由中上腹部向肋弓方向轻循,并按至肋弓下,以了解胁内脏器等状况。胁痛喜按,胁下按之空虚无力为肝虚;胁下肿块,刺痛拒按为气滞血瘀;右胁下肿块,按之表面凹凸不平,应警惕肝癌;右胁胀痛,摸之热感,拒按者,多为肝痈;疟疾后左胁下可触及痞块,按之硬者为疟母。

(四)按脘腹

膈以下为腹部。胃脘相当于上腹中部(在剑突下的部位称心下);脐上部位称大腹;亦有称脐周部位为脐腹者;脐下部位至耻骨上缘称小腹;小腹的两侧称为少腹。按脘腹的主要内容如下:

1. 按胃部(含心下) 胃脘痞满,按之较硬而痛者属实证,主实邪聚结胃脘;按之濡软无痛者属虚证,主胃腑虚弱;按之有形而胀痛,推之辘辘有声者,为胃中有水饮。

2. 按大腹 按腹部肌肤觉凉者,多属寒证;肌肤灼热者,多属热证。腹痛喜按痛减为虚,腹痛拒按者属实。腹满按之饱满充实有弹性、有压痛者,多为实满;腹满按之虚软无弹性、无压痛者,多为虚满。腹部高度胀大,如鼓之状,称为臌胀。其鉴别方法如下:医者两手置于腹部两侧对应位置,一手轻轻叩拍腹壁,另一手有动感,按之如囊裹水者为水臌;若叩拍另一手无波动感,且叩击音如鼓音者,为气臌。

3. 按小腹和少腹 右少腹痛剧,按之痛甚或有反跳痛者,为肠痈。左少腹作痛伴便秘,按之累累有硬块者,为肠中宿粪。腹部肿块,按诊时要注意大小、形状、硬度、压痛和移动度。凡肿块推之不移,痛有定处者,为癥积,病在血分;推之可移,痛无定处或聚散不定者,为瘕聚,病在气分。

（五）按腧穴

按腧穴指按压身体上某些特定穴位,通过穴位的变化和反应来判断脏腑某些疾病的方法。腧穴是脏腑经络之气转输之处,是脏腑病变反映于体表的反应点。按腧穴要注意发现穴位上是否有结节或条索状物,其异常反应主要为有无压痛或其他敏感反应,然后结合望、闻、问诊所得资料综合分析判断内脏疾病。如肺俞穴若摸到结节,或按中府穴有明显压痛者,为肺病的反映;按上巨虚穴有显著压痛者,为肠痈(阑尾炎)的表现;肝病患者在肝俞或期门穴常有压痛等。按压这些特定腧穴,具有重要的诊断价值。

（【实习四】见实习项目）

（王世勋）

复习思考题

1. 平脉的概念、特征及临床意义是什么?
2. 试述脉象形成的原理及构成脉象的要素。
3. 试述结、代、促三脉脉象特征及主病有何异同。
4. 试比较滑、弦、紧、长脉脉象特征及主病之异同。
5. 何谓脉症顺逆与从舍?
6. 何谓相兼脉? 举例说明其临床意义。
7. 如何通过按诊鉴别腹满的虚实?

扫一扫
测一测

中篇

辨　　证

八 纲 辨 证

学习要点

1. 八纲及八纲辨证的概念。
2. 八纲基本证候的临床表现及意义。
3. 八纲证候之间相兼、错杂、转化、真假等关系。

　　八纲,是指表、里、寒、热、虚、实、阴、阳八个辨证纲领,是中医辨证的总纲领。通过望、闻、问、切四诊将所获得的各种病情资料,进行综合分析,以探求疾病的病位病性、邪正盛衰和证候类型,并归纳为八类不同的证候,称为八纲辨证。

　　八纲辨证是从各种辨证方法的个性中概括出来的共性。即任何一种疾病,从大体病位来说,不外乎表证或里证;从基本性质来说,不外乎寒证与热证;从邪正斗争的盛衰来说,不外乎虚证或实证;从病证总的类别来说,都可归属于阳证或阴证两大类。因此,疾病的病理变化及其临床表现尽管极为复杂,但运用八纲对其进行辨别归类,则可起到执简驭繁、提纲挈领的作用,所以八纲是辨证的总纲。中医学辨证方法有许多种,其中最基本、最常用的方法是八纲辨证。因此,学习和掌握八纲辨证,对整个辨证体系的学习和运用具有指导性意义。

第一节　八纲基本证候

　　表证与里证、寒证与热证、虚证与实证、阴证与阳证,是四对既相互对立而又相互联系的基本证候。其实,它们的着眼点并非完整而具体的证,而是对疾病大体的病理分类。

一、表里辨证

　　表里是辨别病位外内浅深的一对纲领。表与里是相对的概念,如皮肤与筋骨而言,皮肤为表,筋骨为里;经络与脏腑而言,经络属表,脏腑属里;经络中的三阳经与三阴经而言,三阳经属表,三阴经属里;脏与腑而言,腑属表,脏属里等。因此,对于病位的外内浅深,都不可绝对地理解。

　　表里辨证的临床意义突出体现在对外感病的病位、传变规律、病情轻重浅深及病机变化的判断。如在外感病中,表证病轻,病位表浅;里证病重,病位深在。表邪入里为病进;病邪出表为病退。因而前人有病邪入里一层,病深一层;病邪出表一层,病轻一层的认识。因而,从某种意义上说,六经辨证、卫气营血辨证,都可理解为是表里浅深轻重层次划分的辨证分类方法。了解病的轻重进退,就能掌握疾病的演变规律,从而赢得诊疗的主动权。

（一）表证

表证,是指六淫等外邪经皮毛、肌腠、口鼻侵入机体,正（卫）气抗邪于肌表的证候。多见于外感病的初期,一般具有起病急、病位浅、病程短的特点。

【临床表现】 恶寒（或恶风）发热、头身疼痛,苔薄白、脉浮。伴鼻塞、流涕、喷嚏、咽喉痒痛,微咳等症状。

【证候分析】 外邪袭表,卫气被遏,肌表失于温煦,故见恶寒;正邪相争,卫气失于宣发,郁而发热,故见发热;邪气郁滞经络,不通则痛,则头身疼痛;肺失宣发,窍道受阻,故见鼻塞、流涕、喷嚏、咽喉痒痛,微咳等症状。邪未入里,故苔薄白;邪正相争在表,脉气鼓动于外,则脉浮。

【证候类型】 一般分为三类。

1. **表寒证** 又称风寒束表证,以外感寒邪为主。其特点为恶寒重,发热轻,无汗,头身痛甚,苔薄白而润,脉浮紧。由于寒为阴邪,寒邪袭表,卫阳被遏,故恶寒重发热轻;寒性凝滞致腠理致密,汗孔闭塞故无汗;寒主收引,经脉紧束而拘急,故见脉浮紧。

2. **伤风证** 又称风袭表虚证,以外感风邪致营卫不和为主。其特点为恶风,微发热,汗出,头痛,脉浮缓。其机理是风为阳邪,其性开泄,致卫气不固,营不内守,营卫不和而汗出;腠开表虚故恶风;汗出而营阴不足,故脉浮而缓。

3. **表热证** 又称风热犯表证,以外感热邪为主。其特点为发热重,恶寒轻,咽痛,口渴,舌边尖稍红,苔薄白而干或苔微黄,脉浮数。热为阳邪,其性燔灼,故发热重恶寒轻;热易伤津,故见咽痛,口渴,苔干燥。

（二）里证

里证泛指病变部位在内,即由脏腑、气血、骨髓等受病所致的证候。相对表证而言,里证的概念非常笼统和宽泛。凡不属表证或半表半里证的证候,均属于里证的范畴,即所谓"非表即里"。多见于外感病的中、后期阶段及一切内伤病。一般具有病位较深、病情较重、病程较长的特点。

【临床表现】 里证病位广泛,临床表现多样,难以用几个症状全面概括的,但其一般证候特征是无新起恶寒发热并见,以脏腑症状为主要表现。里证的病位虽然同属于里,但仍有轻浅与深重之分,一般病变在上、在气、在腑者,较轻浅,在下、在血、在脏者,较深重。

【证候分析】 里证形成的原因大致有三情况:一是外邪不解,内传脏腑所致;二是外邪直中入里,侵犯脏腑而为病;三是情志内伤,饮食劳倦等因素,直接损伤脏腑气血,或脏腑气血功能紊乱而出现里证证候。

附:半表半里证

【基本概念】 半表半里证,指病变既非完全在表,又未完全入里,邪正相搏处于表里进退之间的证候。故在六经辨证中通常称为少阳病证。

【临床表现】 往来寒热、胸胁苦满、心烦喜呕、默默不欲饮食、口苦咽干、目眩、脉弦。

（三）表里证鉴别要点

辨别表证和里证，主要是审察其寒热症状以及内脏证候是否突出以及舌象、脉象等的变化。一般来说，表里证的鉴别可概括为以下几点：

1. 发热恶寒同时并见的属表证；但热不寒或但寒不热的属里证。

2. 表证以头身疼痛，鼻塞或喷嚏等为常见症状，内脏证候不明显；里证以内脏症状如咳喘、心悸、腹痛、胁痛、腰膝酸软等为主要表现。

3. 表证舌苔变化不明显，里证舌苔多有变化；表证多见脉浮，里证多见脉沉。

此外，辨表里证还需考虑起病的缓急、病情的轻重、病程的长短等。

知识链接

《医学心悟》辨表里证

《医学心悟·寒热虚实表里阴阳辨》指出："一病之表里，全在发热与潮热，恶寒与恶热，头痛与腹痛，鼻塞与口燥，舌苔之有无，脉之浮沉以别之。假如发热恶寒，头痛鼻塞，舌上无苔（按：应为薄白苔），脉息浮，此表也。假如潮热恶热，腹痛口燥，舌苔黄黑，脉息沉，此里也。"

二、寒热辨证

寒热是辨别疾病性质的一对纲领。寒证与热证直接反映着人体阴阳的偏盛与偏衰。阴盛或阳虚表现为寒证；阳盛或阴虚表现为热证。即阴阳在机体内的偏盛偏衰是寒证与热证产生的主要机理，所以说寒热是辨别疾病性质的纲领。

病邪有阳邪与阴邪之分，正气有阳气与阴液之别。阳邪致病导致机体阳气偏盛而阴液受伤，或是阴液亏损而阳气偏亢，均可表现为热证；阴邪致病容易导致机体阴气偏盛而阳气受损，或是阳气虚衰而阴寒内盛，均可表现为寒证。所谓"阳盛则热，阴盛则寒"（《素问·阴阳应象大论》）。

（一）寒证

寒证是指阴盛或阳虚所产生的以寒冷为主要表现的一类证候。包括表寒、里寒、实寒、虚寒等证。

【临床表现】 恶寒或畏寒喜暖，面色白，口淡不渴，肢冷蜷卧，痰、涕、涎清稀量多，小便清长，大便稀溏，舌淡苔白润或白滑，脉迟或紧等。

【证候分析】 寒邪侵袭，阳气被遏，或阳虚寒盛，形体失却温煦，故见恶寒，畏寒喜暖，肢冷蜷卧，面色白等症；阴寒内盛，津液未伤，故口淡不渴；寒邪伤阳，或阳虚气化不足，故见痰、涎、涕清稀，小便清长，大便稀溏，舌淡苔白而润滑。寒主收引，受寒则脉道收缩拘急故脉紧，阳虚鼓动乏力则脉迟。

【辨证要点】 因外邪有六淫之异，故表证的具体证候表现各有差异，但一般均以新起恶寒，或恶寒发热并见，脉浮，脏腑症状不明显为共同特征。

（二）热证

热证是指阳盛或阴虚所产生的以温热为主要表现的一类证候。包括表热、里热、实热、虚热等证。

【临床表现】 发热或恶热喜冷，面赤目红，烦躁不宁，汗出，口渴喜冷饮，痰、涕黄稠,小便短黄,大便干结,舌红苔黄,脉洪数;或两颧潮红,心烦易怒,盗汗,口舌干燥少津,脉细数。

【证候分析】 阳热偏盛,气血涌盛,故热象明显,出现发热,恶热喜冷,面赤目红,脉洪数;热扰心神则烦躁不宁;热迫津泄则汗出;热甚伤津则口渴喜冷饮,痰、涕黄稠,小便短黄,大便干结;阴液亏虚而虚火上炎则两颧潮红,盗汗;虚火扰神则心烦易怒;阴津亏耗则可见口渴欲饮,口舌干燥少津,脉细数等。

【辨证要点】 无新起恶寒发热,以脏腑、气血、津液病变的症状为主要表现。

（三）寒热证鉴别要点

寒证与热证,是机体阴阳盛衰的反映,是疾病性质的主要体现,不能孤立地根据某一症状作出判断,应对疾病的全部表现进行综合观察、分析,尤其是对寒热的喜恶、口渴与否、面色的赤白、四肢的温凉、二便、舌象、脉象等方面的鉴别尤为重要,是辨别寒证与热证的重要依据(表5-1)。

表 5-1　寒证与热证鉴别表

证类	寒热喜恶	口渴	面色	四肢	神态	大便	小便	舌象	脉象
寒证	恶寒喜暖	口淡不渴	白	冷	蜷卧	稀溏	清长	舌淡苔白而润	迟或紧
热证	恶热喜冷	渴喜冷饮	红	热	躁动	秘结	短赤	舌红苔黄而干	数或滑

知识链接

《医学心悟》辨寒热证

《医学心悟·寒热虚实表里阴阳辨》指出:"一病之寒热,全在渴与不渴,渴而消水与不消水,饮食喜热与喜冷,烦躁与厥逆,溺之长短赤白,便之溏结,脉之迟数以分之。假如口渴而能消水,喜冷饮食,烦躁,溺短赤,此热也;假如口不渴或假渴而不能消水,喜饮热汤,手足厥冷,溺清长,便溏,脉迟,此寒也。"

三、虚实辨证

虚实是辨别邪正盛衰的两个纲领。《素问·通评虚实论》说:"邪气盛则实,精气夺则虚。"指出实证的主要特征为邪气亢盛,虚证的主要特征为正气虚衰。

由于邪正斗争是疾病过程中的根本矛盾,阴阳盛衰及其所形成的寒热证候,亦存在着虚实之分,即所谓"百病之生,皆有虚实"(《素问·调经论》),所以分析疾病中邪正的虚实关系,是辨证的基本要求。

（一）虚证

虚证是指疾病过程中以正气虚为矛盾的主要方面,正邪斗争引发的病理反应相对和缓的以不足、松弛、衰退为特点的一类证候。虚证以正气不足,邪气亦不盛为基本特征。虚证的形成,不外先天不足,后天失调,失治误治和病后失养所致。虚证是一个极为宽泛的概念,包括阴虚、阳虚、气虚、血虚、津亏液少、精耗髓枯以及脏腑的亏虚等。在此只以阳虚证和阴虚证为例介绍。

【临床表现】 ①阳虚证:经常畏冷,四肢不温,嗜睡蜷卧,面色㿠白,口淡不渴或渴喜热饮,或口泛清涎,小便清长,大便溏薄或完谷不化,舌淡胖,苔白滑,脉沉迟或细弱等。常兼神疲气短,食少乏力、懒言自汗等气虚症状。此证多见于久病体弱或年老患者,病势较缓,病程较长。②阴虚证:五心烦热,或骨蒸潮热,颧红盗汗,心烦失眠,口燥咽干,形体消瘦,或眩晕耳鸣,小便短黄,大便干结,舌红少苔而干,脉细数等。阴虚证亦具有病程长、病势缓等虚证特点。

【证候分析】 虚证的主要病机表现在伤阳或伤阴两个方面。伤阳者,以阳气虚的表现为主,故阳虚证的基本病机为虚寒内生,致温运、气化、固摄失职而产生阳虚见症;伤阴者,以阴精亏损的表现为主,故阴虚证的基本病机为虚热内生,致制阳、濡养功能下降而产生阴虚见症。

【辨证要点】 久病、势缓,耗损过度,体质素弱,症状平缓,舌娇嫩、脉虚无力者多为虚证。

(二)实证

实证是指疾病过程中以邪气亢盛为矛盾的主要方面,正邪斗争引发的病理反应较为激烈,以有余、亢盛、不通、太过为特点的一类证候。实证以邪气充斥、停聚体内为基本特征。实证形成的原因不外外感病邪(含六淫、疫疬)和内生病邪(含痰饮、瘀血、滞气、宿食)两种。实证临床表现十分复杂,很难确定实证的共同症状。不过一般而言,新病、暴病者多为实证,病情激剧、体质壮实者多为实证。

【临床表现】 实证的表现极不一致,常见的有:身热烦躁,胸闷气粗,痰涎壅盛,脘腹胀痛拒按,大便秘结或腹泻,里急后重,小便不利或淋沥涩痛,甚或狂乱,神昏谵妄,舌质苍老,苔厚腻,脉实有力等。

【证候分析】 邪气过盛,正气与之抗争,营卫郁滞化热,故发热;实邪扰心或蒙蔽心神,故烦躁,甚则狂乱,神昏谵妄;邪阻于肺,宣降失常而胸闷气粗,痰涎壅盛;实邪积于肠道则腑气不通,故大便秘结,脘腹胀痛拒按;湿热下攻,则腹泻或里急后重;水湿内停,气化不利,故小便不利或淋沥涩痛。邪正相争,搏击于血脉,故脉实有力。邪气内盛,湿浊停积,故舌质苍老而苔见厚腻。

【辨证要点】 新起、暴病,病情急剧,体质壮实,症状剧烈,舌苍老、脉实有力者多为实证。

(三)虚实证鉴别要点

鉴别证候虚实,同样不能孤立地根据某一症状作出判断,应四诊合参,对病程、体质、症状、舌象、脉象等方面进行综合分析。一般而言,凡病程较长,具有不足、衰退的临床表现多为虚证;凡新感发病,具有余、亢盛的临床表现多为实证(表5-2)。

表5-2　虚证与实证鉴别表

证类	病程	体质	精神	声息	疼痛	胸腹胀满	发热恶寒	舌象	脉象
虚证	长	多虚	委靡	声低息微	喜按 按之不痛	胀满时减	长期低热 畏寒	质嫩 苔少	无力
实证	短	多壮	亢奋	声高气粗	拒按 按之疼痛	胀满不减	蒸蒸壮热 恶寒	苍老 苔厚腻	有力

《医学心悟》辨虚实证

《医学心悟·寒热虚实表里阴阳辨》指出："一病之虚实,全在有汗与无汗,胸腹胀痛与否,胀之减与不减,痛之拒按与喜按,病之新久,禀之厚薄,脉之虚实以分之。假如病中无汗,腹胀不减,痛而拒按,病新得,人禀厚,脉实有力,此实也。假如病中多汗,腹胀时减,复如故,痛而喜按,按之则痛止,病久,禀弱,脉虚无力,此虚也。"

四、阴阳辨证

阴阳辨证含义有二:一是辨证的最高纲领,分别概括其他六纲;二是阴阳辨证有自己的特定内容。

(一)阴阳辨证是辨证的总纲

根据阴阳学说中阴与阳的基本属性,临床上凡见兴奋、躁动、亢进、明亮等表现的表证、热证、实证,都可归属为阳证;凡见抑制、沉静、衰退、晦暗等表现的里证、寒证、虚证,都可归属为阴证。所以八纲中的阴阳两纲又可以概括其余六纲,有将八纲称为"两纲六变"即是此意。因此,阴阳是辨证归类的最基本纲领。

阴阳辨证是一切辨证的最高纲领

由于阴、阳可代表任何事物相互对立而统一的两个方面,疾病的病因、病性、病位及临床表现,都可以按阴阳法则加以归类。因此,阴阳辨证不仅可以概括其他六纲,成为八纲辨证的总纲;同时,其他如脏腑辨证、病因辨证、六经辨证、卫气营血辨证、气血津液辨证,均可用阴盛与阳盛、阴虚与阳虚、亡阴与亡阳来概括,所以说阴阳辨证是一切辨证的最高纲领。

必须指出,疾病表现是错综复杂的,有时仅用阴、阳概括其他六纲会出现矛盾,如某病既有表证、实证,又有寒证,按理前者应属阳证,后者应属阴证,显然难以判断。此时,判断阴、阳证候,必须以寒、热、虚、实四纲为主。

(二)阴阳辨证的特定内容

中医学中的阴阳不仅是抽象的哲学概念,而且已经赋予了特定的医学内涵,如阴阳辨证除用作八纲辨证的总纲外,还有着自身特定的辨证内容,其主要的证类有阴虚证、阳虚证、阴盛证、阳盛证,以及亡阴证、亡阳证等。阴虚证、阳虚证已在"虚证"中介绍,下面仅对阴盛证、阳盛证、亡阴证和亡阳证作一介绍。

1. 阴盛证 阴盛证是指寒湿等阴邪侵袭人体所致的实寒证候。

【临床表现】 恶寒喜暖,四肢不温或冷痛,腹痛拒按,面色苍白,肠鸣泄泻,或痰鸣喘嗽,口淡多涎,小便清长,舌苔白厚腻,脉沉弦或沉紧有力。

【证候分析】 阴寒客体,阻遏阳气外达,故恶寒喜暖,四肢不温。阴寒收引,经脉不通,不通则痛,故腹痛拒按或肢体冷痛。寒凝气血不能上荣,故面色苍白。寒湿困脾,运化无权,故口淡多涎,肠鸣泄泻。若寒湿壅肺,肺失宣肃则痰鸣喘嗽。小便清长,舌苔白厚腻,脉沉弦或紧,均为阴寒内盛之征。

2. 阳盛证　阳盛证是指阳热之邪侵袭人体所致的实热证。

【临床表现】　壮热恶热,口渴喜冷饮,面红目赤,鼻扇,烦躁或神昏谵语,大便秘结,小便短赤,或出血,舌红苔黄燥起芒刺,脉洪数有力。

【证候分析】　火热炽盛,传入气分,故壮热恶热。火热上炎,故面红目赤、鼻扇。热扰心神,轻则烦躁,重则神昏谵语。热结肠道,故大便秘结;热盛伤阴,故小便短赤、口渴饮冷,舌红,苔黄燥,起芒刺;热入血分,迫血妄行而见出血。脉洪数有力为实热之征。

3. 亡阳证　亡阳证是指体内阳气极度消耗以致阳气欲脱的危重证候。

【临床表现】　四肢厥逆、肌肤不温;冷汗淋漓、汗质稀淡;神情淡漠、呼吸气微、面色苍白;舌淡而润、脉微欲绝等。

【证候分析】　亡阳一般是在阳气虚衰的基础上的进一步发展,亦可因阴寒之邪极盛而致阳气暴伤,或因大汗、大泻、大失血、失精等阴液消亡而导致阳随阴脱,还可因中毒、严重外伤、瘀痰阻塞心窍等而使阳气暴脱。由于阳气极度衰微而欲脱散,失却温煦、固摄、推动之功能,故见冷汗、肢厥、面色苍白、神情淡漠、息弱、脉微欲绝等生命垂危之症状。

4. 亡阴证　亡阴证是指体液大量耗损,阴液严重亏乏而欲竭的危重证候。

【临床表现】　身体灼热、虚烦躁扰、面赤、恶热;汗热味咸而黏、如珠如油;口渴欲饮、皮肤皱瘪、小便极少;唇舌干燥、脉细数疾等。

【证候分析】　亡阴既是在病久而阴液亏虚基础上的进一步发展,也可因壮热不退、大吐大泻、大汗不止、严重烧伤致阴液暴失而成。由于阴液欲绝,或仍有火热阳邪内炽,故见身体灼热、虚烦躁扰、面赤、恶热、脉数疾等阳热亢盛的证候;阴液欲绝则见汗热味咸而黏、如珠如油,口渴欲饮、皮肤皱瘪、尿少,舌红干瘦、脉细数疾等生命垂危之症状。

第二节　八纲证候间的关系

八纲各自概括疾病一方面的病理本质。然而病理本质的各个方面是互相联系的,即寒热虚实的病性都不能离开病位而存在,反之表证或里证也离不开寒热虚实的病性。因此,用八纲来分析、判断、归类证候,并不是彼此孤立、绝对对立、静止不变的,而是相互之间存在多种联系,并随疾病发展而不断变化。临床辨证时,不仅要注意八纲基本证候的辨别,更应把握八纲证候之间的相互关系,才能对复杂的病证有全面而清醒的认识,从而得出比较全面、正确的证候诊断。

八纲证候之间的相互关系,主要可归纳为证候相兼、证候转化、证候真假三个方面。

一、证候相兼

证候相兼是指八纲证候的兼见并存。有两种情况:既有对立两纲证候的同时出现,如表里同病、寒热错杂、虚实夹杂等;又有非对立两纲或三纲证候的并见,如表虚证、表实热证等。这里着重介绍前者。

（一）表里同病

表证和里证在同一时期出现,称表里同病。出现的原因有二:一是外感病表邪传里,表证仍未解;或外感表证未愈,又为饮食劳倦所伤。二是里证未愈又感外邪。表里同病常见以下两类情况:

1. 病位为表里同病,但病性相同 具体有以下4个证候。

（1）表里俱寒证:里有寒又表寒外束。症状有头痛,身痛,恶寒,肢冷,腹痛,吐泻,舌淡苔白,脉迟。

（2）表里俱热证:素有内热又外感热邪。症状有发热,喘咳汗出,烦躁,口干引饮,便秘尿赤,舌红苔黄,脉数等。

（3）表里俱实证:由外感寒邪未解而内有痰瘀食积所致。常见恶寒发热,身痛无汗,脘腹胀满或疼痛拒按,二便不畅,脉滑实有力。

（4）表里俱虚证:因脏腑虚弱兼卫虚伤风所致。常见微热,自汗恶风,鼻塞喷嚏,食少便溏,神疲乏力,少气懒言,脉虚浮。

2. 病位为表里同病,但病性相反 亦有4个证候。

（1）表寒里热证:因表寒未解里热内生或脏腑有热又感表寒所致。常见恶寒发热,头身疼痛,口渴引饮,心烦尿赤,舌红苔薄。

（2）表热里寒证:因阳虚又感热邪所致。常见发热头痛,咽干汗出,食少腹胀,便溏尿清,舌淡胖,苔微黄。

（3）表虚里实证:因内有痰瘀食积之邪,兼卫虚伤风所致。常见自汗恶风,鼻塞流涕,脘腹胀痛拒按,喘急痰鸣,尿少便秘,舌淡苔厚。

（4）表实里虚证:因体虚复感外邪或表实误用攻下所致。常见恶寒发热,无汗身痛,食少便溏,神疲乏力,少气懒言,舌淡脉浮缓。

（二）寒热错杂

寒热错杂,是指以表里或上下分别与寒热搭配,构成复合证候。现以上热下寒证、上寒下热证为例加以介绍。

1. 上热下寒证 在同一时间内,出现上部为热、下部为寒的证候。如上见胸中烦热、频欲呕吐的上热证,又见腹痛喜暖、大便稀薄的下寒证。此为热在胃而虚寒在脾肾的错杂证候。

2. 上寒下热证 在同一时间内,出现上部为寒、下部为热的证候。如上见胃脘冷痛、呕吐清涎的上寒证,同时下见尿频、尿急、尿痛、小便短赤的下热证。此为寒在胃而湿热在膀胱的错杂证候。

（三）虚实夹杂

虚实夹杂,是指在疾病某一阶段,虚证和实证同时出现在同一个患者身上的不同部位上的证候。临床上单纯、典型的虚证和实证并不常见,最多见者乃虚实夹杂证,或虚证中夹有实证,或实证中夹有虚证,或虚实并重证。下面举例说明实中夹虚证、虚中夹实证、虚实并重证3种基本证型。

1. 实中夹虚证 特点是邪实为主,正虚为次。如外感伤寒,经发汗、或催吐、或泻下后,患者心下痞硬,噫气不除。此属胃有痰湿浊邪兼胃气受损而见的实中夹虚的证候。

2. 虚中夹实证 特点是正虚为主,邪实为次。例如春温病的后期出现的肾阴亏损证,证见低热不退,口干,眩晕,耳鸣,舌质干绛等。此属热邪煎灼肝肾之阴而见邪少虚多的证候。

3. 虚实并重证 特点是正虚与邪实并重,病情较重。例如,小儿疳积,既可见腹部膨隆,午后烦躁,贪食或嗜食异物,苔厚浊(属大实);又可见大便泄泻,完谷不化,形瘦骨立,脉细稍弦(属极虚)。此属病起源于饮食积滞日久,严重损伤脾胃而见虚实均重的证候。

二、证候转化

证候转化,是指在八纲中相互对立的证候之间,在一定条件下,可以向自己相反方向发生转化。故证候转化与证候相兼、错杂、真假等概念不同。但应注意到,在证候转化这种质变之前,往往有一个量变的过程,因而在证候转化之先,往往有证候错杂的关系。八纲的证候转化包括表里出入、寒热转化、虚实转化三类。

(一)表里出入

表里出入,是指在正邪消长变化的作用下,病邪可以内传而变成里证,多提示病情加重,称为表证入里;病邪也可以从里透达向外,多提示病情减轻,称为里邪出表。

1. 表证入里 指先有表证,后出现里证,且表证随之消失,此乃表证转化为里证。例如,先有发热恶寒,脉浮等表证;继而恶寒消失,而见但热不寒,舌红苔黄,脉数等症。提示表邪已经入里化热而形成了里热证。表证入里多见于外感病初、中期,提示病情由浅入深,病势转重。

2. 里邪出表 指在里的病邪向体表透达,提示邪有出路,病情有向愈的趋势,但绝非里证转化为表证。例如麻疹患儿,热毒内闭,疹不出而见发热、喘咳、烦躁。若经治疗,麻毒外透肌表,疹出而烦热喘咳均除,则属邪气由里向表透达的表现。

(二)寒热转化

寒热转化,指在一定的条件下,疾病的寒热属性发生变化,寒证转化为热证,热证转化为寒证。

1. 寒证转热 指始为寒证,继现热证且寒证随之消失的病变。成因有二:一是素体阳旺,虽外感或内生寒湿之邪,均可从寒化热;二是温燥太过,也可使寒证化为热证。例如,寒湿痹证,初为关节冷痛、重着、麻木,病程日久,或服用温燥太过,患处关节渐变成红肿热痛。又如,哮病因寒而发,初起痰白稀薄,久之见舌红苔黄、痰黄稠等症,均属寒证转化为热证的表现。

2. 热证转寒 指始为热证,继现寒证且热证随之消失的病变。常因邪热疫毒严重,素体阳虚,或因失治、误治而损伤正气,正不胜邪,功能失调,阳气衰微,而致热证转寒。例如,疫毒痢初期,高热烦渴,下痢脓血,舌红脉数,若突然出现四肢厥冷,面色苍白,脉微欲绝,则提示热证已经转化为寒证。

寒证与热证的相互转化,取决于邪正力量的对比,其关键又在机体阳气的盛衰。寒证热化,多属正气尚强,阳气较为旺盛,邪气从阳化热所致;热证转寒,多属邪气虽衰而正气不支,阳气耗伤至衰败状态,邪气从阴化寒所致。

(三)虚实转化

虚实转化,指在疾病发展过程中,由于正邪相争,两者之间的盛衰关系发生了本质性改变,实证可以转化为虚证,虚证亦可以转化为实证。实证转虚是病情转变的一般规律,由虚证转实则往往是疾病形成了虚实夹杂情况,多为因虚而致实,病情较为复杂。

1. **实证转虚**　指先为实证,由于邪盛伤正太过,或久病、失治、误治,导致正不胜邪而转化为虚证,提示病情发展,正气不足。例如,初为咳嗽痰多,息粗而喘,苔腻脉滑。迁延日久,则见喘而气短,声低懒言,面白神疲,舌淡脉弱,此即邪虽去而正已伤,由实证转化为虚证。

2. **虚证转实**　指在原有虚证的基础上转化为以实证为主要矛盾或主要矛盾方面的证候。其病机是因虚致实,并非病势向愈,而是提示病情在发展且病情复杂。例如,心阳气虚日久,温煦失职,推动乏力,致血行迟缓而成瘀,在原有心悸气短,脉弱或涩等心气虚的基础上,其后见到心胸刺痛,唇舌紫黯,脉结代等症状,此为心血瘀阻证,血瘀之实已超过心气之虚,而成为疾病主要矛盾方面,此即由虚转实。

三、证候真假

某些疾病在病情危重阶段,可以出现一些与疾病本质不一致甚至相反的假象(症状、体征),掩盖病情的真实性表现。所谓"真",是指疾病所表现的证候与内在本质相符;所谓"假",是指疾病所表现的某些证候与内在本质不相符或不符合对疾病的常规认识。此时,必须认真辨别,去伪存真,抓住疾病的本质,才能对病情作出准确判断,否则往往造成误诊。

(一)寒热真假

寒热真假,是指当病情发展到寒极或热极的时候,有时会出现一些与其病理本质相反的"假象",如"寒极似热""热极似寒",即所谓真寒假热、真热假寒。

1. **真寒假热**　内有真寒而外见假热的证候。其产生机理为阳气衰败,阴寒内盛,阴盛格阳,逼迫虚阳浮越于外而致的"戴阳证"或"格阳证"。例如,既有四肢厥冷、胸腹欠温、下利清谷、小便清长、舌淡苔白等一派寒象;但又见颧红如妆,身热欲近衣被,口渴不欲饮,脉浮大无力等热象。仔细分析,不难看出,前者属阴寒内盛,为真寒;后者为阴寒内盛,逼迫虚阳浮越于外而致的假热证。

2. **真热假寒**　内有真热而外现假寒的证候。其产生的机理为里热炽盛,阳气郁闭,不能外达,出现四肢厥冷的阳盛格阴证,即所谓"热深厥亦深"。临床上既见高热恶热,烦渴饮冷,鼻息气热,甚至神昏谵语,尿短赤,便燥结,舌红苔黄而干,脉滑数等一派热象;但又见四肢厥冷之寒象。前者一派热象为里热炽盛,属真热,后者四肢厥冷为阳盛格阴于外,属假寒,此为真热假寒证。

知识链接

寒热真假鉴别要点

　　1. 从病程上鉴别　假象多出现在疾病的极期阶段,而真象多贯穿疾病的全过程,此为一般规律。

　　2. 从发生部位及持续时间上鉴别　假象多出现在四肢、肌肤和面部等部位,具有局限性和短暂性的特征;真象多表现于躯干、内在和舌脉等方面,具有整体性和持续性的特征。如假热的面红,仅见颧红如妆(即浅红娇嫩),且时隐时现;真热则除满面通红外,胸腹部扪之必烫手,必兼身热烦渴、舌红苔黄、脉数。假寒四肢厥冷反不欲近衣被,胸腹部久按之反灼手;真寒必身冷蜷卧,欲得衣被,必兼胸腹欠温、下利清谷、舌淡苔白、脉沉迟。

（二）虚实真假

虚实真假，指当疾病发展至严重阶段或病情复杂时，会出现假虚或假实的现象。即所谓"至虚有盛候"的真虚假实证和"大实有羸状"的真实假虚证。

1. 真虚假实　极虚之病，可能出现类似盛实的表现。例如，既有胸腹部柔软而喜按，神疲乏力，气短懒言，舌淡脉弱，病久体虚等真虚症状，又见腹胀满、气喘、二便闭塞等因虚所致假实表现。综观全证，脾肺气虚为本，故腹胀时减、喜按而柔软，与实胀之胀满不减，硬满拒按不同；虽气喘必气短息弱，与实喘之息粗、鼻扇不同；二便虽欠通畅，但粪便不结，小便绝无涩痛。故此证胀、喘、便闭非邪阻气滞的实证，而是气虚无力推动所致的假象。

2. 真实假虚　指疾病本质为实证，但出现类似虚证的表现。例如，腹部积聚较大者，严重时会出现某些正虚的假象。既有胸腹硬满疼痛拒按，二便不利，脉按有力等真实的表现；又有泄泻形瘦、脉象沉细等虚假症状。其虽有泄泻，但泄后胀减，不似虚泄后之乏力；形瘦并非正虚，而是癥积消耗营养所致。

3. 虚实真假鉴别要点　关键在于脉象的有力无力、有神无神，其中尤以沉取之象为真象；其次是舌质的老嫩、淡暗，舌苔的厚薄；胀痛的程度、久暂、是否拒按；语声的洪亮与低怯，呼吸的粗糙与微弱；患者体质的强弱、病的新久缓急、治疗的经过等都是参考因素。此外，还要注意证候中的可疑表现。

应当指出，临床上反映于虚实方面的证候，往往虚实夹杂者更为常见，即既有正气虚的方面，又有邪气实的方面。病性的虚实夹杂与虚实真假是难以截然区分的。临床辨证时，要区分虚实的孰轻孰重，并分析其因果关系。

课堂互动

同学们运用本章节的知识四诊合参进行车祸急诊患者的模拟抢救，通过对首先应该抢救"默默无闻"还是"鬼哭狼嚎"患者的讨论，掌握在最快的时间内如何辨别患者的虚实真假的技能。

（【实习五】见实习项目）

（李　敏）

复习思考题

1. 简述表证的基本概念和临床表现。
2. 何谓阴虚证、阳虚证？其临床表现如何？
3. 临床如何鉴别寒证与热证？
4. 何谓虚实真假？临床如何鉴别？

第六章

病 因 辨 证

PPT 课件

扫一扫
知重点

学习要点

1. 病因辨证的概念。
2. 外感六淫辨证、内伤七情辨证、劳伤辨证各证的基本概念、临床表现及辨证要点。
3. 食积辨证的临床表现及辨证要点。

病因辨证,是在中医理论的指导下,运用病因相关理论,根据临床收集的病情资料,进行分析、归纳,以确定疾病当前病理变化本质的辨证方法。

引起疾病的原因多种多样,有外感六淫、疠气、内伤七情、劳逸失度、饮食失调、寄生虫以及外伤等。以上都是发病的重要条件,属病因范畴;而通过辨证确定病因,则属辨证范畴。

第一节　外感病因辨证

外感病是指感受六淫、疠气等外邪引起的疾病。六淫包括风、寒、暑、湿、燥、火六种外感病邪;疠气则是传染性极强的外感致病因素。外感病因辨证主要包括六淫辨证和疫疠辨证。

一、六淫辨证

六淫辨证,就是根据六淫的性质和致病特点,对四诊所收集的病情资料进行分析、综合,通过辨证以确定患者六淫致病的具体病因和病机。

知识链接

内生"五邪"

内生"五邪",并非外感六淫所致,而是在疾病过程中,由于脏腑功能失调所产生的化风、化寒、化湿、化燥、化热等病理变化,称为内风、内寒、内湿、内燥、内热(火)。其中,内寒、内湿、内热与相应的外感淫邪在致病特点、临床表现上基本一致,只不过初期无表证而已;内风、内燥同外感风邪、燥邪所致的临床表现部分相似。正由于"内生五邪"与外感六淫在发病过程中多相互联系,其致病性质、特点及临床表现颇多相似,故在学习时要注意鉴别。

（一）风淫证

外感风邪引起的证候称风淫证。

【临床表现】 恶风，微发热，汗出，头痛，鼻塞流涕，喷嚏，咳嗽，咽喉或痒或痛，苔薄白，脉浮缓等。或皮肤瘙痒；或局部麻木，口眼㖞斜；或颈项强直，口噤，四肢抽搐，角弓反张；或游走性关节痛；或突然面睑浮肿等。

【证候分析】 风邪袭表，风性开泄，腠理疏松，卫气不固，营阴不能内守，故见恶风微热，汗出，脉缓；风性轻扬上扰，故见头痛，肺外合皮毛，与天气相通，外邪易从肺系而入，风邪袭肺，肺卫失宣，咽喉、鼻窍皆属肺系，故可见鼻塞流涕，喷嚏，咳嗽，咽喉或痒或痛，苔薄白，脉浮，俱为风邪客表之征。

风邪客于肌肤，使营卫郁滞不畅，则皮肤瘙痒；风邪或风毒侵袭经络，经气阻滞不通，轻则局部麻木、口眼㖞斜，重则颈项强直、口噤不开，四肢抽搐，角弓反张；因风邪善行，若留滞关节，则表现为游走性关节疼痛；若风邪与水邪相搏，则突发颜面、眼睑水肿，然后遍及全身。

【辨证要点】 以恶风、汗出、脉浮缓为辨证要点。

（二）寒淫证

外感寒邪引起的证候称寒淫证。寒淫证有伤寒证和中寒证。伤寒证是指寒邪侵袭肌表，阻遏卫阳，阳气抗邪于外所表现的证候，又称表寒证、寒邪束表证；中寒证是指寒邪直中脏腑、气血，损遏阳气，阻滞气机和血行所致的证候。

【临床表现】 恶寒重而发热轻，头身疼痛，无汗，鼻塞流清涕，苔薄白而润，脉浮紧等。或局部拘急冷痛；或四肢厥冷；或痰鸣咳嗽；或腹痛肠鸣，呕吐，泄泻。舌苔白滑，脉沉迟有力。

【证候分析】 寒为阴邪，易伤阳气，其性清冷、凝滞、收引，多阻碍气血运行。寒邪束表，玄府不通，卫气内郁不能外达肌表，故恶寒重发热轻，无汗；经络气血不通，则头身疼痛；寒则津液不化，故鼻流清涕；苔薄白而润，脉浮紧乃寒邪客表之征。

若寒邪郁结于经脉，经脉收缩而挛急，则局部拘急冷痛；寒性凝结，阳气不达四肢，则四肢厥冷；寒邪犯肺，肺失宣降，故鼻塞，痰鸣咳嗽；若寒邪直中脾胃，损伤或遏制中阳，升降失常，则腹痛，肠鸣，吐泻。舌苔白滑，脉沉迟均为阴寒内盛之象。

【辨证要点】 以新病突起、病势较剧、恶寒肢冷、局部冷痛、口淡面白、苔白润、脉紧或迟有力为辨证要点。

（三）暑淫证

外感暑邪引发的证候称为暑淫证。暑邪致病，具有炎热升散、伤津耗气、多夹湿、易内闭心神、引动肝风等特点，且致病有严格的季节性。

【临床表现】 恶热，肢体灼热，汗多，烦渴喜冷饮，神疲气短，乏力懒言，肢体困倦，尿短黄灼热，舌红苔黄少津，脉虚数。或猝然昏倒，甚至昏迷，惊厥，抽搐等。

【证候分析】 暑性炎热，故恶热、肢体灼热，小便灼热，舌红苔黄；暑性升散，故汗多；暑邪耗津伤气，故渴喜冷饮，神疲气短，乏力懒言，尿短黄，舌干少津，脉虚数；暑夹湿邪，可见肢体困倦。暑闭心神，引动肝风，则见猝然昏倒，甚至昏迷，惊厥，抽搐。

【辨证要点】 以夏月感受暑热之邪，见壮热、烦渴、神疲气短、汗多尿少、食少乏力等为辨证要点。

（四）湿淫证

外感湿邪引起的证候称湿淫证。多因淋雨涉水,居处潮湿,冒受雾露等而形成。

【临床表现】　恶寒微热,头重如裹,肢体困重,关节疼痛重着、屈伸不利,胸脘痞闷,恶心呕吐,食少腹胀,口腻不渴,便溏,尿浊而不畅,或带下量多质稠,或阴囊湿疹瘙痒,舌苔白厚腻,脉濡缓。

【证候分析】　湿为阴邪,易伤阳气,其性重着黏腻,易阻遏气机。湿遏卫表,卫气失和,则恶寒微热;湿邪困遏清阳,则见头重如裹;湿邪留滞经络、筋骨、关节,则见肢体困重,关节疼痛重着、屈伸不利;湿困脾胃,纳运失职,升降失常,可见胸脘痞闷,恶心呕吐,食少腹胀,口腻不渴,便溏;湿邪下注,则可见尿浊而不畅,或带下量多质稠,或阴囊湿疹瘙痒。舌苔白厚腻,脉濡缓均为湿浊内盛之征。

【辨证要点】　病程长而缠绵,以困重、酸楚、痞闷、腻浊、脉濡缓为辨证要点。

（五）燥淫证

外感燥邪引起的证候称燥淫证。燥邪为病,多见于秋季,亦见于气候干燥少雨的地域。燥邪致病,有温燥与凉燥之分。

【临床表现】　口鼻咽干燥,皮肤干燥甚至皲裂,口渴多饮,干咳少痰,不易咯出,大便干结,小便短黄,舌苔干燥。若为凉燥,多兼恶寒微发热,无汗头痛,脉浮紧;温燥多兼发热微恶风寒,少汗,咽痛,舌红脉浮数。

【证候分析】　燥性干燥枯涩,伤津劫液,易伤肺脏。燥邪入侵,津伤失润,故见皮肤、口鼻咽干燥,大便干结,小便短黄,舌苔干燥;口渴多饮为津伤饮水自救;燥邪伤肺,故干咳少痰、不易咯出。凉燥则兼风寒表证,温燥则兼风热表证。不论凉燥、温燥,总以"燥胜则干"为临床特点。

【辨证要点】　多发于秋季或气候干燥,以口、鼻、咽、唇、皮肤干燥、干咳为辨证要点。

（六）火（热）淫证

热为火之渐,火为热之极。火与热同类,仅有轻重之别。外感火邪,源于外感热邪或其他淫邪的转化。凡外感火（热）邪所引起的证候称火（热）淫证。火热为阳邪,易伤津耗液,甚或导致亡阴;易迫血妄行导致出血;易腐败血肉导致疮疡、痈、疖;热极易引动肝风等。

【临床表现】　发热恶热,面红目赤,头目胀痛,渴喜冷饮,神疲乏力,便秘,尿短灼热,舌红或绛,苔黄干燥或灰黑而干,脉滑数有力。或烦躁狂乱,神昏谵语,强直抽搐;或各种出血;或局部肿疡。

【证候分析】　火性燔灼,气血沸涌,则见发热恶热,舌红或绛,脉滑数有力;火性炎上,气血上逆,则见面红目赤,头目胀痛;火热伤津耗气,故渴喜冷饮,神疲乏力,尿短黄,便秘,舌苔干燥或灰黑而干。火热炽盛,扰乱心神,则见烦躁狂乱,神昏谵语;火盛引动肝风,则强直抽搐;火热迫血妄行可见各种出血;火热灼血腐肉而形成局部肿疡。

【辨证要点】　以壮热恶热、面赤、渴喜冷饮、烦躁、出血、局部红肿热痛、舌红绛、苔黄而干、脉数有力为辨证要点。

二、疫疠辨证

疫疠,是指感受疠气所引发的急性、烈性传染病的总称。鉴于疫疠种类繁多,表现各异,这里仅介绍疠气致病的基本特点及临床表现。

【致病特点】 ①传染性强,流行面广,一旦暴发,疫区内不论男女老幼或体质强弱触之即发。②发病急骤,病情危笃,传变迅速。③疠气感人的途径多从口鼻而入,不同的疠气对人体的易感部位有其特异性。但同一疠气感人,不论性别和年龄,病状相似。④疫疠的形成和疫疠的流行,必然以一定的自然、社会环境为条件,如气候极度反常,洪水泛滥,战争动乱,饥荒贫困,环境卫生恶劣等。

【临床表现】 可分为燥热疫和湿热疫两大类。①燥热疫:以热毒充斥表里、脏腑,津血大亏为基本病机。症见大热大渴,头痛如劈,两目昏瞀,或狂躁谵妄,咽喉痛烂,骨节烦疼,腰如被杖,或吐衄发斑,或绞肠痛绝,或抽搐强直,或猝然仆地不省人事,舌绛苔焦或起芒刺,脉数或浮大。②湿热疫:以湿遏热伏,邪阻膜原,三焦气滞,传变复杂为基本病机。症见憎寒恶热,尔后但热不寒,午后热甚,头身疼痛,或腹痛吐泻,或猝发黄疸,或神昏谵语,或痰喘肿胀,舌红绛,苔浊腻或白厚如积粉,脉濡数。

【辨证要点】 以发病急骤、传染性强,病状相似、病情危重,兼燥热或湿热见症为辨证要点。

第二节 内伤七情辨证

正常情况下,喜、怒、忧、思、悲、恐、惊七种情志变化是人类情志活动的正常反应。只有当情感、思维等精神活动过于突然、强烈或持久,超过了个体心理、生理所能承受的限度,从而引起脏腑气血失调而发病时,则被称为内伤七情。

内伤七情辨证就是根据喜、怒、忧、思、悲、恐、惊七种情志的致病特点,对四诊所收集的病情资料进行分析、综合,通过辨证以确定患者内伤七情的具体病因和病机。

课堂互动

同学们通过回忆中医基础理论学习的七情致病特点,结合身边的案例或者自身的体会或者在电视电影小说中所看到的情志过激致病的片段,讨论七情致病的临床表现。如:

范进中举后为什么会狂笑不已?

林黛玉为什么咳嗽咯血?

(一)怒伤证

【临床表现】 眩晕耳鸣,头目胀痛,面红目赤,烦躁失眠,或胁下、脘腹胀痛或窜痛,纳呆,呕恶泛酸,泄泻不爽,甚至吐血衄血、昏厥猝倒。

【证候分析】 怒为肝之志,怒则气上,过度愤怒致肝气上逆,血随气升并上冲于头,则见眩晕耳鸣,头目胀痛,面红目赤,烦躁失眠,甚至吐血衄血;若暴怒引动肝风,可见昏厥猝倒;若肝木乘脾胃,则可见胁下、脘腹胀痛或窜痛,纳呆,呕恶泛酸,泄泻不爽等。

【辨证要点】 有愤怒的情志因素,以烦躁易怒、胸胁胀闷、面赤头痛为辨证要点。

(二)喜伤证

【临床表现】 心神不安,注意力不集中,反应迟钝,甚则哭笑无常或大笑不止,语无伦次,狂乱妄动。

【证候分析】 喜为心之志,喜则气缓,喜乐无制,以致心气涣散而神不守舍,则见心神不安,注意力不集中,反应迟钝;若暴喜过度,伤心太过,致心神无主,精神失常,则可见哭笑无常或大笑不止,语无伦次,狂乱妄动。

【辨证要点】 有过喜的情志因素,以喜笑不休、精神涣散为辨证要点。

(三)悲伤证

【临床表现】 情绪悲哀,孤独自处,时欲悲哭,气短懒言,神疲乏力,面白无华,咳而无力。

【证候分析】 悲哀太过,故出现孤独自处,时欲悲哭;悲为肺之志,悲则气消,悲伤过度,致肺气耗伤,可见气短懒言,神疲乏力,面白无华,咳而无力。

【辨证要点】 有过悲的情志因素,以情绪悲哀、神疲乏力为辨证要点。

(四)忧伤证

【临床表现】 忧愁不乐,郁郁寡欢,胸闷腹胀,倦怠乏力,食欲不佳,脉涩等。

【证候分析】 忧愁过度,情志不舒,则见郁郁寡欢,忧愁不乐。肺在志为忧,过忧则伤肺,也可伤脾。肺气不宣,可见胸闷气短;脾气不运,可见纳呆、腹胀、倦怠。

【辨证要点】 有过忧的情志因素,以忧愁不乐、胸闷气短、倦怠乏力为辨证要点。

(五)恐伤证

【临床表现】 恐惧不安,心悸失眠,或滑精,早泄,月经不调,滑胎,腰膝酸软,甚则二便失禁。

【证候分析】 恐为肾之志,恐则气下,过度恐惧,致肾气不固,神气不宁,故见恐惧不安,心悸失眠,滑精,早泄,月经不调,滑胎,腰膝酸软,甚则二便失禁。

【辨证要点】 有过度恐惧的情志因素,以恐惧不安为辨证要点。

(六)惊伤证

【临床表现】 惊悸不宁,胆怯易惊,情绪波动,失眠多梦,甚则神志错乱。

【证候分析】 惊则气乱,过惊则心无所倚,神无所归,虑无所定,可见惊悸不宁,胆怯易惊,情绪波动,失眠多梦,甚则神志错乱。

【辨证要点】 有过度受惊的情志因素,以胆怯易惊,惊悸不宁,失眠多梦为辨证要点。

(七)思伤证

【临床表现】 食少纳呆,脘痞腹胀,心悸、健忘、失眠、多梦。

【证候分析】 思为脾之志,思则气结,思虑过度可使中焦气机不畅,可见食少纳呆,脘痞腹胀;思虑过度,暗耗心血,血不养神,可见心悸、健忘、失眠、多梦等症。

【辨证要点】 有思虑过度的情志因素,以食少脘痞、失眠多梦为辨证要点。

知识拓展

内伤七情辨证的四大要点

一是通过问诊必能了解到患者此次发病与某种情志过激存在必然的内在联系,或性格孤僻、内向、暴躁、自尊心极强,或素有其他心理缺陷等病史;二是临床表现中定有精神失常和心身疾患的症状、体征;三是其症复杂多样,且往往随患者的情绪波动而发生变化;四是情志过激虽可伤及五脏,但临床以伤及心、肝、脾三脏为多见,并以这三脏的临床表现为主。

第三节 劳伤辨证

劳伤,是劳逸失度而伤人致病的简称。劳伤辨证是指对过于劳累或过于安逸导致内脏功能失调,气血紊乱的临床表现,进行分析、综合,通过辨证以确定患者劳伤的具体病因病机。

（一）劳力所伤证

【临床表现】 气短乏力,嗜睡体倦,神疲懒言,食欲不振等;或局部或全身酸软、疼痛不适,多见于腰背、四肢关节等用力部位。

【证候分析】 体力劳动或体育锻炼时间过长、用力不当、强度过大,一方面是劳则气耗,尤易耗损脾肺之气,症见气短乏力,嗜睡体倦,神疲懒言,食欲不振等;另一方面导致筋骨损伤,常见腰背、四肢关节等用力部位酸软、疼痛不适等。

【辨证要点】 以脾肺气虚及筋骨损伤的表现为辨证要点。

（二）过逸所伤证

【临床表现】 身倦乏力,动则心悸,食少纳呆,面白少华,舌淡,脉细无力;或胸闷腹胀,二便不利,四肢胀痛、麻木、关节肿胀而活动不便,形体肥胖;或记忆力减退,反应迟钝。

【证候分析】 长期甚少从事任何体力和脑力劳动,一是易使人体气血不畅,导致脾胃功能减退,气血渐弱,见身倦乏力,动则汗出、气喘,食少纳呆等症;二是气血运行迟缓,渐至气滞血瘀,痰湿内停,经络阻滞,见胸闷腹胀,四肢胀痛、麻木,形体肥胖等症。三是长期懒于动脑,则会出现记忆力减退,反应迟钝。

【辨证要点】 以气血虚弱及气血瘀滞的表现为辨证要点。

（三）劳神所伤证

【临床表现】 头晕眼花,心悸健忘,神思恍惚,失眠多梦,食少纳呆,脘痞嗳气,腹胀矢气,排便困难或便溏等。

【证候分析】 心主神志,脾主思虑,思虑太过,耗伤心血,损伤脾气,症可见头晕眼花,心悸健忘,神思恍惚,失眠多梦,食少纳呆,脘痞嗳气,腹胀矢气,排便困难或便溏等。

【辨证要点】 以心血不足和脾失健运的表现为辨证要点。

（四）房劳所伤证

【临床表现】 腰膝酸软疼痛,眩晕耳鸣,神疲健忘,齿摇发脱,夜尿频多,或尿后余沥不尽,性欲下降,或遗精、滑精、阳痿、早泄,或月经不调,滑胎不孕等。

【证候分析】 性生活过繁,或早婚手淫,或多产堕胎,均可致肾精亏损、肾气不固,从而引发上述肾虚临床表现。

【辨证要点】 以肾虚表现为辨证要点。

第四节 食积辨证与虫积辨证

（一）食积证

食积证多因暴饮暴食、过食肥甘厚味及酗酒,以致饮食停滞于胃肠道而不能及时运化而形成。

【临床表现】 胃脘胀满或疼痛,嗳腐吞酸,纳呆厌食,恶心或吐出酸腐不化的食物,舌苔厚腻浊垢,脉滑有力,为食滞胃脘;脐腹胀满疼痛,肠鸣而矢气频传,排便不爽,泄出糊状、水样粪便而臭如败卵,苔微黄而根厚腻,脉沉滑,为食滞肠道。

【证候分析】 胃主降纳,饮食伤在胃,胃气失降,故胃脘胀满疼痛等症丛生。小肠失于受盛,大肠失于传导,肠道功能紊乱,食积停滞,则腹痛、腹泻。食滞于内,脉气壅滞,故脉滑。食滞与胃中失降的浊气相蒸,故舌苔厚腻或口臭。食积不化,则酸腐变质,产生异常气味。

【辨证要点】 以脘腹胀满或痛、嗳腐吞酸、纳呆厌食、排便臭如败卵、舌苔垢腻、脉滑有力为辨证要点。

(二)虫积证

虫积证是指寄生虫侵入机体发育繁殖,以致阻碍脏腑气机,耗伤营血等所表现的证候。

【临床表现】 脐周腹痛,时作时止,腹部可触及条索状虫团,胃脘嘈杂,大便失调,吐虫便虫,或嗜食异物,或睡中龂齿,或面目虫斑等;或面色萎黄,形体消瘦,神疲乏力,头晕心悸,唇爪淡白无华,舌淡脉细弱等。

【证候分析】 虫居肠道,争食水谷,吮吸精微,故觉胃中嘈杂而贪食,或嗜食异物,久则面黄体瘦,神疲乏力等气血不足表现。蛔虫扰动则痛作,虫安则痛止。虫聚成团,抟于肠中,阻塞不通,则腹痛扪之有条索状物。蛔虫上窜于胆道、食管,或下泄于肛门,可见吐虫便虫。阳明大肠经入下齿、环唇口、行面颊,阳明胃经起于鼻、入上齿、布面颊,虫积肠道,湿热内蕴,循经上熏,故可表现为鼻痒、龂齿、面部生白色虫斑;肺与大肠相表里,白睛属肺,蛔虫寄居肠道,故可见巩膜蓝斑。

【辨证要点】 以腹痛、面黄体瘦、大便排虫为辨证要点。

第五节 外伤辨证

外伤是指各种外力或外物直接作用于人体所造成的组织、器官、脏腑损伤的总称。外伤病因范围甚广,诸如跌仆损伤、金刃枪弹伤、烧烫伤、虫兽咬伤、冻伤、雷击电击伤、溺水等均属外伤范畴。本节主要讨论跌仆所伤。至于其他外伤,不一一列举。

【临床表现】 伤处多见肿胀、青紫、疼痛、破损、出血等;骨折和脱臼,多见局部肿痛、拒按,活动受限,功能障碍;脏腑损伤则可致内脏出血,甚至死亡。

【证候分析】 跌仆损伤,经络气血郁滞,则伤处疼痛、肿胀;若皮肤肌肉破损,伤及血络,则出血。筋伤、骨折,可引起局部肿痛、拒按,活动受限,功能障碍。若从高坠下,内伤脏腑,则脏器损伤,内脏出血,甚至死亡。

【辨证要点】 有外伤史,以伤处疼痛、青紫、肿胀、出血等表现为辨证要点。

(【实习六】见实习项目)

(王 璟)

复习思考题

扫一扫
测一测

1. 试述寒淫证的常见分类及其临床表现。
2. 试述湿淫证的概念及其临床表现。
3. 过逸少动造成虚实病证的主要机理是什么？
4. 试述食积证的概念及其常见临床表现。

第七章

PPT 课件
07-PPT

气血津液辨证

扫一扫
知重点

学习要点

1. 气血津液辨证的概念。
2. 气虚证、气滞证、血虚证、血瘀证的辨证要点。
3. 气滞血瘀证、气虚血瘀证的辨证要点。

气血津液辨证,是运用气血津液的理论,来分析气、血、津液的病变,辨认其所反映的不同证候的一种辨证方法。

由于气血津液是脏腑功能活动的物质基础。在生理上,气血津液的生成、运行有赖于脏腑的功能活动。在病理上,脏腑发生病理变化,可以影响到气血津液的变化,而气、血、津液的病理变化,也会影响到脏腑的功能活动。所以,气、血、津液在生理上、病理上均与脏腑密切相关。因此,学习气血津液辨证应与"脏腑辨证"中各脏腑功能失调所致的气血津液盈亏的相关内容互相参照。

第一节 气 病 辨 证

气病辨证,就是以气的生理功能为依据,分析、判断导致气病的病因、病机及其证型的一种辨证方法。

气在维持人体生命活动过程中,具有营养和推动作用。因此,气病主要包括气的亏虚和气的运行障碍两方面的病理变化。气病的证型,有以下 7 种。其中,气虚证和气滞证分别是其虚证和实证的基础证型。

一、气虚证

气虚,是指元气不足,气的推动、温煦、固摄、防御、气化等功能减退的病理表现。气虚证,是指元气不足导致气的基本功能减退所表现的虚弱证候。

【临床表现】 神疲乏力,少气懒言,声音低微,呼吸气短,或有头晕目眩,面色少华,自汗,易感冒,活动后诸症加重,舌质淡嫩,脉虚弱。

【证候分析】 由于元气不足,脏腑功能衰退,故神疲乏力,少气懒言,声音低微,呼吸气短;气虚不能上荣,故头晕目眩,面色少华;卫气虚弱,不能固护肌表,故自汗,易感冒;"劳则气耗",故活动劳累后诸症加重;气虚无力鼓动血液运行,血不上荣于舌,故舌质淡嫩;气虚运血无力,故脉象虚弱。以上仅为气虚证的一般症状,临床诊治还必须结合脏腑辨证,才能确定为何种气虚。

【辨证要点】　本证以神疲乏力,声音低微,少气懒言,舌淡脉弱为辨证要点。

二、气陷证

气陷证,是指气虚升举无力,清阳下陷所表现的虚弱证候。多为气虚证的进一步发展。

【临床表现】　脘腹坠胀,久泻久痢不止,便意频频,白浊、带下量多,头晕眼花,耳鸣,疲乏,气短难以接续,或有内脏下垂、脱肛、阴挺等为常见证候。伴气虚一般见症。

【证候分析】　因气有固定脏器位置的功能,当气虚不能升举反而下陷时,故见内脏下垂、脱肛、阴挺及脘腹气坠,久泻久痢不止,便意频频,白浊、带下量多等证候;由于本证多由气虚发展而来,故可见头晕眼花,耳鸣,疲乏,气短难以接续等一般气虚证的表现。

【辨证要点】　本证以脘腹坠胀,久泻久痢,内脏下垂或外脱,伴气虚证为辨证要点。

三、气虚不固证

气虚不固证,是指因气虚导致对精、血、津液失其固摄功能所表现的虚弱证候。本证多从气虚证发展加重而来。

【临床表现】　自汗不止;或为涕、泪、涎、唾不止;或见各种出血;或见遗尿,余沥不尽,小便失禁;或为大便滑脱失禁;或妇女出现崩漏、滑胎、小产;或见男子遗精、滑精、早泄;常伴有气虚证的一般见症。

【证候分析】　气虚不能固摄津液,津液外泄于腠理和孔窍,故自汗不止,涕、泪、涎、唾量多清稀;气虚不能摄血,血溢脉外,故导致各种出血;气虚下元固摄失职,故遗尿、余沥不尽、小便失禁,或为大便滑脱失禁,或妇女出现崩漏、滑胎、小产,或见男了遗精、滑精、早泄等。本证由气虚证发展而来,故常见一般气虚的表现。总之,气虚不固证的病机有三:一是"卫表不固";二是"气不摄血";三是"肾气不固"。

【辨证要点】　凡有气虚证的表现,加上精、血、津液三者之一过度外泄的症状,如汗多、二便失摄、各种出血、滑精、滑胎等,即是诊断本证的主要依据。

知识链接

气虚证、气陷证、气虚不固证的鉴别要点

三者均属虚证,且以气虚证为基础。气虚证的病机为元气不足,功能减退,以神疲乏力,声音低微,少气懒言,舌淡脉弱为辨证要点;气陷证的病机为升举无力,清阳下陷,以脘腹坠胀,久泻久痢,内脏下垂或脱出,伴气虚证为辨证要点;气虚不固证的病机为固摄失职,精微外泄,以气虚证加上精、血、津液三者之一过度外泄为辨证要点。

四、气脱证

气脱证,是指元气衰极而气欲外脱的危急证候。气脱乃全身功能极度衰竭的表现,抢救不及时会导致死亡。本证可由前三证发展而成,也可在大汗、大泻、大失血、急性中毒、严重外伤等情况下迅速出现。

【临床表现】　呼吸微弱且不规则,汗出不止,口开目合,全身瘫软,神识昏愦,二便失禁,面色苍白,口唇青紫,舌苔白润,脉微欲绝。

【证候分析】　其临床特点有二:一是常见气随血脱;二是气脱与亡阳常并见。肺气衰竭,故呼吸微弱且不规则;心气衰极,故脉微欲绝,神识昏愦,大汗淋漓;脾气衰竭,故面色苍白,口唇青紫;肝肾之气衰竭,故口开目合,全身瘫软,二便失禁。

【辨证要点】　本证以呼吸、脉搏的极度微弱,神识昏愦,汗出不止、二便失禁,脉微欲绝为辨证要点。

五、气滞证

气滞证,是指人体局部或全身气机不畅乃至停滞不行所表现的证候。气滞证属实证。

【临床表现】　以局部或全身胀满、痞闷、胀痛等自觉症状为主症,且症状时轻时重,走窜不定,按之无形,叩之如鼓,随不良情绪诱发而加重,随心情好转或嗳气、太息、矢气而减轻,脉象多弦,可无明显舌象变化。

【证候分析】　气机阻滞,不通则痛,故气滞主要以胀满、痞闷、胀痛为主症,且走窜不定,按之无形。当嗳气、太息、矢气或情志舒畅时,气机暂通,故症状缓解;当情志不舒时,气滞加重,故发病或加剧。气滞于不同的脏腑、经络,则临床表现各异。若气滞在头,故头目胀痛;气滞于上焦,故胸闷、善太息、咳喘;气滞于中焦,故脘痞胀痛、胁肋胀痛,叩之如鼓,嗳气、矢气;气滞于下焦,故小腹少腹胀痛,二便不畅,或疝气、痛经;气滞于经络,经络所循行之处胀满、窜痛;气滞于肌肤,故肌肤肿胀。

【辨证要点】　辨证要点有三:一是胀满、痞闷,或胀痛、窜痛、攻痛,按之无形;二是随嗳气、太息、矢气可缓解;三是症状每随情绪波动而改变,且其症状时轻时重,时发时止,部位不定。

六、气逆证

气逆证,是指体内气机应降反升或升发太过所表现的证候。临床以肺、胃之气上逆和肝气升发太过为多见。本证多为实证,也有虚实夹杂者。

【临床表现】　咳嗽、哮喘、咯痰;呃逆、嗳气、恶心、呕吐、反胃;头痛眩晕、面红目赤、昏厥、出血,或气从少腹上冲胸咽,妇女倒经衄血,妊娠恶阻。

【证候分析】　邪气侵肺,肺失肃降,肺气上逆,故发为咳喘、咯痰等症;邪阻胃脘,胃失和降,胃气上逆,故呕吐、嗳气、呃逆、反胃;肝气升发太过,故头痛眩晕、面红目赤,甚或昏厥、出血;气从少腹上冲胸咽,则为奔豚气;妇女倒经衄血,妊娠恶阻,则为冲任脉气上逆。

【辨证要点】　不同脏腑气逆虽各有特定的症状,但本证以肺、胃、肝的气机上逆为主,故以咳喘、呕呃、头痛眩晕等为辨证要点。

七、气闭证

气闭证,是指脏腑及其官窍因气机闭塞不通所导致的危急证候。本证多为瘀血、痰浊、结石、蛔虫等导致心、脑、肺、胆等脏腑的经络、官窍阻塞,气机完全不通所致。多属病势危急之证,甚或有生命危险。

【临床表现】 突发昏厥,喘急窒息,或头、胸、腰、腹部剧痛或绞痛,或二便闭塞,舌黯苔厚,脉沉实或涩。

【证候分析】 有形实邪,阻塞心窍,蒙蔽神明,故突然昏厥;肺气阻塞,息道不通,故喘急窒息;砂石、蛔虫、痰浊、瘀血等阻塞脉道、管腔,导致气机闭塞,气血不通,故突发头、胸、腰、腹部剧痛或绞痛,或见二便不通;舌黯苔厚,脉沉实或涩,为实邪内阻之象。

【辨证要点】 本证常以突然昏厥,窒息,剧痛或绞痛,二便不通,病情急骤,病程较短为辨证要点。

第二节 血 病 辨 证

血是维持人体生命活动最宝贵的营养物质,且在脉管内运行不息而布散周身,故血病的基本病机,不外乎血液不足和血行失常两方面。血病,可分为血虚证、血瘀证、血热证、血寒证。

一、血虚证

血虚证,是指血液亏虚,不能滋润和濡养肌肤、经络、组织、器官、脏腑所表现的虚弱证候。

【临床表现】 面色、眼睑、唇甲色淡,头晕眼花,心悸怔忡,失眠多梦,手足发麻,妇女月经量少色淡,愆期,甚或闭经,舌淡苔白,脉细无力。

【证候分析】 形成血虚的机理,一是生血不足,二是耗血过多。血液亏少,不能濡养头目,故面色、眼睑、唇甲色淡、头晕眼花;血不养心、神无所依,则心神不宁,故见心悸怔忡,失眠多梦;血少不能濡养经脉、肌肤,故手足麻木;血海空虚,冲任失养,故妇女月经量少、色淡、愆期,甚或经闭;血虚而舌脉失于充盈,故舌淡脉细无力。

【辨证要点】 本证以面、睑、唇、甲淡白,心悸失眠,头晕眼花,妇女月经量少色淡,舌淡脉细为辨证要点。

二、血瘀证

血瘀证,是指凡离开经脉的血液,未能及时排出或消散,而停留于体内;或血液运行迟滞,失去血的滋润、濡养功能而产生的各种证候。

【临床表现】 临床特点:①疼痛:疼痛状如针刺、刀割,痛处固定不移,常在夜间加重。②肿块:肿块在体表者,常呈青紫色包块;在腹内者,可触及较坚硬而推之不移的肿块;③出血:出血色紫黯或夹有血块,或大便色黑如柏油状,或妇女痛经血色紫黯,夹有血块,或为血崩、漏下。④色泽改变:面色黧黑,或唇甲青紫,或皮下紫斑,或肌肤甲错,或腹部青筋显露。⑤舌脉变化:舌质紫黯,有瘀斑、瘀点,或舌下脉络曲张;脉多细涩,或结、代。

【证候分析】　瘀血致病均可导致气机不通,不通则痛,故疼痛是血瘀证的突出症状,具有刺痛、固定、拒按、夜间加重的特点。积瘀不散而凝结,故可形成肿块,触之坚硬不移。瘀血阻塞脉络,使血液不能正常循经运行,而溢出脉外,故出现各种出血;瘀血在体内停留日久,故色紫黯并夹有血块。瘀阻脉络,血行障碍,全身缓慢而持久地得不到气血的温煦濡养,故可出现面色黧黑,唇舌指甲青紫,皮肤粗糙干涩,状如鳞甲,腹壁青筋显露。舌质紫黯或见瘀斑瘀点,舌下脉络曲张,脉细涩或结代,均为瘀血之征。

【辨证要点】　本证以起病缓慢,病程较长;疼痛状如针刺、刀割,痛处固定,肿块不移,拒按,唇舌指甲青紫等为辨证要点。

三、血热证

血热证,是指邪热侵入血分而迫血妄行所表现的血分实热证候。所谓血分,是指卫气营血辨证中的“血分证”,及内伤杂病中的各种出血证。

【临床表现】　身热夜甚,各种急性出血症,如咳血、吐血、便血、衄血、尿血、月经量多、崩漏等,且血色鲜红,量多,舌绛,脉滑数;或皮疹紫红密集;或疮疡红肿热痛;或烦躁、谵语、甚至狂乱。

【证候分析】　热入血分,迫血妄行,血溢脉外,故见各种急性出血症;热为阳邪,阳邪为患,故出血鲜红,量多,舌绛,脉数。热性燔灼,炎上升散,致体表脉络充血可见皮疹紫红密布;火邪壅阻肌肤,腐败血肉,故见疮疡红肿热痛;若热陷心营,扰乱心神,故可见烦躁、谵语,甚至狂乱。因热入血分,气分热反不甚,故发热昼轻夜甚。

【辨证要点】　本证以出血势急、量多而色鲜红,身热夜甚,伴烦躁,神昏,狂乱,舌绛,脉数有力等为辨证要点。

四、血寒证

血寒证,是指寒邪凝滞血脉,导致血液运行不畅所表现的证候。血分的寒证,有虚实之分,以实寒为主。

【临床表现】　肢体局部冷痛、麻木、青紫、肿胀,或溃烂,或小腹、少腹剧烈冷痛,得温痛减,遇寒加重;或月经愆期,经色紫黯夹血块,或痛经、闭经;恶寒肢冷,面唇青紫,舌淡紫,脉沉迟或弦涩。

【证候分析】　由于寒侵血脉,主凝滞收引,阻滞血液运行,不通则痛,故表现为手足、颜面、耳垂、关节、巅顶等局部冷痛、麻木、青紫,严重者可见肿胀、溃烂;寒邪凝滞肝脉,脉道不通,故小腹、少腹剧烈冷痛,且得温痛减,遇寒加重;寒阻胞宫,脉络不畅,故月经愆期、经色紫黯、夹有血块,或痛经、闭经等症;阴寒内生,阳气失却温煦,故恶寒肢冷;面唇青紫,舌淡紫,脉弦涩或沉迟,均为寒凝血瘀之象。

【辨证要点】　本证以局部冷痛、青紫、肿胀,得温痛减,唇舌淡而紫黯,脉弦涩或沉迟为辨证要点。

课堂互动

同学们通过血病辨证的学习,请相互观察口唇的色泽变化,描述血虚、血热的口唇色泽变化。

第三节　津液病辨证

　　津液病辨证,是根据津液代谢的生理功能特点,分析、判断津液代谢异常的病因病机及相关脏腑病变的一种辨证方法。

　　津液,是人体一切正常水液的总称。它具有濡润全身各脏腑、组织、官窍及充养精血的重要生理功能。津液的化生、输布和排泄是维持人体正常生命活动不可缺少的代谢活动。津液的代谢过程,是在五脏六腑的共同参与、密切配合下完成的。其中与肺的通调、脾的运化、肾的气化功能关系密切,尤其是肾脏起着主导作用。因此,津液不足和输布、排泄失常,是其基本的病理变化。

一、津液亏虚证

　　津液亏虚证,是指体内津液亏虚,脏腑、组织、孔窍失去滋润、濡养所致的干燥证候。津液亏虚,就是水分的丢失,轻者称津亏;重者称液脱。

　　【临床表现】　皮肤干燥、皲裂,口燥咽干,毛发干枯,神疲乏力,口渴喜饮,干咳少痰,小便短少,大便干结,苔黄而干,脉细等称为津亏证。若肌肤缺乏弹性、甚或干瘪,面色枯槁,目眶深陷,唇焦或裂,骨瘦如柴,两目干涩,啼哭无泪,尿极少或无尿,精神萎靡或烦躁不宁,舌红绛干瘦,少苔或无苔,脉细数等称为液脱证。

　　【证候分析】　津液亏虚的形成,不外水分摄入不足和津液消耗过多。各种原因,导致津液亏乏,不能濡润头面官窍、肌表组织,故见口、鼻、咽喉干燥,口唇干裂,毛发干枯,皮肤干燥甚至皲裂;津亏神衰,故神疲乏力;津液不足,虚热内生,故口渴喜饮,干咳少痰,小便短少,大便干结,苔黄而干,脉细。津液大亏,故见肌肤缺乏弹性,目眶深陷,面色枯槁,骨瘦如柴;若五脏津液耗竭,故见两目干涩,啼哭无泪,尿极少或无尿;液脱,则五脏得不到滋养,神气失调,故精神萎靡或烦躁不宁;津液属阴,液脱则虚火越炽,阴虚火旺,故舌红绛干瘦,少苔或无苔,脉细数。

　　【辨证要点】　本证抓住"干、渴、瘦、细"四字为辨证要点。干即肌肤、毛发、官窍、大便、舌苔干燥;渴即口渴喜饮;瘦即形体消瘦、目眶深陷;细即脉细或细数。

二、津液内停证

　　津液内停证,是指体内水液输布、排泄障碍,停聚体内所表现的证候。总由肺、脾、肾三脏功能失调,导致津液的输布、排泄障碍,使津液内停而变生痰、饮、水、湿等病理产物,进而形成痰证、饮证、水停证和内湿证。

(一)痰证

　　"痰"是指津液内停所形成的病理产物中,质地稠浊而黏滞者。其特点是流动性小,不易消散,致病具有多样性和奇异性,故有"怪病多属于痰"之说,且有有形之痰与无形之痰之分。凡由痰邪引起的证候,统称为痰证。

　　【临床表现】　有形之痰,多见咳喘咯痰,呕吐痰涎,喉中痰鸣,痰核、瘰疬、乳癖、大便溏泄,关节肿痛、屈伸不利,舌苔厚腻等症;无形之痰可见眩晕,心悸,胸闷脘痞,肢麻偏瘫,舌强言謇,怔忡惊悸,失眠多梦,梅核气,昏仆、癫、狂、痫、痴、肥胖、白带量多、或不孕,脉滑等症。

【证候分析】　痰聚于肺,宣降失职,肺气上逆,故见咳嗽、胸闷、咯痰,喉中痰鸣;痰停于胃,痰浊中阻,胃失和降,故脘腹痞满、纳呆、泛恶,呕吐痰涎等;痰聚于肠,故大便溏泄,肠中辘辘有声;痰质黏稠,流动性小而难以消散,故常停积于某些局部,而出现圆滑柔韧的瘰疬、瘿瘤、乳癖;痰浊流注经络四肢,故关节肿痛、屈伸不利,或四肢麻木不仁,或偏瘫;痰气郁结于咽喉,可致梅核气;痰浊蓄积于肌肤腠理,故形体肥胖;痰湿停滞于胞宫,冲任受阻,故白带量多,或不孕;痰浊上干清窍,故头重眩晕;痰浊蒙蔽心窍,故见神昏,或怔忡惊悸,失眠多梦,或发为癫、狂、痴、痫等病。苔腻脉滑,为痰浊内阻的表现。

【辨证要点】　本证有形之痰,可见、可闻、可触及;无形之痰,以上述特定症状加苔腻、脉滑为辨证要点。

(二)饮证

"饮"是指津液内停所形成的病理产物中,质地较清稀而易流动者。饮为阴邪而具寒象,属有形之邪,常停积于肺、心、胃、肠道及胸胁处。凡由饮邪引起的证候,统称为饮证。

【临床表现】　《金匮要略》将饮分为4种。①痰饮:指饮停胃肠,症见脘腹胀满,胃脘有振水音,肠鸣辘辘,泛吐清涎,大便泄泻等。②悬饮:指饮流胁下,症见咳唾引痛,胸胁饱满,支撑胀痛,随呼吸、咳嗽、转侧而加剧。③溢饮:指饮溢肢体,症见四肢水肿,发汗不解,身体疼重,畏寒肢冷。④支饮:指饮聚于胸肺,症见咳逆倚息不得卧,气喘息涌,张口抬肩,咯痰清稀、量多色白,背心恶寒。兼畏寒肢冷、口淡不渴,或渴喜热饮,小便不利,舌淡胖苔白滑、脉沉弦等症。

【证候分析】　饮留胃肠,上逆于胃,则呕吐清涎;阻滞腑气,则脘痞腹胀;水饮停蓄,流动于胃、肠之间,故可闻及振水音和肠鸣音;饮邪下趋,则泄泻;有形饮邪停聚胸腔,故胸胁饱满胀痛,按之有波动感,活动则气滞加重而痛剧;饮邪流行,归于四肢,故四肢肿胀;寒饮停肺,阻塞息道,肺气上逆,故见咳嗽哮喘,痰多而清稀,背心恶寒,胸膈胀闷,张口抬肩,不能平卧。饮证乃阳虚津液不化所致,故可兼畏寒肢冷、口淡不渴,或渴喜热饮,小便不利,舌淡胖苔白滑、脉沉弦等症。

【辨证要点】　本证以咳痰清稀、色白量多,呕吐清涎,脘腹有振水音和肠鸣音,胸胁饱满,舌淡胖、苔白滑、脉沉弦等为辨证要点。

(三)水停证

"水",或称"水气",是指津液内停所形成的病理产物中,质地最为清稀而最易流动,渗透性最强者,易于渗透至肌肤、腠理等组织间隙及空腔而产生全身或局部水肿和胸腹腔积水等。凡由水邪引起水停体内的证候,统称为水停证。

【临床表现】　全身或局部肌肤水肿,按之凹陷不起,小便不利,或腹部胀大,按之有波动感,叩之音浊,可随体位而改变,舌淡胖边有齿痕,苔白滑,脉沉缓。

【证候分析】　水为有形之邪,泛溢肌肤,故局部或全身水肿,肿而按之凹陷不即起,是由水所致肿胀的特征;由于水的流动性大且有下趋之特征,故水肿可随体位而改变;津液渗溢肌肤,肾之气化失司,故小便短少;水邪蓄积于腹腔,故腹部胀大,按之如水囊,叩之音浊;舌淡胖边有齿痕,苔白滑,脉沉缓乃水湿内停之征。

根据水肿的起因、病势不同,又有阴水和阳水之分。因外邪侵袭,起病迅速,表现为眼睑、面额先肿,迅速遍及全身,伴咽喉肿痛、咳嗽及有表证者为阳水;因脏腑功能失调,起病缓慢,表现为病程长,足胫、下肢先肿,渐及全身,无表证而多兼里虚寒证者为阴水。

阳水为风邪(多为风热)侵犯肺卫,故见发热恶风、头痛身疼、咽喉不利、脉浮数等表证之象;风性轻扬、升散、善行数变,风水相搏,故浮肿先见于头面,迅速遍及全身。阴水多因脾肾阳虚,气化失司,水湿渐积而成,故水肿先见于下肢,逐渐发展至全身;脾失运化,则食少纳呆,脘痞腹胀,大便溏薄;阳气虚衰而水湿停聚,故神疲乏力,畏寒肢冷,舌淡胖苔白滑,脉沉缓。

【辨证要点】 以全身或局部水肿,尤其是面、睑、足浮肿,按之凹陷不起,小便不利,或有腹水为辨证要点。其中,阳水发病急骤,进展迅速,初期兼表证;阴水多逐渐起病,进展缓慢,以里虚寒证为主。

知识拓展

《黄帝内经》有"水""饮"之说。如《素问·经脉别论》曰:"饮入于胃,游溢精气,上输于脾,脾气散精,上归于肺,通调水道,下输膀胱,水精四布,五经并行。"论述了正常的水液代谢过程。认为水停的发生与肺、脾、肾有关,并提出基本治疗原则。《素问·汤液醪醴论》提出:"平治于权衡,去宛陈莝……开鬼门,洁净府"的治疗原则。

(四)内湿证

内湿,是指脾失健运、津液内聚所产生的呈弥漫、渗透状态的无形之邪,易停滞于脾、胃、肠、胸腹腔,流注于肌肉、关节、阴窍,阻碍气机。凡由内生湿邪引起的证候统称为内湿证。

【临床表现】 脘痞腹胀,恶心呕吐,食少纳呆,口淡不渴,或渴不欲饮,肠鸣泄泻,肢重体困,嗜卧思睡,小便短少,或下肢微肿,痰涎、白带质稠浊而量多,舌苔白腻,脉濡缓。病势缠绵,病程较长。

【证候分析】 内湿停于胃肠,阻滞中焦气机,故脘痞腹胀,食少纳呆,肠鸣尿少;脾胃受困,升降失常,故见呕恶泄泻;内湿外渗于肌肉关节,故肢重体困,下肢浮肿;下流于阴窍,故白带质稠量多;上逆于肺胃,故咯吐痰涎稠浊。湿为阴邪,易伤阳气,故嗜卧思睡;湿性黏滞难去,故病势缠绵而病程较长。苔白腻,脉濡缓,均为湿邪内停之征。

【辨证要点】 本证以脘痞腹胀、呕恶纳呆、便溏不爽等胃肠症状为主,常伴身重体困、分泌物稠浊量多、苔腻脉濡等为辨证要点。

第四节 气、血、津液兼病辨证

气作为血和津液化生的动力属阳;血和津液作为气的功能活动基础属阴,二者生理上存在相互依存、相互转化的密切关系,病理上彼此累及和影响。因此,在疾病过程中,气、血、津液的病变既可互为因果,亦常兼夹并见。临床常见的有如下 10 种兼病证型。

一、气血两虚证

气血两虚证,是指气虚与血虚同时存在所表现的虚弱证候。一般来说,气血两虚兼病时,气病常先发为因,血病常继发为果。

【临床表现】　面色少华,眩晕心悸,神疲气短,失眠健忘,唇爪无华,或食欲不振,形体消瘦,或手足麻木,肢体酸困,舌淡苔薄白,脉细弱。

【证候分析】　气血亏虚,不能上荣于头面,故头晕目眩,面色少华;气虚,形神失养,故少气懒言,乏力自汗;心主血藏神,血虚心神失养,故心悸失眠;气血不足,肌肤失养,故唇爪无华;舌淡嫩,苔薄白,脉细弱,为气血不足之征象。

【辨证要点】　本证以面色少华,少气懒言,心悸失眠等伴有气虚、血虚证并见为辨证要点。

二、气虚血瘀证

气虚血瘀证,是气虚运血无力,血液瘀滞所表现的本虚标实证候。气虚血瘀证,多由久病气虚,运血无力,渐致血行瘀滞所致。

【临床表现】　面色少华或晦暗,神疲乏力,气短纳呆,或体表局部青紫、肿胀、刺痛不移而拒按,或肢体瘫痪、麻木,或腹内可触及肿块而质硬,舌淡紫或有瘀点瘀斑,脉细涩。

【证候分析】　气虚血瘀证,气虚先发为因,血瘀继发为果,属本虚标实证。气虚不荣于面,故面色少华,舌淡;气虚则功能减退,形体失养,故神疲乏力,气短懒言,食少纳呆,脉细无力;瘀阻血脉或血溢脉外,迁延不散,故面色晦暗,舌紫黯或有瘀点瘀斑,或局部青紫、肿胀;瘀血内阻,经络不通,则局部刺痛不移而拒按,脉涩;气滞血瘀,脉道不通,筋脉肌肤失养,故肢体瘫痪、麻木;血瘀日久,结聚日深,则逐渐形成肿块而质硬。

【辨证要点】　本证以神疲乏力,气短纳呆,局部青紫肿硬、刺痛或瘫痪,舌淡紫黯或有瘀点瘀斑为辨证要点。

三、气不摄血证

气不摄血证,是指气虚无力摄血,血溢脉外所致的各种出血证候。病理特点是气虚在先为因,出血继发为果。

【临床表现】　吐血、便血、尿血、齿衄、肌衄、崩漏等慢性出血,并见面白无华,神疲气短,头晕乏力,食少纳呆,腹胀便溏,舌淡嫩苔薄白,脉弱或芤。

【证候分析】　气有统摄血液的功能,气虚则统摄无权,血不归经而溢于脉外,遂见多种慢性出血症状。出血时元神耗伤,元气虚则生命功能衰减,故表现为神疲、气短、乏力;心脑失养,故头晕心悸;气虚血不上荣,络脉不充,故面白无华,舌淡嫩,脉弱;脾气虚而运化失司,故食少纳呆,腹胀便溏;失血日久量多,则可见芤脉。

【辨证要点】　本证以各种慢性出血,血色浅淡,与气虚证并见为辨证要点。

四、气随血脱证

气随血脱证,是指因大出血而导致气脱的危重证候。本证常以血脱为因,气脱为果。

【临床表现】 大量出血(如吐血、鼻衄、咯血、便血、崩漏、产后大出血、创伤出血等)的同时,突然出现面色苍白,气少息微,大汗淋漓,四肢厥冷,神情淡漠或昏愦,二便失禁,舌淡而枯瘦,脉微欲绝或浮数无根。

【证候分析】 血为气母,血以载气,因此,大出血的同时,气无所附,随血脱而耗,故见气随血脱之证。肺气衰竭,故气少息微;心气衰竭,故面色苍白,大汗淋漓,神情淡漠或昏愦,脉微欲绝;肾气衰竭,故二便失禁;阳气散越而虚极,故四肢厥冷,脉浮数无根。

本证虽起于失血,但气脱证表明生命已至垂危关头,故诊断和治疗应以气脱证为先为急,此即所谓"有形之血不能速生,无形之气所当急固"。

【辨证要点】 大出血的同时,与四肢厥冷,大汗淋漓,气息微弱,神昏,脉微欲绝并见为辨证要点。

知识拓展

西医学对各种原因导致的大出血,出现四肢厥冷、大汗淋漓、气息微弱、脉微欲绝者,多为失血性休克的表现,常采取输血补充血容量的急救措施。

五、气滞血瘀证

气滞血瘀证,是指气机郁滞而引发血瘀的复合证候。本证常气滞在先为因,血瘀在后为果。

【临床表现】 身体局部胀痛、窜痛,继之出现刺痛、拒按而不移;或腹部肿块坚硬,局部青紫肿胀;或情志抑郁,急躁易怒,健忘失眠,甚则狂乱;或面色晦暗,肌肤甲错。或妇女乳胀、痛经、闭经、产后恶露不尽,血色紫黯夹块;舌紫黯或有瘀点瘀斑,脉弦涩或结代。

【证候分析】 气行则血行,气滞则血瘀,多由气滞而致血瘀。胀痛、窜痛为气滞证的基本特征;肝气郁滞,故情志抑郁或急躁易怒,乳胀,脉弦;刺痛拒按而不移、肿块坚硬、局部青紫肿胀、舌紫黯或有瘀点瘀斑、脉涩或结代,均为血瘀之征;瘀血扰乱心肝神魂,故健忘失眠,甚则狂乱;瘀血阻滞体表络脉,肌肤失荣,面色晦暗,肌肤甲错;妇女气郁血瘀,冲任经脉受阻,故乳胀、痛经、闭经、产后恶露不尽,血色紫黯夹块。

【辨证要点】 本证以局部胀满、窜痛、刺痛、拒按,面色晦暗,妇女经色紫黯,舌紫或有瘀斑,脉弦涩等为辨证要点。

六、气虚津泄证

气虚津泄证,是指气虚不能固摄津液而致津液外泄所表现的证候。本证也可以说是"气虚不固证"的表现形式之一。

【临床表现】 气息微弱,声低懒言,神疲乏力,自汗不止,或涕泪清稀而量多,或咯吐大量清稀痰涎,或小便清长、余沥不尽,或遗尿,大便溏薄或久泻,或妇女带下清稀而量多,舌质淡,苔薄白,脉缓弱。

【证候分析】 津液的排泄物,包括汗、尿、唾、涕、泪、白带、大便等,其排泄活动主要受脏气所控制。脏气虚弱则固摄津液的功能低下，以致排泄过多、过频而质地清稀。肺卫气虚，故自汗不止，鼻流清涕，咳吐大量稀痰；脾胃气虚，故咯吐清涎，便溏或久泻，带下清稀；肾气虚，故小便清长余沥不尽，或遗尿；气息微弱，声低懒言，神疲乏力，舌淡脉弱，均为气虚证的表现。

【辨证要点】 本证以气虚证，伴汗、尿、唾、涕、泪、白带、大便等任何一个方面排泄过多，质地清稀为辨证要点。

七、气随津脱证

气随津脱证，是指津液大泄导致气脱的危重证候。本证系津液的急剧或长期丢失为因，气脱为果。

【临床表现】 在大汗不止，尿频清长，暴泻久泻，反复呕吐的同时，又出现面色苍白，气息低微，神情淡漠或昏愦，四肢厥冷，全身软瘫，舌淡瘦而干，脉微欲绝或芤。

【证候分析】 津液能化气、载气。由于津液大量、急速的丢失，可引起气随津液暴脱。大量的出汗、排尿、呕吐或泄泻等，皆是津液急剧耗损的途径，而面色苍白，气息低微，神情淡漠或昏愦，四肢厥冷，全身软瘫，舌淡瘦而干，脉微欲绝或芤，均为气脱津伤之征象。

本证虽起于津液大泄，但气脱表明生命已至垂危关头，故诊断和治疗应以气脱为先为急。

【辨证要点】 本证以大量出汗、排尿、呕吐或泄泻的同时，又伴有面色苍白，气息低微，脉微欲绝等为辨证要点。

八、气滞津停证

气滞津停证，是指因气滞而致津液内停的复合证候。气滞为因，津停为果。

【临床表现】 气滞证以胸胁苦满，善太息，局部胀满、痞闷、胀痛为主症；津停证具有痰证、饮证、水停证、内湿证的临床表现。

【证候分析】 气的推动和气化功能，是津液运行、输布、排泄的动力和前提，气行则津行，气滞则津停。气滞，故胸胁苦满，善太息、局部胀满、痞闷、胀痛；气滞津停，则转化为痰、饮、水、湿等内生病邪，进而分别形成痰证、饮证、水停证及内湿证。

【辨证要点】 本证以气机郁滞与津液内停并见，尤以头身困重或浮肿、咳喘痰多、呕恶纳呆、脘痞腹胀、二便不利、舌苔滑腻、脉象弦滑为辨证要点。

九、津血俱亏证

津血俱亏证，是指津液亏虚证和血虚证同时存在所表现的复合证候。

【临床表现】 口唇、鼻腔、咽喉、皮肤干燥或燥裂，毛发干枯，口渴喜饮，小便短少，大便干结，面、唇、爪甲淡白无华，头晕眼花，心悸怔忡，心烦失眠，手足麻木，四肢拘急，形体消瘦，舌淡而干瘦，脉细数无力。

【证候分析】 津、血互化、互补，津亏可致血虚，血虚亦可致津亏，最终形成津血俱亏证。津液亏损，则肌肤、孔窍失于濡润，故口唇、鼻腔、咽喉、舌苔、皮肤干燥，甚至干裂，毛发干枯，形体消瘦；脏腑缺乏津液的润养，故口渴，尿少，便结；血液亏虚，脑、心失养，故面唇淡白无华，头晕眼花，心悸怔忡，心烦失眠；肌肤、筋脉得不到足够的津、血的濡养,故手足麻木,四肢拘急;舌淡瘦、脉细数无力,均为津血不足之征。

【辨证要点】 本证以津液亏虚证和血液亏虚证同时并见为辨证要点。尤以孔窍干燥、尿少渴饮、面唇淡白、眩晕心悸、舌淡脉细等为主要依据。

十、痰瘀互结证

痰瘀互结证,是指痰浊与瘀血相互结聚,停留于人体某部所表现的复合证候。其常见部位为心、脑、肺、肝、胃、肠及关节等。

【临床表现】 局部肿块坚硬难消,或肢体麻木、偏瘫,或局部持续性胀痛、刺痛、闷痛,痛处拒按不移,或痴呆癫狂,或胸闷脘痞,喉中痰鸣,或关节肿大变形,面色晦暗无华,舌淡紫、紫黯或有瘀斑,苔厚腻,脉弦滑或沉涩。

【证候分析】 痰为津聚的产物,瘀为血滞所为,二者俱属阴邪,痰、瘀二邪在体内相遇而胶结难解,故病情顽固,病势缠绵。痰瘀结于心脑,则心胸闷痛、绞痛,或头目胀痛,痴呆,癫狂,偏瘫;痰瘀结于肺,则胸闷、胸痛,咳喘,喉中痰鸣;痰瘀结于腹中,则腹部癥积坚硬难消,刺痛拒按;痰瘀结于经络、关节,则见瘿瘤,关节肿大变形,肢体变形,肢体麻木;而面色晦暗无华,舌淡紫、紫黯或有瘀斑,苔厚腻,脉弦滑或沉涩,均为痰浊、瘀血内停之象。

【辨证要点】 以起病缓慢、缠绵难愈、持续性疼痛而拒按不移、肿块坚硬难消、舌紫黯苔厚腻、脉弦滑为辨证要点。

(【实习七】见实习项目)

(章 琴)

复习思考题

1. 试述气虚证、气滞证的基本概念、辨证要点。
2. 试述血虚证、血瘀证的基本概念、辨证要点。
3. 试述气血两虚、气虚血瘀证、气滞血瘀证、痰瘀互结证的辨证要点。

扫一扫
测一测

第八章

脏 腑 辨 证

PPT 课件

扫一扫
知重点

学习要点

1. 脏腑辨证的概念、意义。
2. 脏腑辨证的基本方法。
3. 心与小肠病辨证、肺与大肠病辨证、脾与胃病辨证、肝与胆病辨证、肾与膀胱病辨证和脏腑兼证常见证型的病因病机、临床表现与辨证要点。

脏腑辨证,是在认识脏腑的生理功能和病理特点的基础上,对四诊收集的症状、体征等有关病情资料进行综合分析,以判断疾病的病因病机,确定疾病所在脏腑部位的一种辨证方法。简言之,以脏腑为纲,对疾病进行辨证。

脏腑辨证是中医辨证体系的重要组成部分,是临床各科诊断疾病的基本方法。中医临床应用的辨证方法除脏腑辨证外,还包括八纲辨证、气血津液辨证、六经辨证、卫气营血辨证、三焦辨证等,这些辨证方法与脏腑定位联系密切,最终都要落实到脏腑辨证上来。所以,脏腑辨证是临床各科各种辨证的基础,是中医临床辨证论治的核心(详见"知识链接")。

脏腑辨证,包括脏病辨证、腑病辨证、脏腑兼病辨证,其中脏病辨证是脏腑辨证的主体。

知识链接

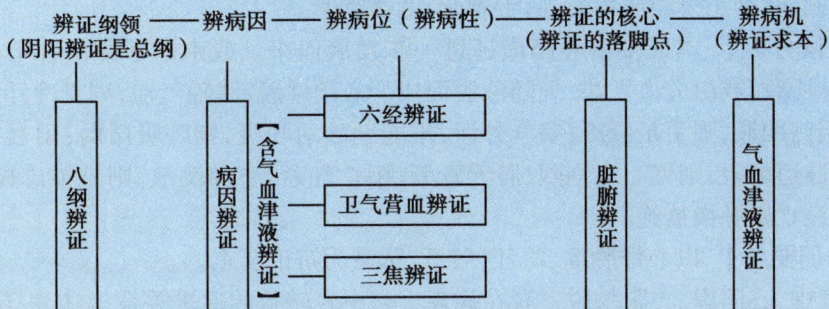

脏腑辨证是辨证论治的核心
(各种辨证关系示意图)

第一节 心与小肠病辨证

心居胸中,心包络卫护于外,手少阴心经下络小肠,两者互为表里。心主血脉,主神明,开窍于舌,在体合脉,其华在面;小肠主受盛、化物和泌别清浊。心病以心脏本身及主血脉功能紊乱和神志功能异常为主要病理变化,常见症状有心悸、心痛、心烦、失眠、多梦、健忘、神昏、谵语、舌疮、舌痛、脉结代等。小肠病以其泌别清浊功能失常为主要病理变化,常见症状有尿赤涩灼痛、尿血等。心与小肠病的常见证候如下。

一、心气虚证

心气虚证指心气不足,鼓动无力所表现的证候。

【临床表现】 心悸,胸闷,气短,精神疲倦,或有自汗,活动后诸症加重,面色淡白,舌质淡,脉虚。

【证候分析】 本证多因体弱,久病,先天不足,年高气衰所致。心气不足,鼓动无力,则见心悸;心气虚,胸中宗气运转无力,则胸闷气短;"劳则气耗",故活动后诸症加重;气虚卫外不固,鼓动运行气血无力则自汗、神疲、面白、舌淡、脉虚。

【辨证要点】 以心悸,神疲伴气虚症状为辨证要点。

二、心阳虚证

心阳虚证指心阳虚衰,温运失司,鼓动无力,虚寒内生所表现的证候。

【临床表现】 心悸怔忡,心胸憋闷,面色苍白(或面唇青紫),畏寒肢冷,神疲乏力,气短,自汗,舌质淡胖或紫黯,苔白滑,脉弱或结代。

【证候分析】 心阳虚多由心气虚进一步发展而来,阳虚生内寒所致。心阳虚衰,鼓动无力,故见心悸怔忡;阳虚寒盛,寒凝心脉,心脉痹阻,则心胸憋痛;阳虚生内寒而温煦乏力,则畏寒肢冷,面白,舌淡胖或紫黯,苔白滑;阳虚寒凝,血行不畅,则脉弱或结代;神疲乏力,气短自汗,为气虚之症。

【辨证要点】 以心悸怔忡,心胸憋闷伴阳虚症状为辨证要点。

三、心阳暴脱证

心阳暴脱证指心阳衰极,阳气暴脱所表现的一种亡阳危重证候。

【临床表现】 在心阳虚证的基础上,突发冷汗淋漓,四肢厥冷,面色苍白,呼吸微弱,心胸剧痛,神志模糊或昏迷,唇舌青紫,脉微欲绝。

【证候分析】 本证多由心阳虚证进一步发展而来。或由寒邪暴伤心阳,或痰瘀阻滞心脉所致,或由失血亡津,气随液脱而成。心阳暴脱,津随气泄,则见冷汗淋漓;阳衰不能温煦四肢,则手足厥冷;宗气外泄,不能助肺司呼吸,则呼吸微弱;阳衰寒凝,血行不畅,脉道痹阻,则见心痛剧烈,唇舌青紫;阳亡气衰,心神涣散,则见神志模糊或昏迷;阳气衰亡则脉微欲绝。

【辨证要点】 以心悸胸痛,冷汗,肢厥,脉微为辨证要点。

心气虚、心阳虚、心阳暴脱三者在病理上是由轻转重的递进关系,临床表现既有相同之处,又有相异之处,为明辨三证,列表鉴别如下(表8-1)。

表 8-1 心气虚、心阳虚、心阳暴脱三证鉴别表

证型	相同点	不同点
心气虚	心悸怔忡,胸闷气短,活动或劳累后加重	面色淡白,舌淡苔白,脉虚
心阳虚		畏寒肢冷,心痛,面色苍白或晦暗,舌淡胖苔白滑脉弱,时自汗出
心阳暴脱		冷汗淋漓,四肢厥冷,呼吸微弱,面色苍白,神志不清或昏迷,唇舌青紫,脉微欲绝

四、心血虚证

心血虚证指血液亏虚,心与心神失养所表现的证候。

【临床表现】 心悸,头晕眼花,失眠多梦,健忘,面色淡白或萎黄,唇舌色淡,脉细无力。

【证候分析】 本证可因脾虚生血不足,或失血过多,或久病伤及营血或肾精亏损,化血不足,或气郁化火,暗耗阴血所致。心血不足,心失所养,而见心悸;血虚心神失养,神不守舍,则见失眠、多梦;血虚不能上荣头面,故头晕眼花,健忘,唇、舌色淡;血少脉道失充,故见脉细无力。

【辨证要点】 以心悸,失眠,健忘伴血虚症状为辨证要点。

五、心阴虚证

心阴虚证指心阴亏损,心与心神失养,虚热内扰所致的证候。

【临床表现】 心悸,心烦,失眠多梦,口燥咽干,形体消瘦。或见手足心热,潮热盗汗,两颧潮红,舌红少苔,脉细数。

【证候分析】 本证多因思虑劳神太过,暗耗心阴;或温热火邪,灼伤心阴;或肝肾阴亏累及所致。心阴不足,心失濡养,故见心悸;心阴不足,心火独亢,虚火扰神,见心烦、失眠多梦;阴虚失濡,见口燥咽干,形体消瘦;阴虚阳亢,虚火内生,见手足心热,潮热盗汗,两颧潮红,舌红少苔,脉细数。

【辨证要点】 以心烦,心悸,失眠多梦伴阴虚症状为辨证要点。

【鉴别诊断】 心血虚与心阴虚均有心悸,失眠多梦,此为共同点。其鉴别要点在于:心血虚以头目、肌肤、脉道失去血的充养为病机,故见眩晕,面、唇、舌淡,脉细弱;心阴虚则以阴虚生内热为病机,故见心烦,手足心热,潮热盗汗,颧红咽干,舌红少苔,脉细数。

六、心脉痹阻证

心脉痹阻证指瘀血、痰浊、寒凝、气滞等因素作用心脉导致痹阻不通所表现的证候。

【临床表现】 心悸怔忡,心胸憋闷疼痛,痛引肩背内臂,时作时止。或以心痛如刺为主,舌紫黯(或舌见瘀斑、瘀点),脉细涩或结代;或以心胸憋闷为主,身重困倦,体胖痰多,舌苔白腻,脉沉滑或沉涩;寒凝心脉者,则突发胸部剧痛,遇寒加重,得温则减,畏寒肢冷,舌淡苔白,脉沉迟或沉紧;气滞心脉者,则心胸胀痛,胁胀,善太息,脉弦。

【证候分析】　本证多因正气先虚,心阳不振,运血无力,继发瘀血内阻,痰浊停聚,阴寒凝滞,气机阻滞等病理变化以致心脉痹阻。故其性质多属本虚标实。因瘀、痰、寒、气诸邪内阻,使心脉阻滞不通,则见心悸、心胸憋闷疼痛;手少阴心经横出腋下,循肩背内臂而行,故痛引肩背内臂。血瘀心脉,以刺痛为特征,伴瘀血之脉症;痰阻心脉,以闷痛为特征,伴痰湿内阻之见症;寒凝心脉,以突发心胸剧痛为特征,伴寒凝之见症;气滞心脉,以胸胁胀痛为特征,伴气滞见症。

【辨证要点】　以心悸怔忡,心胸憋闷作痛,痛引肩背内臂,时作时止为辨证要点。

本证分别由血瘀、痰阻、寒凝、气滞所致,且相互兼夹为病较为常见,故应根据不同病机的证候特点,对四证作出鉴别诊断(表8-2)。

表8-2　心脉痹阻四证鉴别表

证型	相同点	不同点
血瘀	心悸怔忡,心胸憋闷疼痛,痛引肩背内臂,时发时止	痛如针刺,舌有瘀斑瘀点或紫黯,脉细涩或结代
痰阻		闷痛,体胖痰多,身重体倦,舌苔白腻,脉沉滑
寒凝		剧痛暴发,畏寒肢冷,得温痛减,舌淡,脉沉迟(紧)
气滞		胀痛,胸胁胀闷,舌淡红,脉弦,发作多与情志相关

七、心火亢盛证

心火亢盛证指火热内炽,扰乱心神,迫血妄行所表现的证候。

【临床表现】　心烦失眠,发热口渴,便秘溲黄,舌尖红绛,苔黄,脉数有力。或为口舌生疮,溃烂疼痛;或为小便短赤,灼热涩痛;或见吐血、衄血;或见神志不清,狂躁谵语。

【证候分析】　本证多因火热暑邪内侵;或七情久郁化火;或过食温补、辛辣之品,久蕴化火,内炽于心所致。里热炽盛,故发热口渴,便秘溲黄,舌尖红绛苔黄,脉数有力;"舌为心之苗",心火亢盛,火热循经上扰,则口舌生疮,可称之为心火上炎证;心与小肠相表里,火热循经下移小肠则见小便短赤,灼热涩痛,可称之为心火下移证;热盛迫血妄行则见吐血、衄血;热扰心神则心烦失眠,甚则神志不清,狂躁谵语(也可见热闭心包)。

【辨证要点】　以心烦、发热、吐衄、口舌生疮、尿赤涩痛伴实热见症为辨证要点。

八、痰蒙心窍证

痰蒙心窍证指痰浊蒙闭心神,以神识昏蒙为主要表现的证候。

【临床表现】　意识模糊,言语不清,面色晦暗,胸闷呕恶,苔腻脉滑。或为神情抑郁,神识痴呆,表情淡漠,喃喃自语,举止失常(癫病)。或为突然昏仆,不省人事,两目上视,喉中痰鸣,口吐涎沫,口中发出猪羊叫声,手足抽搐(痫病)。

【证候分析】　本证多由湿浊酿痰,阻遏气机;或情志不疏,气郁生痰;或痰浊内盛,夹肝风内扰致痰浊蒙闭心神而成。痰浊上蒙清窍,则意识模糊,表情淡漠,神识痴呆;痰浊上扰,气血不畅则面色晦暗;痰阻胸阳,胃失和降则胸闷呕恶;痰浊内盛则苔腻脉滑。肝风夹痰上扰心窍则突然昏仆,不省人事;风痰走窜肝之经脉则两目上视,手足抽搐;肝气上逆,气逆痰升则喉中痰鸣,口吐涎沫,口中发出猪羊叫声。

【辨证要点】 以神志抑郁、痴呆、昏迷与痰浊壅盛见症为辨证要点。

九、痰火扰心证

痰火扰心证指火热痰浊交结,扰乱心神所致的证候。

【临床表现】 神昏谵狂,身热气粗,面红目赤,喉间痰鸣,咯痰黄稠,舌红,苔黄腻,脉滑数。或见心烦失眠,头目眩晕,胸闷痰多;或见神识不清,胡言乱语,哭笑无常,狂言怒骂,不避亲疏,登高而歌,弃衣而走,打人毁物,力逾常人(狂病)。

【证候分析】 本证多因情志所伤导致气郁化火,炼液为痰;或为外感温热、湿热之邪,热邪煎熬,灼津为痰,痰火内盛,扰乱心神所致。外感热邪,里热炽盛则见身热气粗,面红目赤,舌红;热盛灼液成痰则见喉间痰鸣,咯痰黄稠,苔黄腻,脉滑数。七情化火,炼液为痰,痰火扰心,轻者则心烦失眠,重者则神识不清,言语错乱,哭笑无常,狂言怒骂,不避亲疏,登高而歌,弃衣而走,打人毁物,力逾常人。痰阻清窍则头目眩晕;痰阻气道,气机郁闭则胸闷,痰多。

【辨证要点】 以神志狂躁、神昏谵语及痰热症状为辨证要点。

十、瘀阻脑络证

瘀阻脑络证指瘀血犯头,阻滞脑络所致的证候。

【临床表现】 头痛头晕经久不愈,痛如锥刺,痛处固定。或健忘、失眠、心悸。或头部外伤后昏不识人,面色晦暗,舌紫黯或有瘀点,脉细涩。

【证候分析】 本证多因头部外伤,瘀血停积于脑络,或久病入络,瘀血内停,阻塞脑络所致。瘀血阻络,不通则痛,故头痛如锥刺,痛处固定,或昏不识人;瘀阻于内,气血不畅,脑失所养则见头晕;瘀血不去,新血不生,心失所养则见健忘、失眠、心悸;瘀血内停,则见面色晦暗,舌紫黯或有瘀点,脉细涩。

【辨证要点】 以头痛,头晕伴瘀血见症为辨证要点。

十一、小肠实热证

小肠实热证指心火移热小肠,小肠邪热炽盛,泌别失司所致的证候。

【临床表现】 小便短、赤、涩、痛,或尿血,心烦口渴,口舌生疮,舌红,苔黄,脉数有力。

【证候分析】 本证多为心热循经下移小肠,或火热客阻下焦所致。心火炽盛则见心烦口渴;舌为心之苗,心火上炎则见口舌生疮;心火炽盛下移小肠,小肠泌别失司则为小便短赤涩痛;热伤血络则见尿血;里热亢盛则舌红,苔黄,脉数有力。

【辨证要点】 以小便涩痛与心火炽盛见症为辨证要点。

课堂互动

请同学们思考一下心火亢盛证和小肠实热证均以小便涩痛与实热证候为辨证要点,应如何判断病位主要之所在。

第二节 肺与大肠病辨证

肺居胸中,与大肠互为表里。肺主气司呼吸,主宣发肃降,通调水道,在体合皮,其华在毛,开窍于鼻;大肠主传导、排泄糟粕。肺病以呼吸功能失常、水液输布失司、卫外功能不固、宣降失调等为主要病理变化,常见症状有咳嗽、气喘、咯痰、胸痛、鼻塞流涕、呼吸失常、水肿等。大肠病以传导功能失常为主要病理变化,常见症状有便秘、泄泻、腹胀、腹痛、肠鸣矢气、里急后重、痢下脓血等。肺与大肠病的主要证候如下。

一、肺气虚证

肺气虚证指肺气亏虚,卫外不固,宣降失司所致的证候。

【临床表现】 咳喘无力,声低懒言,动则尤甚,咳痰清稀。伴面色淡白,神疲体倦,自汗,畏风,易于感冒。舌淡苔白,脉弱。

【证候分析】 本证久病咳喘肺气虚弱,或脾虚肺失充养所致。肺气虚弱,宗气不足,呼吸功能低下,宣降失常,则见咳喘无力,声低懒言,动则尤甚;肺气虚弱,气不布津,痰饮内停,随气上逆则咳痰清稀。肺气虚弱,不能宣发肺气至肌表,卫气不固,肌腠失密则自汗,畏风,易于感冒;面色淡白,神疲乏力,舌淡苔白,脉弱为气虚之象。

【辨证要点】 以咳喘无力,痰液清稀,自汗伴气虚症状为辨证要点。

二、肺阴虚证

肺阴虚证指肺阴亏虚,虚火内扰所致的证候。

【临床表现】 干咳无痰,或痰少而黏不易咯出,或痰中带血,声音嘶哑,伴形体消瘦,五心烦热,潮热盗汗,两颧潮红,口燥咽干,舌红少苔,脉细数。

【证候分析】 本证多由燥热伤肺,或痨虫蚀肺,或热病后期伤肺阴,或久病咳喘,年老体弱导致肺阴虚损所致。肺为娇脏,喜柔润。肺阴不足或虚火灼肺,致肺失于清肃,气逆于上,则见干咳无痰,或痰少而黏不易咯出;热伤肺络,络伤血溢于脉外,则痰中带血;阴虚津亏,则口燥咽干,甚则声音嘶哑;津亏无以濡养肌肤形体则形体消瘦;虚热内炽则五心烦热,潮热盗汗,两颧潮红,舌红,少苔,脉细数。

【辨证要点】 以干咳无痰,痰少难咯伴阴虚症状为辨证要点。

三、外邪袭肺证

外邪袭肺证指外感风寒、风热、燥邪,致肺卫失宣所表现的证候。

【临床表现】 以咳喘,痰清稀,鼻塞,流清涕,恶寒重发热轻,无汗,头身痛,苔薄白,脉浮紧为主者,称风寒束肺证;以咳嗽,痰黄稠,鼻塞,流浊涕,发热微恶寒,口微渴,咽喉肿痛,舌尖红,苔黄,脉浮数为主者,称风热犯肺证;以干咳无痰,痰少而黏,不易咯出,甚则胸痛,或痰中带血,轻微恶寒发热,口、鼻、唇、咽、皮肤干燥,苔薄干燥,脉浮紧或浮数,称燥邪伤肺证。

【证候分析】 外邪袭肺,正邪交争,肺卫失宣,故均见恶寒发热,其区别在于风寒外袭则恶寒重发热轻,风热外袭则发热重微恶寒,燥邪外袭则恶寒发热皆轻微。

风寒束肺,卫阳被遏,经脉受阻则无汗、头身痛;肺气失宣,鼻窍不通则鼻流清涕;

肺被寒束，失于宣降上逆则咳喘；苔薄白，脉浮紧为风寒束表之征。

风热犯肺，肺失清肃，肺气上逆，故咳嗽；风热阳邪灼津则口渴、痰黄稠，流浊涕；风热上扰，咽喉不利则咽喉肿痛；舌尖红、苔薄黄、脉浮数，为风热犯表之征。

燥邪犯肺，肺失清肃滋润则干咳无痰或痰少而黏，不易咯出；燥胜则干，肺津失布则口、鼻、唇、咽、皮肤干燥，舌苔干燥；燥邪化火，灼伤肺络则痰中带血；燥邪在表或夹寒或夹热则脉浮紧或浮数。

【辨证要点】 风寒束肺以咳喘痰白清稀伴风寒表证为要；风热犯肺以咳嗽痰黄伴风热表证为要；燥邪伤肺以干咳少痰，口鼻干燥伴轻微表证为要。

四、寒饮阻肺证

寒饮阻肺证指素有伏饮，复感寒邪，水饮上逆，肺失宣肃所致的证候。

【临床表现】 咳嗽，痰液清稀量多，背寒肢冷，咳喘倚息不得平卧，或伴恶寒发热，头痛，鼻塞流清涕，舌淡，苔白滑或白腻，脉弦紧。

【证候分析】 本证多为久咳，伏饮内停，又为外寒引动所致。寒饮内停，肺失宣肃，肺气上逆，可见咳喘倚息不得平卧；寒饮内停，损伤阳气，故自觉背心寒冷；阳气不能外达四末，故肢冷；痰饮内盛可见舌淡苔白滑或白腻，脉弦紧。外感寒邪可见恶寒发热，头痛，鼻塞流清涕。

【辨证要点】 以咳喘不得平卧，痰清稀量多伴实寒见症为辨证要点。

五、肺热炽盛证

肺热炽盛证指火热壅盛于肺，肺失宣降所致的证候。

【临床表现】 咳嗽，痰黄稠，甚则呼吸困难，鼻翼扇动，气粗而喘，发热，口渴喜饮，小便短赤，大便秘结，舌红苔黄，脉洪数或滑数。

【证候分析】 本证多为风寒化热入里，或风热内传于里所致。肺热炽盛，肺失宣降，气逆于上则见呼吸气粗，咳嗽，甚则呼吸困难，鼻翼扇动；热伤肺络，络损血溢则见衄血、咯血。里热炽盛则见发热，舌红苔黄，脉洪数或滑数；热盛津伤则口渴喜饮，痰黄稠，小便短赤，大便秘结。

【辨证要点】 以咳喘气急，咽喉肿痛伴里热实证为辨证要点。

六、痰热壅肺证

痰热壅肺证指痰热交结，壅滞于肺，肺失宣肃所致的证候。

【临床表现】 咳喘，呼吸气粗，甚则鼻翼扇动，喉中痰鸣，痰黄稠而量多或为脓血腥臭痰，发热，胸痛，小便短赤，大便秘结，舌红苔黄腻，脉滑数。

【证候分析】 本证多为邪热犯肺，或痰湿内盛，郁而化热，痰热阻肺所致。痰热壅肺，肺失清肃，气逆于上则见咳喘，呼吸气粗，甚则鼻翼扇动；肺气壅塞则胸痛；痰热互结，上逆气道则喉中痰鸣，痰黄稠而量多；痰热交阻，热盛肉腐，则见脓血腥臭痰；里热炽盛则见发热，小便短赤，大便秘结；痰热内盛则舌质红，苔黄腻，脉滑数。

【辨证要点】 以咳喘，痰黄稠而量多，或吐脓血腥臭痰伴里热实证为辨证要点。

七、大肠湿热证

大肠湿热证指湿热下注大肠,大肠传导失职所致的证候。

【临床表现】 下痢脓血,里急后重,或暴泻黄浊臭水,腹痛腹胀,肛门灼热,小便短赤,或发热烦渴,舌红苔黄腻,脉滑数。

【证候分析】 本证多为夏秋之季,暑湿热毒内蕴,或饮食不洁,湿热秽浊蕴结肠道所致。湿热内蕴,损伤肠络,瘀热互结,则下痢脓血;湿热之邪蕴结大肠,壅滞肠道气机,气滞不通则见腹痛腹胀,里急后重;湿热下注,气机紊乱,清浊不别则暴泻黄浊臭水,肛门灼热;热甚伤津则发热烦渴,小便短赤;舌红苔黄腻,脉滑数,为湿热内蕴之表现。

【辨证要点】 以腹痛,下痢脓血,里急后重或暴泻黄浊臭水为辨证要点。

八、肠热腑实证

大肠湿热证指热邪与糟粕互结大肠所致的里实热证,又称阳明腑实证、大肠实热证。

【临床表现】 大便秘结,或热结旁流,腹部胀满硬痛、拒按,壮热或日晡潮热,口渴,小便短赤,或时有神昏谵语,舌红苔黄而焦燥,脉沉实有力。

【证候分析】 本证多因外感温热之邪,或误用发汗,里热炽盛,燥屎内结所致。热与燥屎内结,腑气不通,则见腹满胀痛拒按,大便秘结;或燥屎内停,逼迫肠中津液从旁而下,则为热结旁流;阳明里热炽盛,而大肠属阳明,经气旺于日晡之时,故见壮热或日晡潮热;热甚伤津则口渴,小便短赤,舌红,苔黄而焦燥;热扰心神则时有神昏谵语;邪热与燥屎内结则脉沉实有力。

【辨证要点】 以大便秘结,或热结旁流,腹满胀痛拒按,伴里热炽盛见症为辨证要点。

九、肠燥津亏证

肠燥津亏证指大肠津液亏损,肠失濡润,传导失司所致的证候。

【临床表现】 大便秘结干燥,难以排出,数日一行,口干咽燥,或伴口臭头晕,腹胀,舌红少津,苔黄燥,脉细涩。

【证候分析】 本证多因素体阴亏,或年老久病阴伤,或嗜食辛辣食物,或热病后期津伤,或汗、吐、下太过所致。各种原因导致体内津液不足,肠道失濡,大便失润,则大便秘结干燥,难以排出,数日一行;津液不足,无津上濡舌面,则口干咽燥;六腑以通为用,大便不行,腑气不通,则腹胀;浊气上泛,则口臭头晕;舌红少津,苔黄燥,脉细涩,为阴虚内热、津亏失充之征。

【辨证要点】 以病久而势缓,大便燥结、排便困难并伴津亏见症为辨证要点。

十、大肠虚寒证

大肠虚寒证指脾肾阳虚,固摄失权,以致肠虚滑泻无度的证候。

【临床表现】 大便泻下无度,或大便滑脱失禁,甚则脱肛,腹痛隐隐,喜温喜按,舌淡,苔白滑,脉沉弱。

【证候分析】 本证多为久泻久痢伤及脾肾之阳所致。久泻久痢,下利伤阳,导致命门火衰,脾失健运,固摄无权,故大便泻下无度,或大便滑脱失禁,甚则脱肛;阳虚生内寒,中阳受损则腹痛隐隐,喜温喜按;阳虚阴盛则舌淡,苔白滑,脉沉弱。

【辨证要点】 以泄泻无度,或大便失禁,伴阳虚内寒见症为辨证要点。

大肠病常见寒、热、虚、实四证,鉴别如下(表8-3)。

表8-3 大肠病四证鉴别表

证型	主症	兼症	舌象	脉象
大肠湿热	下痢脓血或下利黄浊臭稀水	腹痛,里急后重,肛门灼热,小便短赤,或烦热	舌红苔黄腻	脉滑数
肠热腑实	大便秘结或热结旁流	日晡潮热,腹满胀痛拒按,小便短赤,或时有谵语	舌红苔黄而焦燥	脉沉实有力
肠燥津亏	大便秘结干燥,数日一行	口干咽燥,或口臭头晕	舌红少津	脉细涩
大肠虚寒	泄泻无度或大便失禁,或脱肛	腹痛隐隐,喜温喜按	舌淡苔白滑	脉沉弱

第三节 脾与胃病辨证

脾居中焦,与胃互为表里。脾主运化,主统血,主升清,主肌肉、四肢,其华在唇,开窍于口,喜燥恶湿;胃为水谷之海,主受纳腐熟水谷,以降为顺,喜湿恶燥。脾病以运化功能失常,致气血生化不足、生湿生痰,以及脾不统血,清阳不升为主要病理变化,临床常见症状有食欲不振、腹满、便溏、内脏下垂、出血、水肿等症状。胃病以受纳腐熟功能障碍,胃失和降、胃气上逆为主要病理变化,常见症状有胃脘胀痛、恶心、呕吐、嗳气、呃逆等。常见证候如下。

一、脾气虚证

脾气虚证指脾气不足,运化失司所致的证候。

【临床表现】 大便溏稀,腹胀纳呆,食后胀甚,面色萎黄或淡黄,少气懒言,肢体倦怠,或浮肿或消瘦,舌淡苔白,脉缓或弱。

【证候分析】 本证多因饮食不节,思虑、吐泻太过伤脾;或劳累过度、先天禀赋不足、素体虚弱、年老体衰、病后失养,耗伤脾气所致。脾气虚,水谷运化失司可见脾失健运,清浊不分,水湿下注肠道则大便溏稀;腹胀纳呆,食后胀甚,胃脘隐痛喜按;脾气不足则气血化源不足,血脉不充,肌肉四肢失养可见面色萎黄或淡黄,少气懒言,肢体倦怠或日久形体消瘦;脾虚水湿不化,水溢皮肤、四肢则浮肿;舌淡苔白,脉缓弱,是脾气虚弱之征。

【辨证要点】 以大便溏稀,纳呆,伴气虚症状为辨证要点。

二、脾虚气陷证

脾虚气陷证指脾气虚弱,升举无力,清阳下陷所致的证候,又称中气下陷证。

【临床表现】 脘腹坠胀,食后益甚,头晕目眩,久泻久痢,便意频作,肛门坠胀;或内脏、子宫下垂,脱肛,小便混浊似米泔;伴气短懒言,神疲乏力。舌淡苔白,脉缓弱。

【证候分析】 本证多由脾气虚进一步发展而来,或久泻久痢,劳力太过,孕产太多,产后失于调养所致。脾气虚弱,中气下陷,升托无力,则脘腹坠胀,食后益甚,便意频作,肛门坠胀,或内脏、子宫下垂,脱肛或久泻久痢;脾气下陷,精微不能正常布散,清浊不分,下注膀胱则小便混浊似米泔;清阳不升,清窍失养则头晕耳鸣;神疲乏力,气短懒言,舌淡苔白,脉缓弱,均为脾气虚弱的表现。

【辨证要点】 以脘腹坠胀,久泻久痢,肛门坠胀,内脏下垂,伴气虚症状为辨证要点。

三、脾不统血证

脾不统血证指脾气虚弱,不能统摄血行,而致血溢脉外的证候。

【临床表现】 鼻衄、齿衄、肌衄、吐血、尿血、便血,或妇女月经过多,崩漏。伴见面色萎黄苍白,食少,便溏,神疲乏力,气短懒言,舌淡苔白,脉细弱。

【证候分析】 本证多由久病脾虚,过劳伤脾,损伤脾气而致统血无权所致。脾主统血,脾气虚弱,统摄无权,血溢脉外则见各种慢性出血现象:溢于鼻窍则为鼻衄;溢于齿龈则为齿衄;溢于肌肤则为肌衄(阴斑);溢于胃肠则为吐血、便血;溢于膀胱则为尿血;溢于胞宫则为月经过多,甚则崩漏。化源减少,气血不足则见面色萎黄苍白,食少,便溏,神疲乏力,气短懒言,舌淡苔白,脉缓弱。

【辨证要点】 以出血和脾气虚证共见为辨证要点。

课堂互动

请同学们思考一下脾不统血证是否完全等同于气不摄血证。

四、脾阳虚证

脾阳虚证指脾阳气虚衰,温运失司,阴寒内生所致的证候。

【临床表现】 脘腹冷痛绵绵,喜温喜按,腹胀纳呆,形寒肢冷,神倦气短,口淡不渴,大便稀溏或完谷不化,小便清长,或尿少浮肿,或妇人带下清稀量多色白,舌淡胖或有齿痕,苔白滑,脉沉迟无力。

【证候分析】 本证多由脾气虚发展而来,也可因外寒直中,或过食生冷或苦寒药物用之太过伤损脾阳,或肾阳虚衰累及脾阳所致。阳虚生内寒,寒凝气滞则见脘腹冷痛绵绵,喜温喜按;脾阳之气虚损,水谷受纳与运化失司则纳呆,脘腹胀满,大便稀溏,或完谷不化;阳气不能外达四末则形寒肢冷;中阳不振,不能温化水湿,水湿内停则为小便清长,溢于肌肤则尿少浮肿;阳虚湿甚,湿性趋下则妇人带下清稀、量多、色白。舌淡胖或有齿痕,苔白滑,脉沉迟无力,均为阳虚内寒之象。

【辨证要点】 以脘腹胀满,冷痛绵绵喜温喜按,伴脾胃气虚之症为辨证要点。

附:脾气虚、脾虚气陷、脾不统血、脾阳虚四证鉴别表(表 8-4)。

表 8-4　脾虚四证鉴别表

证型	共同症状	不同症状	舌象	脉象
脾气虚证	食少纳呆	纳呆、消瘦或面色萎黄	舌淡苔白	脉濡缓
脾虚气陷证	脘腹胀满,食后尤甚,大便稀溏	脘腹坠胀、久泄久痢、便意频作,肛门坠胀、内脏或子宫下垂、脱肛	舌淡苔白	脉缓弱
脾不统血证	神疲乏力,少气懒言	各种出血症,妇女月经过多或崩漏	舌淡苔白	脉缓弱
脾阳虚证	面色苍白	形寒肢冷,腹痛喜温喜按,或尿少浮肿,或妇人带下清稀	舌淡胖、边有齿痕,苔白滑	脉沉迟无力

五、寒湿困脾证

寒湿困脾证指寒湿内阻,困遏中焦,损伤脾阳所致的证候。

【临床表现】　食欲不振,泛恶欲吐,脘痞腹胀,便溏,口淡不渴,头身困重,或身目发黄,色黯如烟熏,或浮肿尿少,或妇人白带量多,舌体淡胖,苔白滑或白腻,脉濡缓或沉细。

【证候分析】　本证多为过食生冷肥甘,或冒雨涉水,或久居湿地,致寒湿内盛,脾阳受困所致。脾为湿土之脏,喜燥恶湿,寒湿内侵,阻遏气机,运化失司则为食欲不振,脘痞腹胀,便溏;中阳受损,胃失和降,胃气上逆,则泛恶欲吐;湿邪内甚,则口淡不渴;湿性重浊,湿邪循经上扰,清阳不展则头身困重;寒湿阻遏中焦,肝胆疏泄失职,胆汁外溢,加之气血运行不畅,则身目发黄,色黯如烟熏;寒湿困遏脾阳,水液代谢失常则见尿少浮肿;寒湿下注,带脉失约则妇人白带量多;寒湿内甚则为苔白滑或白腻,脉濡缓或沉细。

【辨证要点】　以脘腹胀痛,呕恶便溏,苔白滑或白腻伴寒湿内停见症为辨证要点。

六、湿热蕴脾证

湿热蕴脾证指湿热中阻,脾失健运所致的证候。

【临床表现】　纳呆厌食,脘痞腹胀,呕恶口苦,身重肢倦,心中烦闷,大便溏泄不爽,或身目发黄,色如鲜橘;或皮肤瘙痒;或身热不扬,汗出热不解。小便短黄,舌红苔黄腻,脉濡数或滑数。

【证候分析】　本证多为外感湿热,或过食肥甘,嗜烟酒,酿湿生热所致。湿热中阻,气机不畅,浊气不降则见纳呆厌食,脘痞腹胀;胃气上逆则见恶心呕吐;湿性重浊则身重肢倦;湿热熏扰心胸则见心中烦闷;湿热下注,则大便溏泄不爽,小便短黄;湿热熏蒸肝胆,胆汁外溢则身目发黄,色如鲜橘,口苦,皮肤瘙痒;湿遏热伏,热处湿中,故身热不扬,汗出热不解。湿热内盛则舌红,苔黄腻,脉濡数或滑数。

【辨证要点】　以脘腹痞胀，口苦厌食，身目发黄伴湿热见症为辨证要点。

寒湿困脾证与湿热蕴脾证二者在病程、病位、某些症状上都极为相似，但在病因上有寒、热之不同，临床辨证较易混淆，鉴别如下（表8-5）。

表8-5　寒湿困脾与湿热蕴脾鉴别表

证型	共同症状	不同症状	舌象	脉象
寒湿困脾	纳呆厌食，脘痞腹胀	口淡不渴、面目发黄、黯如烟熏，或浮肿尿少，妇人带下色白量多	舌淡胖，苔白腻	脉濡缓
湿热蕴脾	恶心呕吐，身重肢倦，大便溏泄	身热不扬，汗出不解，身目发黄如鲜橘，皮肤瘙痒，便黄不爽，小便短黄	舌红，苔黄腻	脉濡数

七、胃阴亏虚证

胃阴亏虚证指胃阴液受损，胃失濡润、和降所表现的证候。

【临床表现】　饥不欲食，胃脘隐隐灼痛，时断时续，口燥咽干，胃脘嘈杂，干呕呃逆，大便干结，小便短少，舌红苔少，脉细数。

【证候分析】　本证多为外感热病后期津液受损，或平素嗜食辛辣，或情志郁结，气郁化火伤津耗液，或温燥药物用之太过，或胃病迁延不愈所致。胃中虚热内扰，消食过快，则有饥饿感，胃纳化迟滞则饥不欲食；胃喜润恶燥，胃阴不足，虚热内生，则胃脘隐隐灼痛，时断时续；胃阴不足，津不上承则口燥咽干；肠失濡润则大便干结，小便短少；虚热内扰，胃气上逆则见胃脘嘈杂，干呕呃逆。阴虚火旺则见舌红苔少，脉细数。

【辨证要点】　以饥不欲食，胃脘隐隐灼痛，伴阴虚见症为辨证要点。

八、寒凝胃脘证

寒凝胃脘证指寒邪犯胃，胃气郁滞，胃失和降所致的证候。

【临床表现】　胃脘冷痛或剧痛，遇寒痛甚，得温则减，恶心呕吐，吐后痛缓，口淡不渴，或口泛清水，形寒肢冷，舌淡苔白滑或白润，脉弦紧或沉紧。

【证候分析】　本证多为外寒直中，或过食生冷，或脾胃阳气素虚又复感外寒所致。寒邪犯胃，寒性凝滞，主收引，气机郁滞可见胃脘冷痛或疼痛剧烈；寒为阴邪，得阳始化故得温痛减，遇寒痛甚；胃气上逆则恶心呕吐，吐后邪减则痛缓；津液未伤则口淡不渴；寒伤胃阳，水饮不化，随气上逆则口泛清水；寒邪伤阳，阳气不能外达，故形寒肢冷。阴寒内甚则舌淡苔白滑或白润，脉弦紧或沉紧。

【辨证要点】　以胃脘冷痛剧烈，得温痛减，伴实寒见症为辨证要点。

九、胃火炽盛证

胃火炽盛证指火热内壅于胃腑，胃失和降所致的证候。

【临床表现】　胃脘灼痛，拒按，吞酸嘈杂，渴喜冷饮，口臭，牙龈肿痛溃烂、齿衄，或消谷善饥，便秘，尿短赤，舌红苔黄，脉滑数有力。

【证候分析】　本证多为饮食不节，或情志不舒，郁而化火，或过食辛辣之品所致。

胃中积热,壅塞胃气则胃脘灼痛拒按;肝郁化火,横逆犯胃则见吞酸嘈杂;热伤胃津则渴喜冷饮;胃火内盛,胃中浊气上冲则口臭;胃热循经上熏则牙龈肿痛溃烂、齿衄;热能消谷,胃热炽盛,腐熟太过则消谷善饥;热甚津伤,大肠失润则大便秘结;热伤津液,则小便短赤;里热炽盛则舌红,苔黄,脉数有力。

【辨证要点】 以胃脘灼痛拒按,口臭,牙龈肿痛溃烂伴实热见症为辨证要点。

十、食滞胃脘证

食滞胃脘证指饮食不化,停滞于胃脘,胃气失和所致的证候。

【临床表现】 胃脘胀满疼痛拒按,厌食,嗳腐吞酸,呕吐酸腐馊食,吐后觉舒,或肠鸣,矢气,便泻不爽,大便酸腐臭秽,舌苔厚腻,脉沉实或滑。

【证候分析】 本证多为饮食不节,暴饮暴食所致,也可因脾胃虚弱,运化失司等原因导致。胃主受纳腐熟水谷,以降为和,暴饮暴食,饮食不化,积于胃肠,气滞不通则胃脘胀满疼痛拒按;食积不化,拒于受纳则厌食;食积化腐,腐食随浊气上泛则嗳腐吞酸,呕吐酸腐馊食;吐后积滞得减则胀痛减轻;食浊下行大肠,气机阻塞则见肠鸣,矢气臭如败卵,便泻不爽,大便酸腐臭秽;食积于内则见舌苔厚腻,脉沉实或滑。

【辨证要点】 以胃脘胀痛拒按,厌食,呕吐或泻下酸腐为辨证要点。

十一、胃脘气滞证

胃脘气滞证指胃肠气机阻滞,胃气失于和降所致的证候。

【临床表现】 脘腹胀痛或脘胁窜痛,胀痛得嗳气、矢气则缓,时作吐泻,食少纳呆,诸证常随情绪波动而加重或减轻。苔白厚,脉弦。

【证候分析】 本证多因情志不遂,或寒湿内侵,或痰饮、食积内停所致。邪气犯胃,胃气阻滞不通,故脘腹胀痛或脘胁窜痛;情绪舒畅或嗳气、矢气使胃肠阻遏之气机得以暂时减缓则胀痛减轻;胃失和降,气逆于上则吐、下迫则泻;胃气阻滞,纳化失司,故食少纳呆。苔白厚,脉弦,为气郁不畅之象。

【辨证要点】 以胃脘胀痛,走窜不定,并与情绪有关为辨证要点。

胃病以胃脘疼痛为主要临床表现,且又有寒、热、虚、实之分,上述五证鉴别如下(表8-6)。

表8-6 胃病五证鉴别表

证型	疼痛性质	呕吐	口味	二便	舌象	脉象
胃阴亏虚	隐痛	干呕	口干咽燥	大便干,小便短少	舌红苔少	细数
寒凝胃脘	冷痛	清水	口淡不渴	大便溏,小便清长	舌苔白滑	沉紧
胃火炽盛	灼痛	吞酸	口渴喜饮	大便秘结,小便黄	舌红苔黄	滑数
食滞胃脘	胀痛	酸腐物	口臭嗳腐	便泄酸腐臭秽	舌苔白腻	滑实
胃脘气滞	胀窜痛	嗳气	口淡不渴	便泄不爽,矢气	舌苔白厚	弦实

第四节 肝与胆病辨证

肝居右胁,与胆互为表里。肝主疏泄,主藏血,在体合筋,其华在爪,开窍于目;胆主贮存和排泄胆汁以助消化,并与情志活动有关。肝病以肝失疏泄、肝不藏血、阴血亏虚、筋脉失养、动风化火为主要病理变化,常见症状有精神抑郁、急躁易怒、头晕目眩、胸胁或少腹胀痛、肢体震颤、四肢抽搐、视物不清、月经不调等。胆病以胆汁排泄失常和决断失常为主要病理变化,常见症状有口苦、呕胆汁、黄疸、胆怯等。肝与胆病的常见证候如下。

一、肝郁气滞证

肝郁气滞证指肝失疏泄,气机郁滞所致的证候。

【临床表现】 情志抑郁,易怒,喜太息,胸胁、少腹胀闷疼痛,走窜不定,或咽部有异物感,或见颈部瘿瘤、瘰疬,或胁下肿块,或妇人经前期乳房胀痛,月经不调,痛经。舌苔薄白,脉弦。病情轻重与情绪变化关系密切。

【证候分析】 本证多为精神刺激,情志不舒,或其他病邪侵扰使肝失疏泄、条达所致。肝失疏泄,气机郁滞,失于条达则情志抑郁,易怒,喜太息;肝之经脉循行胁肋、少腹,气机失调,经气不利则胸胁、少腹胀闷疼痛,走窜不定;肝气郁结,津聚成痰,肝气夹痰循经上行,搏于咽喉则见咽部有异物,或见颈部瘿瘤、瘰疬;气滞日久,肝脉瘀阻可见胁下肿块;肝郁气滞,血行不畅,冲任失调则见妇人经前期乳房胀痛,月经不调,痛经;肝郁气滞则舌苔薄白,脉弦。

【辨证要点】 以情志抑郁,肝经循行部位胀痛为辨证要点。

二、肝血虚证

肝血虚证指血液亏虚,肝失濡养所表现的证候。

【临床表现】 眩晕,视物模糊或夜盲,面色无华,夜寐多梦,或见四肢麻木,关节拘急,手足震颤,肌肉跳动,爪甲不荣,或妇人月经后期、量少、色淡,甚则闭经。舌淡,脉细。

【证候分析】 本证多为肾精亏虚,精不化血,或脾胃虚弱,生血不足,或久病重病,失治误治,伤及营血,或失血太过所致。肝血不足,不能上荣头面则见面色无华,眩晕,视物模糊或夜盲;肝血不足,心失所养则夜寐多梦;肝在体合筋,爪甲为筋之余,筋失血养则四肢麻木,关节拘急,手足震颤,肌肉跳动,爪甲不荣;肝藏血,女子以血为本,肝血亏损,冲任失调则见妇人月经后期、量少、色淡,甚则闭经;舌淡苔白,脉细,均为血虚之象。

【辨证要点】 以筋脉、目睛、爪甲失养伴血虚见症为辨证要点。

三、肝阴虚证

肝阴虚证指肝阴亏虚,阴不制阳,虚火内生所致的证候。

【临床表现】 两目干涩,视物模糊,头晕,面部烘热或两颧潮红,五心烦热,潮热盗汗,或胁肋隐隐灼痛,或手足蠕动,口燥咽干,舌红少苔,脉弦细数。

【证候分析】　本证多为热病后期,灼伤阴液,或情志不遂,郁而化火,耗损肝阴,或肾阴不足,水不涵木,肝阴亏损,或肝郁化火,火灼阴伤所致。肝阴亏损,不能上濡头目,则两目干涩,视物模糊,头晕;阴虚火旺,虚火上炎,则面部烘热,两颧潮红;虚热内蒸则潮热,五心烦热;阴虚内热,热迫津泄则见盗汗;阴虚火旺,灼伤肝络则胁肋灼痛;肝阴不足,筋脉失养则见手足蠕动;阴亏无津上承则口燥咽干;舌红少苔,脉弦细数,为阴虚火旺之征。

【辨证要点】　以两目干涩、头晕,筋脉、肝络失润伴阴虚症状为辨证要点。

四、肝火炽盛证

肝火炽盛证指肝火炽盛,气火上逆所致的证候。

【临床表现】　头晕胀痛,面红目赤,口干口苦,急躁易怒,耳鸣如潮,甚或突发耳鸣,失眠,噩梦纷纭,胁肋灼痛,或吐血衄血,便结尿黄,舌红苔黄,脉弦数。

【证候分析】　本证多因情志不遂,郁而化火,或火热之邪内侵,或他脏之火传于肝,导致肝火内盛所致。肝火内盛,上冲头面则头晕胀痛,面红目赤;火盛灼津则口干口苦;火扰心神,神魂不宁则失眠、噩梦纷纭;足少阳胆经入耳,肝火循经入胆,故耳鸣如潮,甚或突发耳鸣;肝失条达柔顺之性则急躁易怒,胁肋灼痛;热盛迫血妄行,血溢于脉外则吐血、衄血;热盛津伤则便结,尿赤。肝经火炽则舌红,苔黄,脉弦数。

【辨证要点】　以肝脉循行部位的头、目、耳、胁表现的实火炽盛症状为辨证要点。

五、肝阳上亢证

肝阳上亢证指肝肾之阴不足,阴不制阳,肝阳上亢所致的证候。

【临床表现】　眩晕胀痛,面红目赤,耳鸣耳聋,急躁易怒,失眠多梦,腰膝酸软,头重脚轻,舌红少津,脉弦细数或弦有力。

【证候分析】　本证多为肝肾阴亏,阴不制阳,或情志不遂,久郁化火,内耗阴血,或素体阴亏,房劳太过,年高阴亏,阴不制阳,阳亢于上所致。肝阴不足,肝阳上亢,升发太过,气血并走于上则眩晕头胀,面红目赤,失眠多梦;虚火循经入耳则耳鸣耳聋;肝木失养,失其条达则急躁易怒;肝肾之阴亏于下,肝阳亢于上,上盛下虚则腰膝酸软,头重脚轻;阴虚阳亢,故舌红少津,脉弦细数或弦有力。

【辨证要点】　以头晕胀痛,腰膝酸软,头重脚轻为辨证要点。

肝郁气滞、肝火炽盛、肝阴虚、肝阳上亢四证的病理机制往往不断变化,如肝气久郁,可以化火;肝火上炎,火热炽盛,可以灼烁肝阴;肝阴不足,可致肝阳上亢;而肝阳上亢又可化火,因此,在辨证时既要掌握各个证候的临床特征,又要分析内在联系的变化,才能作出正确诊断。

课堂互动

请同学们思考一下肝阳上亢证是否一定会有西医学所言之高血压。

六、肝风内动证

肝风内动证指患者具有眩晕、抽搐、震颤、蠕动等"动摇"特征的一类证候。根据其病因病机和临床表现的不同,故又分四类证候。

(一)肝阳化风证

肝阳化风证指肝阳上亢、无制而引动肝风所致的证候。

【临床表现】 头胀头痛,眩晕欲仆,步履不稳,项强肢颤,语言謇涩,手足麻木,或突然昏倒,不省人事,口眼㖞斜,半身不遂,舌强不语,喉中痰鸣,舌红,苔白或腻,脉弦细或弦滑。

【证候分析】 本证多为平素肝肾不足,阴不制阳,肝阳失潜,日久化风所致。肝阴不足,肝阳上亢,化风内旋,风阳上扰则见头胀头痛,眩晕欲仆;阴亏于下,阳亢于上,上盛下虚则见步履不稳;肝风夹痰阻络则项强肢颤,手足麻木;足厥阴肝经络舌本,风痰扰络则语言謇涩;若风盛夹痰上冲清窍则见突然昏倒,不省人事,喉中痰鸣;风痰窜络,经气不利则见口眼㖞斜,半身不遂,舌强不语;肝阴不足则见舌红,脉弦细。若兼有痰浊可见苔白或腻,脉弦滑。

【辨证要点】 以素有肝阳上亢病史,突发动风或突然昏倒、口眼㖞斜、半身不遂为辨证要点。

(二)热极生风证

热极生风证指热邪亢盛,筋脉失养,引动肝风所致的证候。

【临床表现】 高热口渴,神昏谵妄,颈项强直,两目上视,牙关紧闭,四肢抽搐,甚则角弓反张,舌质红绛,苔黄燥,脉弦数。

【证候分析】 本证多为外感热病热入营血,热扰心神,燔灼肝经,引动肝风所致。热邪亢盛,充斥内外则高热;热盛津伤则口渴,苔黄燥;热扰心神,则神昏谵妄;邪热炽盛,燔灼肝经,筋脉失养则见颈项强直,两目上视,牙关紧闭,四肢抽搐,甚则角弓反张;邪热炽盛则舌质红绛,苔黄;肝经火热亢盛则脉弦数。

【辨证要点】 以高热、神昏与动风共见为辨证要点。

(三)阴虚生风证

阴虚生风证指肝肾阴亏,筋脉失养,虚风内动所致的证候。

【临床表现】 手足蠕动甚或瘛疭,眩晕耳鸣,五心烦热,潮热盗汗,颧红咽干,形体消瘦,舌红少苔,脉细数。

【证候分析】 本证多为外感热病后期伏热久耗真阴,水不涵木,或内伤久病,暗耗阴血,筋脉失养所致。热灼肝肾之阴,筋脉失却濡养则见手足蠕动,甚或瘛疭;风阳上扰,则眩晕耳鸣;阴虚生内热则见五心烦热,潮热盗汗颧红;阴伤无津上濡舌咽则口燥咽干;阴液枯涸,不能濡养肌肤则形体消瘦;阴虚火旺则见舌红,少苔,脉细数。

【辨证要点】 以阴虚与动风共见为辨证要点。

(四)血虚生风证

血虚生风证指肝血亏虚,筋脉失养,虚风内动所致的证候。

【临床表现】 眩晕耳鸣,肢体震颤,四肢麻木,肌肉跳动,关节拘急不利,面色无华,爪甲不荣,舌淡苔白,脉细弱无力。

【证候分析】 本证多因久病营血暗耗,各种急慢性出血,使筋脉失养所致。肝血虚,血不上荣于头面,则见眩晕耳鸣;肝血不足,筋脉爪甲失养,则爪甲不荣;血虚,筋脉肌肉失养,则肢体震颤,四肢麻木,肌肉跳动,关节拘急不利;肝血不足,无以上荣头面,则面色无华,舌淡苔白;血虚无以充养脉道,则脉细弱无力。

【辨证要点】　以血虚与动风共见为辨证要点。

因肝风内动四证在成因及临床表现上各有不同,在病性上也有虚实之别,临床诊断鉴别如下(表8-7)。

表8-7　肝风内动四证鉴别表

证型	性质	主症	兼症	舌象	脉象
肝阳化风	虚实夹杂,上实下虚	头胀头痛,眩晕欲仆,项强肢颤,语言謇涩,突然昏倒,不省人事,口眼㖞斜,半身不遂	手足麻木,步履不稳,舌强不语,喉中痰鸣	舌红苔白或腻	弦细或弦滑
热极生风	实证	四肢抽搐,角弓反张,颈项强直,牙关紧闭,两目上视	高热口渴,神昏谵妄	舌红绛苔黄燥	弦数
阴虚生风	虚证	手足蠕动,甚或瘈疭,眩晕耳鸣	五心烦热,潮热颧红,口燥咽干,形体消瘦	舌红少苔	弦细数
血虚生风	虚证	肢体震颤,四肢麻木,肌肉跳动,关节拘急	眩晕耳鸣,面色无华,爪甲不荣	舌淡苔白	细弱

七、寒凝肝脉证

寒凝肝脉证指寒邪内袭,凝滞肝经,经气不利,气血凝滞所导致的证候。

【临床表现】　少腹、睾丸坠胀冷痛,或阴囊收缩掣痛,或巅顶冷痛,形寒肢冷,得温则减,舌淡,苔白润,脉沉紧或弦紧。

【证候分析】　本证多为感受寒邪所致。足厥阴肝经绕阴器,循少腹,上巅顶,寒邪内侵肝经,导致气血运行不畅,经气不利则少腹、睾丸坠胀冷痛,或阴囊收缩掣痛,或巅顶冷痛;寒邪伤阳则见形寒肢冷,得温则减;弦为肝脉,阴寒内盛则见舌淡,苔白润,脉沉紧或弦紧。

【辨证要点】　以肝经循行部位(少腹、阴部、巅顶)冷痛伴实寒见症为辨证要点。

八、肝胆湿热证

肝胆湿热证指湿热之邪蕴结肝胆,疏泄失职所致的证候。

【临床表现】　胁肋胀痛,腹胀口苦,厌食油腻,大便不调,小便短赤。或寒热往来,或胁下有痞块,或身目发黄,或阴囊湿疹,或外阴瘙痒难忍,或睾丸灼痛肿胀,或妇人带下黄臭。舌红,苔黄腻,脉弦数。

【证候分析】　本证多为外感湿热之邪,或嗜食肥甘,湿热内生,或脾胃失健,湿邪内生,湿郁化热所致。湿热蕴结肝胆,气机失于疏泄则见胁肋胀痛;气滞血瘀见胁下有痞块;胆热郁蒸,胆汁上泛外溢则口苦,身目发黄;肝木乘脾土,脾失健运则厌食油腻,腹胀,大便不调;少阳郁热,枢机不利,邪正交争则为寒热往来;湿热下注,则小便短赤,阴囊湿疹,或外阴瘙痒难忍,或睾丸灼痛肿胀,或妇人带下黄臭;湿热并重于内则见舌红,苔黄腻,脉弦数。

【辨证要点】 以胁肋胀痛,厌食油腻,腹胀阴痒,身目发黄与湿热症状共见为辨证要点。

九、胆郁痰扰证

胆郁痰扰证指胆失疏泄,痰热内扰所致的证候。

【临床表现】 胆怯易惊,惊恐不宁,失眠多梦,烦躁不宁,眩晕耳鸣,胸胁胀闷,口苦欲呕,舌红苔白腻或黄滑,脉弦数或弦缓。

【证候分析】 本证多由情志不遂,肝胆失于疏泄,气郁生痰,郁久化热,痰热交阻,胆气被扰所致。胆为清净之府且主决断,痰热内扰,胆气不宁,则见胆怯易惊,惊恐不宁;痰热扰神,则失眠多梦,烦躁不宁;胆居右胁,痰热内扰,经气不利,则胸胁胀闷;胆脉络头目,痰热循经上扰,则眩晕耳鸣;胆气上逆则口苦;胆热犯胃,胃气上逆则欲呕。舌红苔黄腻,脉弦数为胆热之征。

【辨证要点】 以惊悸胆怯,失眠,眩晕,口苦欲呕为辨证要点。

第五节 肾与膀胱病辨证

肾居腰部,与膀胱互为表里。肾藏精,主生长、发育、生殖,主水,主纳气,在体合骨,骨生髓通脑,其华在发,开窍于耳及二阴,为先天之本;膀胱主贮存和排泄尿液。肾病以人体生长发育、生殖、呼吸、水液代谢和骨、髓、脑、发、耳等功能失调为主要病理变化,常见症状有腰膝酸软或疼痛、耳鸣耳聋、齿动发脱、阳痿遗精、精少不育、女子经少经闭不孕及水肿、虚喘、二便排泄异常等。膀胱病以排尿异常为主要病理变化,常见症状有尿频、尿急、尿痛、尿闭、遗尿、小便失禁等。肾与膀胱病的主要证候如下。

一、肾阴虚证

肾阴虚证指肾阴不足,失于濡养,虚火内扰所致的证候。

【临床表现】 腰膝酸软而痛,头晕目眩,耳鸣耳聋,失眠多梦,男子阳强易举,遗精早泄,女子梦交,经少或经闭、崩漏,伴咽干口燥,形体消瘦,五心烦热,潮热盗汗,午后颧红,舌红少苔,脉细数。

【证候分析】 本证多为先天禀赋不足,久病及肾,温病后期,或房劳过度,或过嗜温燥,暗耗阴液所致。肾阴亏损,腰膝失养,则腰膝酸软而痛;阴虚精亏髓减,清窍失养,则头晕目眩,耳鸣耳聋;虚火上扰心神,则见失眠多梦;肾阴虚,虚热内生,相火扰动则男子阳强易举,遗精早泄,女子梦交;肾阴虚,精血化生不足,则女子经少或经闭、崩漏;肾阴不足,失于滋润,则见咽干口燥,形体消瘦;虚火内扰,则见五心烦热,潮热盗汗,午后颧红,舌红少苔,脉细数等虚热之象。

【辨证要点】 以腰酸耳鸣,男子遗精,女子梦交,月经不调,伴阴虚症状为辨证要点。

心、肺、肝、肾阴虚四证鉴别

证别	共有症	病机鉴别	主症鉴别	兼症鉴别
心阴虚证	口干咽燥 五心烦热 潮热盗汗 两颧潮红 形体消瘦 舌红少苔 脉细数	心阴亏损 虚火内扰 心神失养	心悸怔忡 失眠多梦	心烦躁扰
肺阴虚证		肺阴亏损 虚火灼金 肺络受损	干咳无痰 痰黏难咯 痰中带血	声音嘶哑
肝阴虚证		肝阴亏损 阴不制阳 肝脉失养	眩晕目涩 胁肋灼痛 视物模糊	手足蠕动 及 动风之象
肾阴虚证		肾阴亏损 相火内扰 封藏失职	腰膝酸痛 遗精早泄 女子梦交	兼心肾不交 诸症

二、肾阳虚证

肾阳虚证指肾阳不足,失于温煦,虚寒内生所表现的证候(又称"命门火衰")。

【临床表现】 腰膝酸软而冷痛,形寒肢冷,下肢尤甚,神疲乏力,面色苍白或黧黑,男子阳痿、早泄、滑精、精冷,女子宫寒不孕,或久泻不止,完谷不化,五更泄泻,或小便频数清长,夜尿频多。舌淡胖苔白滑,脉沉细无力,尺脉尤甚。

【证候分析】 本证多为素体阳虚、久病伤阳、房劳太过所致,年老体衰,或其他脏腑病变伤及肾阳。肾阳亏损,失于温煦则见腰膝酸软而冷痛,形寒肢冷,下肢尤甚;阳气不足,精神不振则神疲乏力;阳虚无力温运气血上养清窍,面络不充则面色苍白;肾阳衰极,阴寒内盛,气血运行不畅,则见面色黧黑;命门火衰,性功能减退则见男子阳痿、早泄、滑精、精冷,女子宫寒不孕;肾阳虚衰,火不暖土,水谷失于健运则为久泻不止,完谷不化,五更泄泻;肾阳虚,气化失职,肾气不固则小便频数清长,夜尿频多;阳虚阴寒内盛,则舌淡胖苔白滑,脉沉细无力,尺脉尤甚。

【辨证要点】 以腰膝冷痛,生育功能下降伴虚寒见症为辨证要点。

三、肾精不足证

肾精不足证指肾精亏损,以生长发育、生殖功能障碍为临床特征的证候。

【临床表现】 小儿发育迟缓,囟门迟闭,身材矮小,智力低下,骨骼痿软;成人早衰,发脱齿摇,耳鸣耳聋,腰膝酸软,两足痿软,男子精少不育,女子经闭不孕,性功能低下,舌淡,脉弱。

【证候分析】 本证多为先天禀赋不足,或后天失养,房劳过度,久病劳损,耗伤肾精所致。肾精为生长、发育的源泉,肾精亏损,则小儿发育迟缓,囟门迟闭,身材矮小,骨骼痿软;精少无以充脑,则为智力低下;肾精亏损,则成人早衰,见发脱、齿摇;肾精不足,耳失所养,则耳鸣耳聋;肾精亏损,腰府失养,则腰膝酸软,足软无力;肾精亏虚,生殖功能减退,则见性功能低下,男子精少不育,女子经闭不孕。舌淡,脉弱,为虚弱之象。

【辨证要点】 以生长发育迟缓,早衰,生育功能低下为辨证要点。

四、肾气不固证

肾气不固证指肾气不足,失于固摄、封藏所致的证候。

【临床表现】 腰膝酸软,神疲乏力,耳鸣耳聋,小便频数清长,夜尿增多,或尿后余沥不尽,小便失禁,遗尿,男子滑精早泄,女子带下清稀,或胎动易滑,舌淡苔白,脉沉弱。

【证候分析】 本证多为先天不足,肾气不充,或年老体弱,肾气亏损,或久病、房劳过度、早婚伤肾所致。肾气亏虚,脑、腰膝、耳失养则神疲乏力,腰膝酸软,耳鸣耳聋;肾气不足,固摄无力,膀胱失约则小便频数清长,夜尿增多,尿后余沥不尽,或小便失禁,遗尿;肾气亏虚,失于封藏,男子精关不固则见男子滑精早泄;肾气亏虚,女子冲任不固,带脉失约,则见女子月经淋漓不尽,带下清稀,或胎动易滑;肾气虚弱,则舌淡苔白,脉沉弱。

【辨证要点】 以滑精、滑胎、带下、小便失控伴气虚见症为辨证要点。

五、肾虚水泛证

肾虚水泛证指肾阳亏虚,气化失司,水液泛滥所致的证候。

【临床表现】 全身浮肿,腰以下为甚,按之没指,小便短少,腰膝冷痛,畏寒肢冷,脘腹胀满,心悸气短,咳喘痰鸣,舌淡胖苔白滑,脉沉迟无力。

【证候分析】 本证多为素体阳虚,或久病伤阳所致。肾阳虚衰,水液代谢失调,水邪泛溢肌肤则为全身浮肿;阴水为患,湿性趋下则腰以下肿甚,按之没指;肾阳虚,温煦失职则腰膝冷痛,形寒肢冷;肾阳虚衰,火不暖土,脾失健运,气机阻滞则脘腹胀满;肾虚水泛,水气凌心则心悸;寒水射肺,肺失宣降则见气短,咳喘痰鸣;肾阳虚,水饮内停则见舌淡胖,苔白滑,脉沉迟无力。

【辨证要点】 以浮肿,腰以下肿甚,尿少与肾阳虚证共见为辨证要点。

六、肾不纳气证

肾不纳气证指肾气虚弱,纳气无权所致的证候。

【临床表现】 久病咳喘,呼多吸少,气不接续,动则喘甚,腰膝酸软,神疲自汗,舌淡苔白,脉沉弱。若咳喘重证,可见冷汗淋漓,肢冷面青,脉微欲绝;或气短息促,颧红,心烦躁扰,咽干口燥,舌红,脉细无力。

【证候分析】 本证多为久病咳喘,年老肾亏,或过劳伤肾,导致肾不纳气所致。咳喘迁延,肺伤及肾,肾不纳气,气不归元则见咳喘无力,呼多吸少,气不接续,动则喘甚;肺气虚弱则神疲乏力,卫外不固则自汗;肾气虚则腰膝酸软,舌淡苔白,脉沉弱。肾气虚极,损及肾阳,致亡阳气脱,可见大汗淋漓,肢冷面青,脉微欲绝;阴阳互根,肾气久虚,伤及肾阴,气阴两虚则气短息促,颧红,心烦躁扰,咽干口燥;阴虚内热则舌红,脉细无力。

【辨证要点】　以久病咳喘,呼多吸少,气不接续伴肾气虚证为辨证要点。

七、膀胱湿热证

膀胱湿热证指湿热下注,蕴结膀胱,膀胱气化失司所致的证候。

【临床表现】　尿频尿急,色黄短少,排尿灼热涩痛,或尿有砂石,或尿血,小腹胀痛,或腰腹掣痛,舌红,苔黄腻,脉滑数或濡数。

【证候分析】　本证多为湿热之邪内侵,或饮食不节,湿热内生,下注所致。湿热下迫膀胱,气化不利,则见尿频、尿急、排尿灼热涩痛,小腹胀痛;湿热熏灼津液,则小便短少色黄;热灼津液煎熬成垢,则尿有砂石;热盛灼伤血络,则见尿血;膀胱湿热累及肾脏,可见腰、腹牵引而痛。舌红,苔黄腻,脉滑数或濡数,为湿热内盛之象。

【辨证要点】　以小便频急涩痛,小腹胀痛,伴湿热症状为辨证要点。

第六节　脏腑兼病辨证

当疾病发生发展到一定程度,常可出现两个或两个脏腑以上病证同见的证候,称作脏腑兼病。当然,脏腑兼病,并非脏腑间证候的简单相加,而是脏腑间有着密切的联系和影响,如表里、生克、乘侮关系及功能联系等。关于脏腑兼病辨证的要领有三点:①兼病由几脏几腑哪几个证型所构成;②证型间是否存在因果、主次、并列的关系;③兼病中各证候的辨证要点。抓住以上要点,对掌握脏腑病证的发生发展和传变规律,认识和处理复杂病情,具有重要的临床意义。脏腑兼病在临床上证候复杂,证型较多,现将最为常见的辨证分型介绍如下。

一、心肾不交证

心肾不交证指心肾阴虚火旺,水火既济失调所致的证候。

【临床表现】　心烦不寐,多梦,心悸健忘,头晕耳鸣,腰膝酸软,时有梦遗,便结尿黄,潮热盗汗,五心烦热,咽干口燥,舌红少苔,脉细数。

【辨证要点】　以心烦不寐,腰膝酸软,失眠多梦,梦遗,伴虚热症状为辨证要点。

二、心肾阳虚证

心肾阳虚证指心肾两脏阳气虚弱,失于温煦,阴寒内生所致的证候。

【临床表现】　心悸怔忡,面色苍白,畏寒肢冷,肢体浮肿,下肢尤甚,小便不利,神疲欲睡,腰膝酸软冷痛,唇甲青紫,舌淡紫,苔白滑,脉沉弱。

【辨证要点】　以心悸、水肿,伴虚寒症状为辨证要点。

三、心肺气虚证

心肺气虚证指心肺两脏气虚,推动无力,宣降失常所表现的证候。

【临床表现】　胸闷心悸,咳喘气短,动则尤甚,痰液清稀,面色苍白,神疲乏力,语声低弱,懒言自汗,舌淡苔白,或唇舌淡紫,脉沉弱或结代。

【辨证要点】　以心悸咳喘、胸闷气短,伴气虚见症为辨证要点。

四、心脾两虚证

心脾两虚证指脾气虚弱,心血不足所致的证候。

【临床表现】 心悸怔忡,失眠多梦,眩晕健忘,食欲不振,腹胀便溏,面色苍白或萎黄,神疲乏力,或见皮下紫斑,或妇人月经后期、量少色淡,淋漓不尽。舌淡嫩,脉细弱。

【辨证要点】 以心悸失眠,纳呆便溏,慢性出血伴气血虚证为辨证要点。

五、心肝血虚证

心肝血虚证指心肝两脏血虚,机体失养所表现的证候。

【临床表现】 心悸健忘,失眠多梦,眩晕耳鸣,面色萎黄或苍白,两目干涩,视物模糊,肢体麻木、拘挛、震颤,肌肉跳动,爪甲不荣,或妇人月经后期、量少、色淡,甚则闭经。舌淡苔白,脉细弱。

【辨证要点】 以心悸失眠,目、筋、胞宫失养,伴血虚症状为辨证要点。

六、脾肺气虚证

脾肺气虚证指肺脾两脏气虚,脏腑功能低下所表现的证候。

【临床表现】 食欲不振,腹胀便溏,久咳不止,气短而喘,痰多稀白,伴面色淡白,神疲乏力,舌淡苔白(滑),脉弱。

【辨证要点】 以食少,腹胀便溏,咳喘气短,伴气虚症状为辨证要点。

七、脾肾阳虚证

脾肾阳虚证指脾肾两脏阳气虚弱,失于温煦,阴寒内生所致的证候。

【临床表现】 形寒肢冷,面色苍白,腰膝脘腹冷痛,久泻久痢,或完谷不化、五更泻,便质清稀,或面浮肢肿,小便不利,或见腹胀水臌,舌质淡胖边有齿痕,苔白滑,脉弱或沉迟无力。

【辨证要点】 以脘腹冷痛,久泻久痢,浮肿伴阳虚症状为辨证要点。

八、肺肾阴虚证

肺肾阴虚证指肺肾两脏阴虚,虚火内扰所表现的证候。

【临床表现】 干咳痰少,或痰中带血,或声音嘶哑,口干咽燥,形体消瘦,腰膝酸软,骨蒸潮热,颧红盗汗,男子遗精,女子经少,舌红少苔,脉细数。

【辨证要点】 以干咳,痰少,男子遗精早泄,女子经少,伴阴虚症状为辨证要点。

九、肝肾阴虚证

肝肾阴虚证指肝肾两脏阴虚,虚火内盛所表现的证候。

【临床表现】 眩晕,耳鸣健忘,失眠多梦,腰膝酸软,胁痛,口燥咽干,五心烦热,颧红盗汗,男子遗精,女子经少,舌红少苔,脉细数。

【辨证要点】 以眩晕耳鸣,腰膝酸软,胁痛失眠伴虚热症状为辨证要点。

十、肝火犯肺证

肝火犯肺证指肝火炽盛,上逆灼肺,肺失肃降所致的证候。

【临床表现】 面红目赤,头胀头晕,急躁易怒,胸胁灼痛,口苦而干,咳嗽阵作,痰黄而黏,甚则咳血,舌红苔黄,脉弦数。

【辨证要点】 以急躁易怒,胸胁灼痛,咳嗽痰黄或咳血,伴实热症状为辨证要点。

十一、肝郁脾虚证

肝郁脾虚证指肝郁乘脾,脾失健运所致的证候。

【临床表现】 胸胁胀满窜痛,喜太息,情志抑郁或急躁易怒,腹痛欲泻,泻后痛减,纳呆腹胀,大便溏而不爽或大便溏结不调,肠鸣矢气,舌苔白或腻,脉弦或缓。

【辨证要点】 以情志抑郁,胁肋胀痛,纳呆腹胀,便溏为辨证要点。

十二、肝胃不和证

肝胃不和证指肝失疏泄,横逆犯胃,胃失和降所致的证候。

【临床表现】 胃脘、胁肋胀满窜痛,呃逆嗳气,恶心呕吐,嘈杂吞酸,情志不遂,烦躁易怒,喜太息,纳呆食少,舌淡红,苔薄黄,脉弦。

【辨证要点】 以脘胁胀痛,善太息,嘈杂吞酸为辨证要点。

(【实习八】见实习项目)

（熊 霖 李文静）

复习思考题

1. 心气虚证、心阳虚证、心阳暴脱证的临床表现有何异同?
2. 试述风热犯肺、肺热炽盛、痰热壅肺三证的病因病机、临床表现的鉴别。
3. 脾气虚、脾气下陷、脾不统血、脾阳虚四证的临床表现有何异同?
4. 肝血虚证和肝阴虚证的临床表现有何不同?
5. 简述肾阳虚证、肾虚水泛证的病因及临床表现。
6. 何谓心脉痹阻证? 不同诱因的症状特点如何?
7. 肝胃不和证的病机及临床表现是什么?

扫一扫
测一测

PPT 课件
09章PPT

扫一扫
知重点

第九章

其他辨证方法

学习要点

1. 六经辨证、卫气营血辨证、三焦辨证的概念。
2. 太阳病证、阳明病证、少阳病证、太阴病证的辨证要点。
3. 卫分证、气分证的概念及辨证要点。

中医辨证方法很多,除上述八纲辨证、病因辨证、气血津液辨证、脏腑辨证外,还有六经辨证、卫气营血辨证、三焦辨证、经络辨证等辨证方法。本章主要介绍六经辨证、卫气营血辨证、三焦辨证。

第一节 六 经 辨 证

六经辨证,是东汉张仲景在《素问·热论》六经分证的基础上,根据外感病的证候特点和传变规律总结出来的一种外感病的辨证方法。

六经,即太阳、阳明、少阳、太阴、少阴、厥阴六条经脉。六经辨证,就是以六经所属经络、脏腑的生理、病理为基础,将外感病过程中所出现的各种证候,综合归纳为太阳病证、阳明病证、少阳病证、太阴病证、少阴病证、厥阴病证六类证候。

六经辨证,将外感病的各种证候,以阴阳为纲加以概括。凡病位偏表在腑,正气旺盛,病势亢奋者为三阳病证;病位偏里在脏,正气不足,病势减退者为三阴病证。其三阳病证以六腑及阳经病变为主;三阴病证以五脏及阴经病变为主。

六经病证的临床表现,均以经络、脏腑病变为其病理基础,故六经辨证不仅用于外感病的辨证,也可用于内伤杂病的辨证。

一、太阳病证

太阳病证,是指外感伤寒病初期所表现的证候。太阳统摄营卫,主一身之大表,为诸经之藩篱。太阳经脉循行于项背。外邪侵袭人体,多从肌表而入,太阳首当其冲与邪抗争,故最先表现出太阳病证。《伤寒论》太阳病之提纲为"太阳之为病,脉浮,头项强痛而恶寒"。临床上只要见到上述主脉主症,即可判断为太阳病。根据发病后的不同表现,又可分为太阳经证和太阳腑证。

（一）太阳经证

太阳经证,是指风寒袭表,邪正交争,营卫不和所致的证候。由于患者感邪的程度和体质不同,同是太阳经证,却又有太阳中风和太阳伤寒的区别。

1. 太阳中风证　指风邪袭表,营卫不和所致的证候。

【临床表现】　发热恶风,头痛自汗出,脉浮缓。或见鼻鸣,干呕。

【证候分析】　太阳主表,统摄营卫,风邪袭表,营卫失和,卫阳被郁,故恶风;卫气与外邪抗争,故发热、头痛;邪客肌表,卫外不固,营阴不能内守,故自汗出;汗出肌腠疏松,营阴不足,故脉浮缓;外邪侵袭肺胃,肺气失宣,故鼻鸣;胃气失降,故干呕。

【辨证要点】　本证以恶风、发热、汗出、脉浮缓为辨证要点。

2. 太阳伤寒证　指寒邪袭表,卫阳被束,营阴郁滞所致的证候。

【临床表现】　恶寒发热,头项强痛,身体疼痛,无汗而喘,脉浮紧。

【证候分析】　寒邪侵表,卫阳被郁,肌肤失于温煦,故恶寒;卫气与寒邪交争,故发热;寒主收引,营阴郁滞,经脉失于温煦,故头项强痛,身体疼痛;寒邪束表,肌腠闭塞,故无汗;风寒束表,肺失宣肃,故气喘;正气祛邪于外,而寒邪紧束于表,故脉浮紧。

【辨证要点】　本证以恶寒发热、无汗而喘、头身疼痛、脉浮紧为辨证要点。

【鉴别要点】　太阳中风与太阳伤寒的区别:二者均有太阳病主要脉症。其不同点,太阳中风兼有汗出恶风,脉浮缓;太阳伤寒兼有无汗而喘,脉浮紧。

（二）太阳腑证

太阳腑证,是指太阳经证不解,循经入腑,膀胱气化不利所致的证候。因病情变化不同,又有太阳蓄水、太阳蓄血之不同。

1. 太阳蓄水证　是指太阳经邪内传,膀胱气化不利,水气停蓄所致的证候。

【临床表现】　发热恶寒,汗出,小便不利,少腹满,消渴,或水入即吐,脉浮或浮数。

【证候分析】　太阳经邪未解而内传,故发热恶寒、脉浮等表证仍在;邪热内传入腑,气与水内结于膀胱,水气不化,故小便不利,少腹满;邪水互结,气不化津,津不上承,故消渴;水停不化,反逆于胃,故见水入即吐之"水逆"症。

【辨证要点】　本证以少腹满、小便不利与太阳经证并见为辨证要点。

2. 太阳蓄血证　是指太阳经邪化热内传,热与瘀互结于少腹所致的证候。

【临床表现】　少腹急结,硬痛,小便自利,如狂或发狂,善忘,大便色黑如漆,脉沉涩或沉结。

【证候分析】　太阳经热内传,血热搏结于少腹,故少腹急结,硬痛;瘀热互结,上扰心神,故轻则如狂,重则发狂;瘀血下行,随大便而出,故大便色黑如漆;邪在血分,膀胱气化正常,故小便自利;瘀热内阻,故脉沉涩或沉结。

【辨证要点】　本证以少腹急硬,小便自利,如狂,便黑为辨证要点。

知识链接

太阳蓄水证与太阳蓄血证的鉴别

二者均由太阳经病邪不解,内传于腑所致。其区别点:太阳蓄水证为邪传气分,膀胱气化受阻,津液内停所致;太阳蓄血证为邪传血分,热邪与瘀血互结于下焦所致。故前者小便不利而口渴;后者小便自利而便黑。

二、阳明病证

阳明病证指伤寒病发展过程中,阳热亢盛,胃肠燥热所表现的证候。阳明病的主要病机是"胃家实"。胃家,包括胃与大肠;实,指邪热亢盛。故阳明病的性质属里实热证,为正邪斗争的极期。阳明病证又有阳明经证和阳明腑证之分。

（一）阳明经证

阳明经证指邪热亢盛,充斥阳明之经,弥漫全身,而肠中尚无燥屎内结所表现的证候。

【临床表现】 身大热,大汗出,大渴引饮,面赤气粗,心烦躁扰,舌苔黄燥,脉洪大。

【证候分析】 本证多为太阳、少阳之邪不解,内传阳明所致。邪入阳明,化燥化火,无形热邪充斥、弥漫全身,故身大热;热甚迫津外泄,故大汗出;热甚汗出,津液大伤,故大渴引饮;阳明热盛,热邪上蒸,热扰心神,故心烦躁扰而面赤;热迫于肺,肺气不利,故气粗;里热亢盛,故苔黄燥,脉洪大。

【辨证要点】 本证以大热、大汗、大渴、脉洪大为辨证要点。

（二）阳明腑证

阳明腑证指邪热内传大肠,热与糟粕互结,腑气不通所致的证候。

【临床表现】 日晡潮热,手足濈然汗出,脐腹胀满,疼痛拒按,大便秘结,甚则神昏谵语,狂躁不得眠,舌红,苔黄厚干燥,或起芒刺,甚至焦黑燥裂,脉沉实。

【证候分析】 本证多因阳明经证大热伤津,或误用汗法耗津,使热与肠中燥屎互结,腑气不通所致。阳明经气旺于日晡,阳明热盛,正邪相搏,故日晡潮热;四肢禀气于阳明,阳明热盛,迫津外出,故手足濈然汗出;六腑以通为用,邪热与大肠糟粕互结,腑气不通,故脐腹胀满,疼痛拒按,大便秘结;热扰心神,故神昏谵语,狂躁不得眠;舌红,苔黄厚干燥起芒刺,或焦黑燥裂,为燥热内结而津液被劫;脉沉实为阳明腑实之征象。

【辨证要点】 本证以脐腹胀满、疼痛拒按、大便秘结、苔黄燥、脉沉实等为辨证要点。

【鉴别要点】 阳明经证与阳明腑证,均为里热实证。其区别点:阳明经证,里热炽盛,但肠中尚无燥屎内结;阳明腑证,热甚伤津,热与糟粕互结,腑气不通,肠中有燥屎内结。一般而言,腑证较经证为多,且病情更重。

三、少阳病证

少阳病证指邪犯少阳胆腑,正邪交争,枢机不利所表现的证候。病入少阳,其病位已离开太阳之表,而又未入阳明之里,处于表里之间,故又称为半表半里证。

【临床表现】 寒热往来,胸胁苦满,默默不欲饮食,心烦喜呕,口苦,咽干,目眩,脉弦。

【证候分析】 本证多为太阳经传入,或厥阴病转出,邪入少阳所致。邪出于表与阳相争,正胜则发热,邪入于里与阴相争,邪胜则恶寒,邪正相争于半表半里,故见寒热往来;胆热扰心则心烦,上炎则口苦,灼津则咽干,上扰清窍则目眩;邪郁少阳,经气不利,故胸胁苦满;胆热横逆犯胃,胃失和降,故默默不欲饮食,喜呕;肝胆受病,气机郁滞,故脉弦。

【辨证要点】 本证以寒热往来,胸胁苦满,口苦,咽干,目眩,脉弦等为辨证要点。

四、太阴病证

太阴病证指脾阳虚弱,邪从寒化,寒湿内生所表现的证候。脾属太阴,为三阴之屏障,邪犯三阴,太阴首当其冲,故太阴病证为三阴病证的初期。

【临床表现】 腹满欲吐,食不下,时腹自痛,自利,口不渴,脉沉缓而弱。

【证候分析】 本证多为三阳病失治、误治,或外邪直中太阴,脾阳受损所致。脾阳不足,寒湿内生,气机阻滞,升降失常,故脘腹胀满,时腹自痛;寒湿犯胃,胃气上逆,故时欲呕;脾失健运,故食不下,自利;脾阳虚弱,寒湿内停,故口不渴;脉沉缓而弱,为脾阳虚弱之征象。

【辨证要点】 本证以腹满时痛,自利,口不渴等虚寒表现为辨证要点。

【鉴别要点】 太阴脾与阳明胃互为表里,故两经病证在一定条件下常相互转化。若阳明经证清、下太过,损伤脾阳,可转化为太阴病证;若太阴病证滥用温燥,或寒湿郁久化热,亦可转化为阳明病证。故张仲景有“实则阳明,虚则太阴”之说。

五、少阴病证

少阴病证指伤寒病后期,全身阴阳衰惫所致的证候。少阴经属心肾,为水火之脏,人生之根本。病至少阴,已属伤寒病的危重阶段。病性从阴化寒则为少阴寒化证;从阳化热则为少阴热化证。

(一)少阴寒化证

少阴寒化证指少阴心肾,阳衰阴盛,邪从寒化所致的虚寒证候。

【临床表现】 无热恶寒,脉微细,但欲寐,四肢厥冷,下利清谷,呕不能食,或食入即吐,或身热反不恶寒,面赤。

【证候分析】 本证为少阴阳衰,阴寒内盛所致。少阴阳气衰微,阴寒内盛,失于温养,故无热恶寒,但欲寐,四肢厥冷;肾阳虚,火不暖土,脾胃纳运、升降失职,故下利清谷,呕不能食,或食入即吐;若阴寒内盛,格阳于外,则见身热反不恶寒,面红如妆之真寒假热证;脉微细为心肾阳虚,鼓动无力之征象。

【辨证要点】 本证以无热恶寒,四肢厥冷,下利清谷,脉微细为辨证要点。

(二)少阴热化证

少阴热化证指少阴心肾,阴虚阳亢,邪从热化所致的虚热证候。

【临床表现】 心烦不得眠,口燥咽干,舌尖红少津,脉细数。

【证候分析】 本证为少阴阴虚,虚热内生所致。邪入少阴,从阳化热,热灼真阴,水不济火,心火独亢,火扰心神,故心烦不得眠;阴虚火旺,灼伤津液,故口燥咽干;舌尖红少津,脉细数,为阴虚之征象。

【辨证要点】 本证以心烦不得眠,伴见阴虚内热证候为辨证要点。

【鉴别要点】 病入少阴,兼水火二气,寒热并居。故邪入少阴,既可从阴化寒,也可从阳化热,其临床表现正好相反。

六、厥阴病证

厥阴病证指外感病后期,病传厥阴,阴阳对峙、寒热交错、厥热胜复所致的证候。厥阴为阴之尽,阳之始,阴中有阳。病至厥阴,为伤寒病发展传变的最后阶段,虽其临床表现十分复杂,但总以上热下寒证为其辨证提纲。

【临床表现】 消渴,气上撞心,心中疼热,饥而不欲食,食则吐蛔。

【证候分析】 邪入厥阴,阴阳交争,寒热错杂,总以上热下寒为其基本病理变化。

肝气上逆,阳热趋上,木火上炎,故见气上撞心,心中疼热;热甚伤津,故见消渴;下焦有寒,脾失健运,又因木乘土,故饥而不能食,强食则吐;上热下寒,蛔虫不安,故见吐蛔。

【辨证要点】　本证以消渴,气上撞心,心中疼热,食则吐蛔为辨证要点。

附:六经病证的传变

六经病证循着一定的趋向和规律发展、变化,谓之传变。其传变方式有传经、直中、合病、并病4种。

传经:病邪从外侵入,逐渐向里发展,由某一经病证转变为另一经病证,称为"传经"。若按伤寒六经的顺序相传,即太阳病证→阳明病证→少阳病证→太阴病证→少阴病证→厥阴病证,称为"循经传";若是隔一经或两经以上相传者,称为"越经传";若互为表里两经相传者,称为"表里传"。

直中:伤寒病初起,不从三阳经传入,而病邪直入于三阴者,称为"直中"。

合病:伤寒病不经过传变,两经或三经同时出现的病证,称为"合病"。如太阳与阳明合病。

并病:伤寒病凡一经病证未罢,又见他经病证者,称为"并病"。如太阳与少阴并病。

第二节　卫气营血辨证

卫气营血辨证,是清代叶天士在《外感温热篇》中创立的一种诊治外感温热病的辨证方法。卫气营血辨证,就是把外感温热病在发展过程中,不同病理阶段所反映的证候,分为卫分证、气分证、营分证、血分证四类,用以说明病位的深浅、病情的轻重和传变规律,并指导临床治疗。

卫气营血辨证,就其病位及病变发展趋势而言,卫分主表,病位在肺与体表,病情轻浅;气分主里,病位在肺、胸膈、胆、三焦、胃、肠,病情较重;营分为热邪进入心营,病位在心与心包络,病情深重;血分为邪热深入心、肝、肾,已经耗血动血,病情危急。

一. 卫分证

卫分证指温热病邪侵袭肌表,卫外功能失调,肺卫失宣所致的证候。

【临床表现】　发热,微恶风寒,舌边尖红,苔薄黄,脉浮数。伴头痛,少汗或无汗,咽喉肿痛,咳嗽,口微渴等症状。

【证候分析】　本证为温热病的初起阶段。温邪袭表,卫气被郁,故发热,微恶风寒;温热病邪属阳邪,故多见发热重而恶寒轻;热邪炎上,故舌边尖红;风热在表,脉气外浮,故脉浮数;温邪上扰清空,则头痛;卫气被郁,腠理开合失司,故少汗或无汗;温邪犯肺,肺失宣肃,故咳嗽;咽喉为肺胃之门户,风热上扰,故咽喉肿痛;热伤津液,故口微渴;温邪在表,故苔薄黄,脉浮数。

【辨证要点】　本证以发热,微恶风寒、舌边尖红、脉浮数等为辨证要点。

二、气分证

气分证指温热病邪内传脏腑,正盛邪实,正邪剧争,阳热亢盛所致的证候。气分证具有范围广,兼症多的特点。凡温热病邪不在卫分,未及营、血分的一切证候均属气分证。气分证,涉及肺、胸膈、脾、胃、肠、胆等脏腑,证候较为复杂。现仅以热盛阳明胃腑为例。

【临床表现】 壮热,不恶寒反恶热,汗出,口渴喜饮,心烦,便秘尿赤,舌红,苔黄燥,脉数有力。

【证候分析】 本证多为温热之邪由卫表及里,或温邪直入气分所致。邪热入里,正邪剧争,里热亢盛,故壮热不恶寒反恶热;热盛迫津外泄,故汗出;热盛津伤,故口渴喜饮,便秘尿赤,苔黄燥;热扰心神,故心烦;阳明热炽,故舌红,脉数有力。

【辨证要点】 本证以壮热,不恶寒反恶热,烦渴,舌红苔黄燥,脉数有力为辨证要点。

课堂互动

请同学们思考一下卫气营血辨证中的气分证与六经辨证中的阳明经证,用八纲辨证应为何证?

三、营分证

营分证指温邪内陷,营阴受损,心神被扰所表现的证候。

【临床表现】 身热夜甚,口不甚渴或不渴,心烦不寐,甚或神昏谵语,斑疹隐隐,舌红绛,脉细数。

【证候分析】 本证多由气分传来,若由卫分传入者,称"逆传心包"。邪热入营,灼伤营阴,阴虚则身热夜甚;邪热蒸腾营阴上潮于口,故口不甚渴,或口不渴;邪热深入营分,侵扰心神,故心烦不寐,甚则神昏谵语;热伤血络,故斑疹隐隐;舌红绛,脉细数,为邪热入营,营阴损伤之征象。

【辨证要点】 本证以身热夜甚,心烦不寐,舌红绛,脉细数为辨证要点。

四、血分证

血分证指温热病邪深入血分,热盛动血、伤阴、动风所表现的证候。血分证是温病的极期,病变涉及心、肝、肾三脏,病证有热盛动血、热盛动风、热盛伤阴等多种类型。

【临床表现】 身热夜甚,躁扰不宁,甚或神昏谵语,斑疹显露、色紫黑,吐血、衄血、便血、尿血,舌质深绛,脉细数;或见抽搐,颈项强直,角弓反张,目睛上视,牙关紧闭等;或见持续低热,暮热早凉,五心烦热,神疲欲寐,耳聋,形体消瘦;或见手足蠕动,瘛疭等。

【证候分析】 邪热深入血分,灼伤阴血,夜间阳入于阴,故身热夜甚;血热内扰心神,故躁扰不宁,甚或神昏谵语;热盛动血,迫血妄行,故见出血诸症;邪热灼伤津液,血行壅滞,故见斑疹紫黑,舌质红绛,脉细数;若血分热炽,燔灼肝经,筋脉挛急,肝风内动,故见抽搐、颈项强直、角弓反张、目睛上视、牙关紧闭等"热极生风"之症;若邪热久羁,劫伤肝肾之阴,阴虚内热,故见持续低热,或暮热早凉,五心烦热;肾阴亏耗,耳窍失养,故耳聋;神失所养,故神疲欲寐;形体失养,故见体瘦等"热伤阴血"之症;若肝阴不足,筋脉失养,故见手足蠕动、瘛疭等"虚风内动"之症。

【辨证要点】 本证以身热夜甚,神昏谵语,斑疹紫黯,出血动风,舌深绛,脉细数

141

等为辨证要点。

知识拓展

　　温热病卫气营血四类证候的治疗大法:"卫之后方言气,营之后方言血。在卫汗之可也,到气才可清气,入营犹可透热转气……入血就恐耗血动血,直须凉血散血。"(《叶香岩外感温热篇》原文)

附:卫气营血的传变

　　温热病的发展过程,其传变规律,一般有顺传和逆传两种形式。

　　顺传:指温热病邪循卫、气、营、血的次序传变。从卫分开始,依次内传气分、营分、血分。它体现了病邪由表入里,由浅入深,病情由轻到重,由实转虚的传变过程。标志着邪气步步深入,病情逐渐加重。

　　逆传:指病邪入卫分后,不经过气分阶段,直接传入营分、血分,称为"逆传"。实际上"逆传"只是顺传规律中的一种特殊类型,而病情更加急剧、重笃。

　　此外,还有"卫气同病""气营两燔"或"气血两燔",提示病情复杂,病情危重。

第三节　三 焦 辨 证

　　三焦辨证,是清代吴鞠通在《温病条辨》中创立的一种温热病的辨证方法。三焦辨证,将外感温热病的证候归纳为上焦病证、中焦病证、下焦病证,用以阐明三焦所属脏腑在外感温热病中各个不同阶段的病理变化、临床表现及其传变规律。上焦病证包括手太阴肺经和手厥阴心包经的病变;中焦病证包括足阳明胃经和足太阴脾经的病变;下焦病证包括足少阴肾经和足厥阴肝经的病变。

一、上焦病证

　　上焦病证指温热病邪侵袭手太阴肺和手厥阴心包所表现的证候。其病证可分为邪袭肺卫、热邪壅肺,邪陷心包3类。

　　【临床表现】　发热,微恶风寒,头痛鼻塞,咳嗽,微汗,口渴,舌边尖红,脉浮数;或身热烦渴,咳嗽气喘,汗出,苔黄,脉数;甚或高热,大汗,神昏谵语,或昏愦不语,舌謇肢厥,舌质红绛。

　　【证候分析】　邪袭肺卫:温邪上受,首先犯肺,卫气失和,肺气失宣,故见发热,微恶风寒,咳嗽,舌边尖红,脉浮数;温邪上扰清窍,故头痛鼻塞;热邪伤津,故口渴;迫津外泄,故微汗出。邪热壅肺:表邪入里,热壅于肺,肺失宣降,肺气上逆,故见咳嗽气喘;里热炽盛,充斥内外,故身热烦渴;迫津外泄,故汗出;苔黄,脉数均为邪热内盛之征象。邪陷心包:若肺卫热邪不解,内陷心包,热扰或热闭心神,故神昏谵语,或昏愦不语,舌謇;里热炽盛,蒸腾于外,故见高热,大汗;阳热内郁,不能布达于四肢,故见肢厥;热灼营阴,故见舌质红绛。

　　【辨证要点】　本证以发热汗出、咳嗽气喘,或谵语神昏等为辨证要点。

二、中焦病证

中焦病证指温热之邪侵袭中焦脾胃,邪从燥化或邪从湿化所致的证候。

【临床表现】 身热面赤,日晡益甚,呼吸气粗,腹满便秘,渴欲饮冷,口干唇裂,小便短赤,苔黄燥或焦黑起刺,脉沉实有力;或身热不扬,头身重痛,胸脘痞闷,泛恶欲吐,大便不爽或溏泄,舌苔黄腻,脉濡数。

【证候分析】 若邪从燥化,则表现为阳明燥热证;若邪从湿化,则表现为太阴湿热证。阳明主燥,温邪传入阳明,燥热炽盛,故身热面赤,日晡益甚,呼吸气粗;热炽阴伤,胃肠失润,燥屎内结,故腹满便秘;热灼津液,故渴欲冷饮,口干唇裂,小便短赤;燥热内结,津液被劫,故苔黄燥或焦黑起刺,脉沉实有力。太阴主湿,邪入中焦,湿遏热伏,郁阻肌腠,故身热不扬;湿性重着,郁阻气机,故头身重痛;邪从湿化,郁阻中焦,脾失健运,胃失和降,故胸脘痞闷,泛恶欲吐,大便不爽或溏泄;舌苔黄腻,脉濡数,为湿热内蕴之征。

【辨证要点】 本证以发热口渴、腹满便秘,或身热不扬、呕恶便溏等为辨证要点。

三、下焦病证

下焦病证指温热之邪传入下焦,劫耗肝肾之阴所表现的证候。

【临床表现】 低热颧红,手足心热甚于手足背,口干舌燥,神疲,耳聋,舌绛苔少,脉虚数;或手足蠕动,或瘛疭,心中憺憺大动,甚则时时欲脱。

【证候分析】 本证为温病后期,邪传下焦,劫耗肝肾之阴所致。肾阴亏耗,耳失充养,故耳聋;神失充养,则神疲;低热颧红,手足心热甚于手足背,口燥咽干,舌绛苔少,脉虚大乃肾阴亏耗,虚热内扰之象;热邪久羁,真阴被灼,水不涵木,筋脉失养,虚风内动,故见手足蠕动,甚或瘛疭,心中憺憺大动等症。

【辨证要点】 本证以低热颧红、手足蠕动或瘛疭、舌绛苔少等为辨证要点。

附:三焦病证的传变

三焦病证,标志着温病发展过程中三个不同阶段。三焦病证的传变规律,一般有顺传和逆传两种形式。

顺传:三焦病证多由上焦开始,传入中焦,继而传入下焦,称为"顺传"。标志着病位由浅入深,病情由轻到重的病变过程。

逆传:指病邪由肺卫直传心包者,称为"逆传"。提示邪热炽盛,病情危重。

(【实习九】见实习项目)

(【实习十】见实习项目)

(董正平)

扫一扫
测一测

复习思考题

1. 简述太阳中风与太阳伤寒的鉴别。
2. 简述阳明经证与阳明腑证的鉴别。

下篇

综 合 运 用

第十章

诊断临床综合应用

学习要点

1. 诊断初级阶段与高级阶段的主要目的和任务。
2. 综合处理病情资料的方法。
3. 辨证思维的法则、方法、内容和步骤。
4. 辨病的概念、方法与途径,初步具有辨病与辨证相结合的能力。

为了方便教学,前面各章在介绍四诊与辨证的内容和方法时,都是从独立的、纵向的角度加以表述,如何将四诊、辨证的内容横向地、有机地融会贯通,如何将二者的方法和技巧综合地、具体地应用于临床,这就是本章所要讨论的问题。同时必须对病情资料予以综合处理,遵循辨证的基本原则、要求和思维方法,熟练运用各种辨证方法,按照辨证的具体步骤进行辨证,并做到辨证与辨病相结合。

第一节 诊断的层次划分及其临床应用

中医诊断是一个极为复杂的思维过程。四诊与辨证、辨病是认识疾病的不同阶段,各自有其主要的目的和任务。从诊断思维的角度看,中医诊断有着明显的层次性,主要可划分为两个层次:即四诊是诊断思维的初级阶段;辨证辨病是诊断思维的高级阶段。两个层次之间不可分割,具有辩证统一的有机联系,在临床上,具有一脉相承、交替运用的显著特征。

一、诊断初级阶段及其主要目的和任务

中医诊断的"四诊",是指诊察、收集和整理患者临床信息的过程与方法。由于四诊是为辨证、辨病做准备而做的基础性工作,因此,四诊在诊断思维全程中的地位属于诊断的初级阶段,亦即医者对患者当前病情的初始诊察、感知阶段。从认知过程的角度来看,四诊属于诊断的感性认识阶段。

诊断初级阶段(四诊)的主要目的,在于诊察、收集、整理患者的临床资料,为辨证、辨病(诊断高级阶段)提供诊断临床依据。诊断初级阶段的主要任务,概括起来有以下三个方面:

首先,运用四诊诊察、收集患者的病情资料。在诊察病情时,应牢牢掌握和应用两个操作要点:一是确定主症并始终围绕主症进行诊察。主症是指患者当前所反映出的最痛苦、最具有代表性的症状和体征。诊察主症的关键就是既要弄清主症的特征,包括确切部位、发生时间、严重程度、病变性质、加重或减轻的条件以及病变的新久缓急等信息,同时,还需要围绕主症诊察全身其他病变信息,以了解与主症密切相关的其他症,据此则较易揭示疾病的病因、病位、病性等疾病本质。强调以主症为中心的诊察思路,可以避免诊察初期的漫无头绪,而起到纲举目张的作用。二是要始终把握和运用整体审查、四诊合参的诊察原则,对患者进行全面系统的诊察,以保证临床资料收集的完整性和全面性,尽可能地避免因四诊不全而导致的漏诊和误诊,以提高诊断的准确性。

其次,综合整理病情资料。四诊已毕,病情资料已备,并不等于诊法已经结束,还有一个对病情资料进行归纳整理使之条理化,以及分清主次缓急等综合处理的过程。在临床活动中,四诊实际上都存在边诊察收集资料,边整理加工资料的过程,如对主症与次症进行鉴别、辨析等,就属于理性加工整理的范畴。综合整理病情资料的内容包括两个方面:一是判断、评价、分析病情资料的完整性、系统性、准确性、客观性、主次性以及一致性的程度。归纳整理病情资料的过程,实际上是一个重新发现问题和解决问题的过程,有利于进一步查漏补缺、反复诊查和进行动态观察,进一步促进了诊法完备、资料可靠、思考成熟,以提高诊断的准确性,从而也避免因四诊不全或医者主观臆断、片面思考或思维定式所造成的漏诊或误诊。二是将病情资料进行分门别类,使之具有条理性。如将病情资料分别归属于一般情况、主诉、现病史、既往病史、个人史、体格检查、实验室检查等项目,或将病情资料划分为必要性资料、特征性资料、偶见性资料、一般性资料、否定性资料等,就是将病情资料条理化整理的过程。对病情资料进行条理化整理,既有利于提高病情资料的被利用率,又有利于提高辨证、辨病的准确率,同时,还有利于病患信息在临床上的文字表述与记载。

第三,整理出认识疾病的线索。四诊初期,之所以强调确定主症并围绕主症进行诊察,其重要的临床意义就在于,通过主症可以为诊察方向和诊断思路理出基本线索。通过主症线索,可以使诊察沿着一定的方向,有目的地、分层次地、有条理地进行。通过对主症的辨析,可以确定诊断的大致思路,随着诊察的不断深入,临床信息不断增加,在围绕主症进行比较和作出相关分析的思维中,常可确定疾病的病位和病性。例如,患者以"咳嗽"为主症就诊,最初应详细询问咳嗽产生的原因、时间和特征;随后应了解其伴随症,如有无痰及痰的质、量、色,以及有无喘、闷、胸痛、喉痒等;同时询问全身情况,如寒热、汗出、饮食、二便及相关病史;最后根据需要进行必要的检查,如望舌、切脉、测体温、胸部听诊或胸部 X 线检查等。如此,根据主症线索,做到诊察有序,不致遗漏,方向明确,思路清晰,从而最终达到确诊的目的。

二、诊断高级阶段及其主要目的和任务

中医诊断的"断",是指判断、推断疾病本质的思维活动,包括辨证与辨病两种,二者都是以四诊收集整理的病情资料为依据,以中医理论为指导,通过逻辑思维的严密推理,从而判断疾病本质的思维过程。辨证、辨病在诊断全程中的地位属于诊断的高级阶段,即医者对感性阶段获得的病情资料进行深入加工的阶段。从认知过程的角度

来看,辨证、辨病属于诊断的理性认识阶段。

诊断高级阶段的主要目的,就是对四诊收集整理的病情资料,运用中医理论和相关的思维方法,对其进行分析、综合、归纳和推理以判断疾病的本质,并确定证名和病名,为临床论治提供依据。

诊断高级阶段的主要任务,归纳起来有三个方面:一是要进行证候分析;二是要提炼出诊断依据;三是得出病名和证名诊断。证候分析——就是运用中医基础理论和各种辨证方法,对四诊所收集的病情资料,进行分类归纳,据症分组,以揭示出该证候的病因、病位、病性、病势和病机。诊断依据——即在证候分析的基础上,提炼出诊断病名或证名的结论性依据,换而言之,即诊断某病名和某证名必备的支持条件,主要包括主症及其鉴别诊断、病位、病因、病性和病机。诊断病名和证名——即在诊断依据提炼的基础上,作出完整、规范的病名和证名诊断。现就诊断高级阶段的三项任务举例说明如下:

张某,男,39 岁。素有胃脘痛病史,常于劳累或饮食不当而诱发。此次因贪凉饮冷已间断胃脘疼痛不适半月,痛引两胁,痛则食减,按之较舒,得热痛减,遇寒痛剧,口淡无味,面黄肌瘦,无返酸呃逆。舌质淡胖嫩,边有齿痕,脉弱。

【证候分析】 患者因贪凉饮冷而发病,则病因属寒;胃痛常于劳累而诱发,面黄肌瘦,口淡无味,舌质淡胖嫩,边有齿痕,脉弱等属脾胃虚弱之象;胃脘痛得热痛减,按之较舒,遇寒痛剧,病性属虚属寒;因患者主诉为胃脘痛且素有胃痛史,且有脾胃虚弱之象,则病位在脾胃,病机为脾胃虚寒。

【诊断依据】 主症为胃脘疼痛,得热痛减,遇寒加剧。虽痛引两胁,但无其他肝病表征,可排除肝病。病位在脾胃,病因病性为虚寒,病机为脾胃虚寒。

【诊断】 病名诊断——胃脘痛;证名诊断——脾胃虚寒证。

三、诊断两个层次的辩证关系

第一,诊断的两个层次在诊察疾病的过程中具有高度的依存性。收集整理病情资料的目的是为辨证、辨病做准备,且收集整理资料的质量直接影响到辨证、辨病的效果,四诊是辨证、辨病的前提和依据,可见,后者高度依存于前者;反之,在辨证、辨病时,发现什么疑问、线索,便会指导四诊有目的地进一步收集病情资料,可见,四诊也依存于辨证、辨病。总之,二者具有高度的依存性且不可分割。

第二,诊断的两个层次在认识疾病的目的上具有高度的统一性。四诊的过程是诊察疾病的感性认识阶段,辨证、辨病则是诊察疾病的理性认识阶段,从四诊到辨证、辨病,是感性认识上升到理性认识的升华过程。四诊与辨证、辨病,从认识疾病的过程看虽有层次之分,但是,从认识疾病的目的看,二者却具有高度的统一性和一致性,都是为了揭示疾病的本质。

第三,诊断的两个层次在认识疾病的思维上具有紧密的连贯性。四诊初期确定主症并以主症为中心进行诊察收集病情资料,即为辨证、辨病整理出了诊察认识疾病的基本线索;而辨证、辨病的思维,基本上是建立在四诊所提供的思维线索和思考方向的层面上展开的。可见,四诊的思维和思路决定着辨证、辨病的思维和思路,二者在认识疾病本质的思维活动中具有紧密的连贯性。

总之,四诊和辨证、辨病是诊断的两个不同层次,既有区别,又相互依存,是一个不可分割的整体。因此,在临床上往往是为断而诊、边诊边断、边断边诊。医者进行诊察时,便对获得的病情资料进行辨证分析,以便确定主症;在围绕主症进行分析思考时,发现什么线索、疑问,便会有目的地进一步诊察收集资料。举例说明如下:

若患者主诉头晕眼花,医者首先就应联想到中医学的相关理论,如"诸风掉眩,皆属于肝""无痰不眩,无火不晕""无风不能作眩""肥人眩晕,气虚有痰;瘦人眩晕,血虚有火""风阳上扰,发为眩晕"等说法。因此,"头晕眼花"一症,在医者头脑中应考虑的病理因素,就有肝、风、痰、火、血虚、气虚、阳亢等,但疾病的本质究竟是什么? 仅孤立地凭这一症状是难以确定的。此时,围绕头晕眼花这一主症,如经诊察发现患者有面色淡白,舌质淡,脉沉细等症,则头脑中考虑"血虚"的可能性就增加了,因为上述病症均与血虚有关;为了进一步求得证实,医者可根据血虚的一般表现,进一步询问有无失眠多梦、月经量少等症状。假若患者兼有的是体胖、胸闷、舌苔腻、脉滑等症,则病机自然不属"血虚",而是向痰湿内阻的方向考虑。

知识链接

四诊与辨证辨病的关系归纳

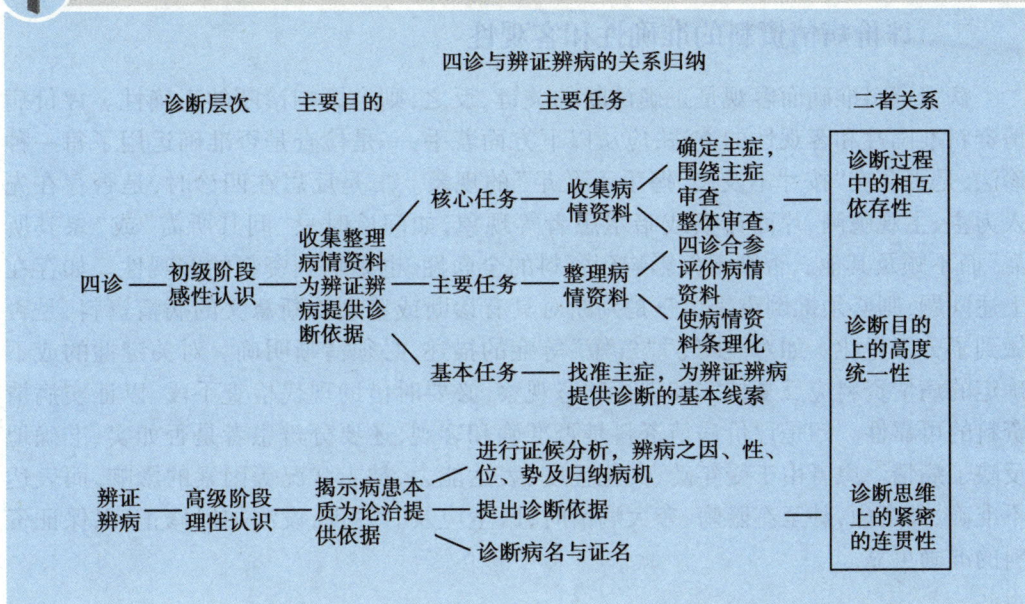

第二节　综合处理病情资料的方法

医生运用四诊所收集到的临床资料,如症状、体征、病史,以及与疾病相关的社会、心理、自然环境等信息,统称病情资料。病情资料是辨证、辨病的原始依据,病情资料客观、准确、全面、系统与否直接影响到诊断结论。临床上诊察活动已毕,病情资料已备,并不能直接用于辨证或辨病,必须有一个对病情资料进行综合处理的环节。掌握和运用综合处理病情资料的方法,也是中医临床医生必备的技能之一。

一、判断病情资料的完整性和系统性

症状、体征等是诊断的证据,证据越充分,越容易作出诊断,因此,病情资料应力求完整而全面。忽视病情资料的完整性,或有遗漏,或仅凭一二症便仓促诊断,或片面强

调、夸大某一诊法的作用等,均势必导致漏诊、误诊。临床上判断病情资料完整性的方法如下:一是要重新审视现有病情资料是否是通过四诊合参所收集到的,是否做到了多层次、多角度、全方位地收集病情资料。二是要审查病情资料是否运用了整体诊察原则,资料是否涵盖了疾病发生发展的社会、心理及自然因素等信息。通过回顾性审查,可以及时发现问题,便于查漏补缺,以保证病情资料完整而全面。

病情资料的系统性,是指资料的条理化。忽视病情资料的系统性,杂乱无章,主次不明,则难以作出准确结论。由于患者对病情的陈述,往往是零乱无序、缺乏关联的,因此,对病情资料有一个归纳整理使之条理化的过程。其方法如下:一是将收集的病情资料分门别类,分别归属于一般情况、主诉、现病史、既往病史、个人史、家族史、体格检查、实验室检查等项目。二是对病情资料的属性进行划分,如必要性资料、特征性资料、一般性资料等。三是明确病情资料的主症、次症及兼症等。通过对病情资料整理,使之条理清楚、主次分明、层次清晰,既有利于辨证、辨病,又有利于病历书写。

二、评价病情资料的准确性和客观性

病情资料准确而客观是正确诊断的关键,反之,则会影响诊断的正确性。评价病情资料准确性和客观性的方法,应从以下方面着手:一是检查是否准确运用了每一种诊法,是否存在“按寸不及尺,握手不及足”的现象。二是反思在四诊时,是否存在先入为主、主观臆测、片面诊察或暗示患者等现象,如问诊时只“问其所需”或“录其所需”而不顾及其他。否则不仅影响到资料的全面性,也影响到资料的客观性。如存在上述问题,则必须推倒重来。三是判断对具有诊断或鉴别诊断意义的病情资料,是否做到了分级量化。如对“少气”“气短”等症的描述,必须清晰明确。对关键性的或不确定的病情资料应反复核实和进行动态观察,必要时借助现代检查手段,以证实病情资料的可靠性。四是评价病情资料是否准确和客观,还要分辨患者是否如实、准确地反映了病情。患者由于受年龄、文化程度、表达能力、神志状况等因素的影响,而表达不准确、欠全面,甚至有隐晦、夸大病情时,医生应及时发现,设法加以修正,以保证资料的准确可靠。

三、明确病情资料的主症、次症和兼症

明确病情资料的主症、次症和兼症,有利于提高诊断的准确率。主症,是指患者当前所反映出的最痛苦的、具有代表性的主要症状和体征,是辨证辨病的主要依据;次症是与主症密切相关的伴随症,其反映的病机也与主症相同;而兼症则是与主症反映的病机不同的伴随症。次症、兼症作为辨证、辨病相对次要的病情资料,对主症分别起着辅助、旁证、补充乃至反证的作用。在疾病发展过程中,主症、次症、兼症可能发生变化甚至移位,尤其可能发生在证候兼夹、转化的过程中。例如,某女,35岁。8天前起两胁疼痛,右侧较剧。刻下寒热往来,两目发黄,胁肋疼痛,胸闷恶心,食欲不振,口苦尿赤,大便干结,前额胀痛,右臂酸痛麻木,舌尖边红,苔白腻,中根色黄,脉濡数。上述资料中,主症为胁肋疼痛,右胁较剧,寒热往来;次症为食欲不振,胸闷恶心,两目发黄,口苦尿赤,大便干结,舌尖边红,苔白腻,中根色黄,脉濡数;兼症为前额胀痛,右臂酸痛麻木。诊断为胁痛(病名),肝胆湿热证(证名)。

主症的确定,对于中医诊断学来说具有十分重要的临床意义。其一,四诊初期确定主症并围绕主症进行诊察,不仅可以做到诊察有序,思路清晰,不致遗漏,从而避免漫无头绪地罗列各种症状和体征;而且只有确定了主症收集的病情资料,才能系统条理,重点突出,主次分明。其二,主症的确定可以为诊断提供线索、思路和基本方向。其三,主症的确定,可以为开展以主症为中心的辨证辨病提供主要依据。因此,主症的确定是诊断学的核心内容,也是诊断的难点。确定主症的基本方法如下:

首先,主症一般是医者从患者的主诉中加以分析判断而确定的。多是患者主诉或主诉的一部分,也是患者前来就诊的主要原因和陈述的主要症状或体征。所谓主诉,是患者就诊时最感痛苦或最要求医生解除的症状或体征及其持续时间。如上例的主诉可概括为"两胁疼痛,右胁较剧8天"。通过分析,确定两胁疼痛,右胁较剧,寒热往来为其主症,前两症即是主诉,而寒热往来虽属现病史范畴,但亦是诊断肝胆湿热的主要依据,故亦列为主症。其次,任何病都有包括主症在内的基本症群,这正是辨证辨病的主要依据。因此,不同系统的疾病在确定主症时,都有不同的侧重点,此规律可资临床时借鉴。如肺系疾病多以咳、痰、喘为主症,心系疾病多以心悸、心痛、失眠为主症,阳明经证多以"四大症"为主症等。第三,若从病情的轻重缓急来区分,原则上以新者、急者、重者为主症,旧者、缓者、轻者为次症。如患者有新起恶寒、发热(39℃)、无汗、头痛、口渴、不欲食、苔薄黄等症,应以发热为主症,因其符合新、急、重之特征。此外,对主症的确定,应严格按照症的自然状态去识别和把握,尊重客观事实,不可主观臆断。

四、分析病情资料的一致性程度

多数情况下,症状、体征等各种病情资料所揭示的病理意义,与所概括的证候一般是一致的,可用统一的病机来解释,称"舌脉相应""脉症相应""舌症相符"。如患者发热、口渴、大便秘结、小便短赤、面色赤、舌质红苔黄、脉数等,其所揭示的疾病本质是实热证。此类病情资料单纯、明显,说明疾病本质不甚复杂,因而有"脉症相应为顺,舌症相符为吉"的说法,医者认识其本质也就比较容易掌握。

病情资料不完全一致,临床意义不尽相同,甚至出现相互矛盾的现象,此即所谓"脉症不相应""舌症不符"甚至"舌症相反"等,这在临床上也并不少见,它反映了疾病过程中的特殊性与复杂性。如八纲辨证中的寒热真假、虚实真假,即常见的"热深厥亦深""虚阳浮越""至虚有盛候""大实有羸状"等,其表现就是典型的不一致,甚至相反。此时,医者应该核实病情,全面分析病机,辨明真假,抓住本质。

导致病情资料的不一致性可有多方面的原因:一是病情本来复杂,有多种病机存在,如寒热错杂、虚实错杂等;二是病情发展的不断变化,如表里出入、标本转化,有些症状体征已发生了变化,而有些则停留在原有状态;三是可能受治疗因素的影响,如热性患者因大量输液而尿已不短黄反而清长,消渴患者因服西药降糖后症状变得不典型等;四是由于医生的认识水平不全面所致。如只知脉数主热,而不知心阳亏虚者亦常见数脉;只知阳虚者小便清长、自汗,而不知阳虚不能化气蒸腾津液时亦可见尿少、口渴、无汗等。

关于病情资料的不一致性,前人有舍症从脉、舍脉从症、舍舌从脉、舍脉从舌、舍症从舌、舍舌从症的说法。但对于这种"舍"与"从",应具体加以分析,切不可简单地舍弃某些病情资料，即使是相互矛盾的病情资料，因为任何病情资料均有其临床价值，均可从不同侧面反映病证的本质。如在真热假寒证中，所谓"假寒"的程度则恰恰可反映出"真热"的程度，即"热深厥亦深"。当然，某些病情资料与疾病本质的不一致性，一般反映病情复杂、病机多端，给辨证带来了困难，这就要求医者善于透过纷纭复杂的疾病现象，细心分析思考，去伪存真，去识别疾病本质。

五、辨别病情资料的属性

辨别病情资料的属性，是根据它们在辨病、辨证中的地位、性质和作用而定的。一般可划分为必要性资料、特异性资料、偶见性资料、否定性资料、一般性资料。

（一）必要性资料

必要性资料指这种资料对某种疾病或证候的诊断是必然要见到的资料，缺少了就不能诊断为某病或证。必要性资料，一般是病、证的主症，诊断病、证时必不可少，但不是特异性依据，因为它还可以见于其他病与证。如咳嗽是咳嗽病的主症，它是咳嗽病的必要性资料，无咳嗽就不能诊断为咳嗽病，但是不能一见到咳嗽就诊断为咳嗽病，因为咳嗽还可见于哮喘、肺痨等肺系多种疾病中。因此，必要性资料并不是排他性资料，即某症对某病的诊断为必有，但不等于此症只见于此病或此证。

（二）特异性资料

特异性资料指这种资料仅见于该种病或证、而不见于其他的病或证。因此，一般只要出现这种资料，就可诊断为该种病或证。但应注意该种病或证却不一定都能见到这种症。如大便排出蛔虫，只见于蛔虫病而不见于其他疾病，故只要见到便蛔，就可诊断为蛔虫病，但是没有便蛔也不能排除蛔虫病的可能性。此外，特异性资料还可以包括一些非特异性资料的有机组合，对某病某证的诊断具有高度的特异性。如阳明经证的大热、大汗出、大烦渴、脉洪大等"四大症"，就单一症状而言，对阳明经证诊断并无特异性，但其组合在一起同时出现，则对阳明经证的诊断具有高度的特异性。

（三）偶见性资料

偶见性资料是指这种资料在病、证中出现的频率较少。偶见性资料的出现随个体差异而定，一般认为其对诊断的价值不大。如《伤寒论》第96条载："伤寒五六日，中风，往来寒热，胸胁苦满，嘿嘿不欲饮食，心烦喜呕。或胸中烦而不呕，或渴，或腹中痛，或胁下痞硬，或心下悸，小便不利，或不渴、身有微热，或咳者，小柴胡汤主之。"可见诊断少阳病小柴胡汤证的主要病情资料为"往来寒热、胸胁苦满、嘿嘿不欲饮食、心烦喜呕"，而自"或胸中烦而不呕"以下，皆为或然见症，为偶见性资料。但是，有些偶见性资料可提示病证的转化，则不可忽视。如对胃脘痛来说，柏油样便为偶见性资料，但却提示胃络损伤出血，应引起重视。

（四）否定性资料

否定性资料是指某些症或某些阴性资料，对于某些病或证的诊断具有否定性意义，即某一病或证在任何情况下都不可能出现的症，如果出现，就能否定该种病或证。因此，否定性资料对于病或证的鉴别诊断有一定的意义。若能把握住相关病证的否定性资料，则往往使诊断变得迅速。如子肿病只见于妊娠妇女，如果浮肿患者不是妊娠妇女，则可否定子肿病的诊断。

（五）一般性资料

一般性资料是指对任何病或证的诊断既非必要性，又非特异性，只是具有一般诊断意义的资料。如"不欲食"可在很多病证中出现，仅凭该症对任何病或证的诊断意义都不是很大。但是，一般性资料也不能轻视，因为患者不可能只出现一个症状或体征，随着诊察的深入，常可发现与之相关的其他资料，而将一般性资料与其他资料组合在一起时，其临床意义就显现出来了。如：神疲、乏力、不欲食、思睡、口不渴、舌苔薄白、脉沉无力等，这些症单独出现时，只能是一般性资料，但当它们组合在一起时，或其中某症表现突出时，则有可能提示气虚或有湿邪。

总之，必要性资料和特异性资料是诊断病或证的主要依据；偶见性资料提示诊断的可能性，但难以确定诊断；否定性资料则能为鉴别诊断提供依据；一般性资料具有综合定性的意义。因此，在病情资料中，不仅要有揭示病或证的阳性症状和体征，而且还要有鉴别病或证的阴性症状和体征。

第三节 辨证的思维法则、思维方法和内容

一、辨证的思维法则

辨证的思维法则是辨证时必须遵循的思维规律。概括起来有以下四个方面：

（一）以主症为中心进行辨证

主症，是患者所有病情资料中主要的症状或体征，是医生从患者的主诉中加以分析而确定的。而主诉则是患者就诊时最感痛苦或最要求医生解除的症状和（或）体征及其持续时间。

在四诊阶段，以主症为中心收集病情资料，可使病情资料系统条理、重点突出、主次分明。到了辨证阶段，仍应抓住以主症为中心进行辨证。围绕主症进行辨证的诊断学意义如下：

首先，通过对主症的辨析，可初步确定病位，提示诊断的大致方向。如咳嗽为主者，病位不离乎肺；小便余沥不尽，病多责之于肾；心悸为主者，病位在心；呕吐为主者，病位在胃；便秘为主者，病位在大肠。

其次，有时虽然主症不能提示病位，但可提示病性，若将主症、次症和兼症综合考虑则可提示病位和病性。如水肿可由肺、脾、肾等多脏病变导致，单凭水肿而不能确定病位，若结合水肿以下肢为甚，形寒肢冷，面色㿠白，腰膝冷痛等症综合考虑，就可诊为脾肾阳虚，水泛肌肤。

再次，有些主症还可同时提示病位与病性。如厌食油腻为主者，常提示肝胆湿热；多食易饥者，多为胃热；小便涩痛短赤，多为膀胱湿热等。

（二）力求一证概括全部表现

临床辨证时，对患者的临床表现原则上应力求以一种证型来概括。如果诊断的证型过多过杂，势必抓不住重点，导致治疗缺乏针对性，给立法处方带来困难。

由于病情的复杂性和脏腑的相关性，两种及两种以上证候的复合、兼夹是普遍存在的。因此，若难以用单一证型来概括临床表现时，考虑复合证、兼夹证的存在是允许的。如肝胃不和证、心脾两虚证等。但是，对于多种证型并存的诊断，要求能分清并体

现各证之间的主次、因果、并列等关系。

（三）首先考虑常见证与多发证

通常情况下，常见证与多发证在临床上出现的概率最高，因此，辨证时应首先考虑常见证与多发证，以减少辨证过程中的非必要性环节，提高诊断效率。本教材各种辨证所列证型，均为常见证和多发证。然而，疑难杂证、危重证等，则应考虑少发证与罕见证，若按常见证久治不愈者，尤应考虑罕见证之可能。

（四）在辨证过程中修正和完善

临床辨证，是一个由表及里、由浅入深、从现象到本质、从感性到理性认识的过程。因此，辨证初期或首次提出的证名诊断，严格意义上还是一种"假设"，正确与否还有待于验证，需要在诊疗中不断予以修正和完善。

从主观上看，医生的学识、经验有限，对疾病的认识必然要经历一个不断加深的过程；从客观上看，疾病信息的暴露也是由少到多、由片面到全面的发展过程，且病情总是处于不断变化之中。由于病情变化，尤其是主症变化，要求证名诊断也随之而变化，所以辨证是一个动态过程，需要不断予以修正和完善。

二、辨证的思维方法及要点

（一）辨证的逻辑思维方法

辨证的常见逻辑思维方法有类比法、归纳法、演绎法、反证法等，也有辨疑难杂证、疑似证、危急重证的特殊思维方法。了解和掌握各种辨证思维方法，对于正确诊断具有重要意义。

1. 类比法　指通过已知与未知间的对比而达到明确诊断的思维方法。换言之，就是将患者的临床表现和已知的某一证型进行比较，若二者的主要特征相吻合，此证的诊断即可成立。如患者表现发热恶风、汗出、脉浮缓等，这与《伤寒论》所载"太阳病，发热，汗出，恶风，脉缓者，名为中风"之说相符，因而便可诊断为太阳中风证。类比法是一种直接的对应思维方法，具有迅速、简捷的特点，它不需要作更大范围内的思考，而凭借直接印象作出诊断。当然，掌握各种证候的临床表现和辨证要点，是采用类比法的先决条件。

2. 归纳法　指对复杂病情通过归类分析而达到明确诊断的思维方法。即将患者的各种临床表现，按照辨证要素进行分类归纳，即据症分组，有机结合，从而认识病变的本质。如某患者下肢水肿、尿少、舌体胖大苔滑，知有水液内停；病程长、疲乏、畏冷、肢冷、苔白、脉弱，属阳虚之征；腹胀、纳呆、便溏，示病位在脾；腰膝酸软、性欲淡漠、余溺不尽，又是肾虚之候。通过以上归类分析，该病涉及水、脾、肾、阳虚等辨证要素，再将这些要素综合起来，便可诊断为脾肾阳虚、水液内停证。

3. 演绎法　指对病情由浅入深、由粗到精层层深入分析，直到明确诊断的思维方法。演绎法需要运用各种辨证的基本方法和技能，一般应辨出证之因、性、位等。如一患者为新病，有感受外邪的病史，属外感病范畴；发热明显、已不恶寒、并有口渴、舌红、脉数，为表邪入里的里热证；且咳嗽明显、气喘、咯黄黏痰，则知病位在肺，综合诊断为痰热壅肺证。又如，辨证从内伤久病→虚证→气虚证→心气虚证逐步深入辨析者，亦是演绎法的应用。另外，根据脏腑、气血的生理功能而推导其病理变化，常有"久痛入络""久病及肾"之说等，也可视为演绎法的具体应用。

4. 反证法　又称否定法。指通过否定而确定诊断的思维方法。即指对疑似证难以从正面进行鉴别时,可从反面寻找不属于某证的依据,起到从反面论证某诊断的作用。如《伤寒论》第 61 条载:"下之后,复发汗,昼日烦躁不得眠,夜而安静,不呕、不渴、无表证,脉沉微,身无大热者,干姜附子汤主之。"六经证皆有"烦躁",此究竟为何证呢?仲景用"无表证"否定其为太阳病证,用"不呕"否定其为少阳病证,用"不渴"否定其为阳明病证,于是病证范围缩小至三阴,结合"脉沉微,身无大热"便可确认其为少阴阳虚证,遂用干姜附子汤治之。

5. 其他方法　辨证思维还有一些其他的方法。一是"预测法",是根据疾病发生发展的一般规律或证候间的相互联系,判断或预测新的病情和证型。如患者本为肝阳上亢证,可预测其进一步发展将为肝阳化风证。此外,结合患者体质,前人有"从阳化热""从阴化寒""瘦人多火""肥人多痰"等,均可视为预测法。二是"试探法",临床还可通过方药治疗而肯定或否定某证,这种"以方测证"的方法,称为"试探法"或"试治法"。如患者便秘数日,可用小承气汤试下之,药后若转矢气者为燥结腑实证,若便溏者为脾气虚证。三是"经验再现法",对于一些疑似证的诊断,常无确切依据,不少有经验的医生常常用的是经验再现法。即回忆曾经所诊治的某病证与本病证相似且有效,可暂按曾经的病证处理。

(二)辨证的思维要点

辨证是论治的前提,辨证的结论是准确地揭示疾病现阶段的本质。因此,辨证思维必须掌握以下四个要点。

1. 掌握辨证要点,鉴别证间差异　辨证要点又称辨证要素,是对某一证候临床表现的重点和特殊性的高度概括,可对辨证起到提纲挈领、执简驭繁的作用。因此,掌握证的辨证要点,有利于该证的诊断和鉴别诊断,提高辨证的准确性。气虚证是全身功能活动低下的表现,以气短懒言、声低息弱、神疲乏力、动则加重等为辨证要点。根据气虚证的辨证要点,还不能揭示病位在何脏,必须考虑"脏腑辨证"以确定证间的差异。若患者表现为胃脘隐痛、腹胀、纳呆、便溏加气虚证为主,则可视为脾胃气虚证的辨证要点;若以咳喘无力、咯痰清稀加气虚证为主,则可视为肺气虚证的辨证要点。可见,掌握辨证要点与鉴别证间差异是辨证统一的关系,掌握辨证要点是前提,掌握了各种证候的辨证要点,各证之间的差异就不难鉴别了。

2. 分清证的主次,注意证间转化　在两种及两种以上证候同时出现的复杂病情中,其中居主导地位的证型,称为主要证型;也可以从病因病机角度进行比较,最能反映其病理本质,且对病情发展起决定性作用的证型,是主要证型。分清证的主次,就是要分清主要证型和次要证型,这是辨证思维的又一要点。辨主要证型仍要以主症为中心,通过辨析主症及相关症状而确定。例如,某女性患者先有胁肋胀痛、头晕目胀、情绪不宁等肝郁气滞证表现;继有纳呆、腹满、便溏等脾气虚证的表现。若按发病先后及病情主次分析,应确定肝气郁结为主要证型,脾气虚证为次要证型。

主要证型在疾病过程中并非一成不变,在一定条件下,诸如体质、药物治疗、情志、饮食、调护等因素影响下,是可以转化的。如胃脘痛者,急性期症见胃脘灼痛、吞酸嘈杂、烦躁易怒、舌红苔薄黄、脉弦等,初诊为肝胃不和证,经过疏肝和胃药物治疗及饮食调护后,患者胃脘灼痛、吞酸嘈杂二症消失,却出现纳呆、腹胀便溏、倦怠肢软、脉象由弦转细,此为脾气虚证。此时,主要证型已由实转虚。一般而言,疾病的主症发生变化,则证候也随之相应变化。

3. 详审证间标本,区分先后因果　辨别证与证之间的标本,区分证型之间的因果关系,既是辨证思维的要点,也是辨证的重要内容之一。"本",指原发病证,为主要矛盾或主要矛盾方面;"标",指次发病证,为次要矛盾或次要矛盾方面。一切复杂的病证,总不离乎标与本,区分两个证型之间的因果关系,就可以辨出标本,从而就能抓住病变的主要矛盾或主要矛盾方面,并按标本缓急的原则确定治疗。如肝郁脾虚证,多因肝郁乘脾,致脾失健运,则原发证肝郁气滞证为本,继发脾失健运证为标,治疗的重点应放在疏肝解郁。

4. 辨明寒热虚实,识别证候真假　在辨证过程中,典型的多发的证候较易识别,但不典型的证候,尤其是证候中有些症状与病机相互矛盾,甚至出现假象者,辨证就比较困难。最常见的如寒热真假、虚实真假,即所谓"真寒假热""真热假寒""大实有羸状""至虚有盛候";还有危急病证、濒死的患者可出现假神,即"回光返照"等。此时,辨明寒热虚实、识别证候真假就显得至关重要,可谓人命关天。辨真假,首先要注意其出现的时机性,因为假象易出现在"极"的关键时刻,如寒极、热极时分别出现似热、似寒的假象;大实、至虚时分别出现羸状、盛候等。其次,应从四诊合参中,找出关键性指征,如古人多以脉象为凭识别虚实真假。诚如张介宾所说:"虚实之要,莫逃乎脉。如脉之真有力、真有神者,方是真实证;似有力,似有神者,便是假实证。"

三、辨证的基本内容和步骤

辨证的最终目的,就是在于揭示疾病发展过程中某一阶段的病理本质,包括辨别病因、病位、病性、病势等病理因素,并进而归纳病机,最终作出证名诊断等六个方面。这六个方面就是辨证的基本内容和步骤。

(一)辨病因

辨病因就是探求疾病发生的根本原因。一般可通过直接询问发病时的内外致病因素,如泄泻多因饮食不洁、过食生冷所致,肝气郁结多因情志不畅、肝失疏泄等。但有些病因不能直接获得,必须通过审证求因,即从对病情资料的分析来探求病证之因。如外感病,病因是风寒还是风热,只有对临床症状分析后才可以确定。其他如气滞、瘀血、食积、痰饮等病理产物作为继发性病因,也是通过审证而求得的。

(二)辨病位

辨病位是指辨别病证发生在人体的部位。人体发病时总有一定的病变部位,如脏腑、经络、五官九窍、四肢百骸以及气血津液等都可能成为病位。此外,病证传变的层次也可视作病位,如表与里是病位,卫、气、营、血也是病位。常用的定病位方法有:①表里定位法:是病证横向传变的定位方法,多在外感病证中运用。如六经病证中,太阳主表,少阳为半表半里,阳明和三阴主里。②上下定位法:是病证纵向传变的定位方法,多在六淫邪气致病和温病中运用。如风邪侵上,湿邪伤下;温病有上、中、下三焦部位的划分。③气血定位法:是辨别病证在气、在血的定位方法,通常用于杂病辨证。一般新病在气,久病在血;温病轻浅者邪在卫分,病深者邪入血分。④脏腑定位法:是辨别病证在不同脏腑的定位方法,适用于一切疾病。此定位涉及的范围较广,主要运用五行学说的五色、五声、五季、五气、五味、五体、五志、五液配五脏的理论以及病因学说、脏腑特定的临床表现等来判断病位。

（三）辨病性

辨病性就是辨明病证的基本性质。中医认为,疾病的发生总体表现为阴阳失调和邪正盛衰,具体体现在寒、热、虚、实四种属性上。①寒热定性:有从病因定性,如过食生冷多为寒证,感受暑热多为热证;但多据临床表现特点定性,如寒证以冷、凉表现为特点,热证以温、热表现为特点。一般证的寒热属性,在外感病中,常揭示邪气的性质;在内伤杂病中,则常揭示体内阴阳盛衰的变化,如阳盛则热、阴盛则寒、阳虚则寒、阴虚则热。但应注意在某些情况下,病性与病因不一致,如阳盛体质之人,感受寒邪也可从阳化热而表现为热证。②虚实定性:从病因定性,邪气盛则实,如六淫、食积致病多定性为实;精气夺则虚,如先天不足、后天失养、久病重病等所致病证可定性为虚。从临床表现特点定性,凡功能减退、抗病能力低下者,可定性为虚;凡功能亢进,邪正交争剧烈者,可定性为实。

（四）辨病势

辨病势就是辨别病情的轻重缓急程度,预测病证发展、演变的趋势。具体而言,是对患者体质、病邪性质、受邪轻重、病位浅深、治疗调养等因素综合考虑和估量的结论。大体上表证病轻,里证病重;新病多急,久病多缓;邪轻、体壮、病程短,预后较好;邪重、体弱、病程长,则预后较差等。

（五）辨病机

辨病机就是揭示病证发生发展变化的机理,换言之,就是将病因、病位、病性、病势等病理因素综合地加以表述,以得出对病证本质的整体、动态的概括性结论。例如,某患者尿频,尿急,尿道灼痛,小便黄赤,小腹胀,舌红苔黄腻,脉滑数。通过辨证而知病因为饮食不节、过食辛辣,病位在膀胱,病性为湿热内生,病势较急,病机为膀胱湿热,诊断为膀胱湿热证。

（六）辨证名

辨证名就是确定辨证的最后结论,又称证名诊断。实际上,证名就是以病机命名的证候,因此证名诊断,就是用规范性术语高度概括疾病现阶段的病机类型。对证名的诊断,首先是建立在辨病因、辨病性、辨病位、辨病势的基础上,如肝胆湿热证,病位在肝胆,病性为湿热,病机为肝胆湿热。其次,要求文字精练,必须具有高度的概括性,如心肾不交证、脾肾阳虚证等。第三,要求术语规范,可参照国家标准《中医临床诊疗术语》或历版《中医诊断学》教材。

第四节 疾病诊断的方法和内容

疾病,是指在一定的病因(包括六淫、七情、遗传、饮食、劳逸、外伤等)作用下,人体内部及人体与环境的平衡协调状态遭到破坏,所引起的具有自身演变规律的异常生命活动过程。每一种疾病都表现为若干特定症状、体征和各阶段前后衔接的相应证候,并且具有自身发生、发展到结局的病变全过程。

"疾"与"病"字义相同,合为疾病,二者微小的差别是疾轻病重。《说文解字》曰:"疾,病也","病,疾加也"。疾病通常是从总体反映人体精、气、神异常变化的诊断学概念,它包括功能和器质两方面的改变。

疾病诊断又称病名诊断,中医将病名诊断又称为辨病。辨证和辨病都是对疾病本质的认识,二者既有联系又有区别。"辨证"主要揭示病变当前的主要矛盾;"辨病"则主要揭示疾病全过程的基本矛盾。病的本质一般规定了症的表现和证的动态变化规律,在病的全程中可有不同的证,而同一证又可见于不同的病之中,所以病与证之间存在着同病异证、异病同证的特殊关系。因此,临床上既要辨证,又要辨病,才能使诊断更全面、更正确。

一、疾病诊断的一般方法和途径

疾病诊断即辨病思维,是一个极其复杂的过程,但是,任何疾病都有其发病、病状、病程演变等方面的规律和临床特点,而这些规律和特点又是可以把握的。因此,根据发病特点、病因病史、主症或特征症、特发人群、流行情况等方面进行病名诊断,就构成了辨病思维的一般方法和途径。

(一)依据发病特点辨病

疾病的发生发展,就患者而言,有年龄、性别、体质、精神状态和生活习惯的差异;就病邪伤人而言,有季节时令、致病特点、流行性和传染性的不同,这些都有可能构成发病特点。以发病特点为线索进行辨病思维,常可提示或缩小诊病范围,并能迅速和准确地诊断病名。

从年龄、性别来看,同为黄疸病,新生儿出现黄疸称胎黄,病情轻者多属生理现象;青年人患黄疸,以肝热病为多见;中老年患黄疸,无发热等症,男性以肝癌、胰癌多见,女性以胆石病、胆癌为多见。又如妇女于月经期或经期前后出现某一主症,并呈周期性,属月经期疾病,如经行腹痛、经行发热、经行头痛等。

从时令与邪气致病的特点来看,中暑仅见于夏天,哮喘病多发于冬季,痢疾、泄泻多见于夏季或长夏,疟疾多发于秋天,麻疹、时行感冒、痄腮、天行赤眼、痢疾等病具有传染性和流行性的发病特点等。

以疾病自身的发病特点为例,如水肿从下肢开始,以下垂部位水肿为主,伴心悸气短,唇甲发绀,颈脉怒张者,多为心衰、肺源性心脏病水肿;水肿以颜面眼睑为主,伴蛋白尿,血清蛋白降低,为肾病水肿;以腹胀大为主,皮色苍黄,腹部脉络显露,腹水征阳性者,为肝病水肿;在使用各种激素、甘草制剂等药物过程中出现水肿者,为药物性水肿。

(二)依据病因病史辨病

找准病因,尤其是疾病发生的特殊原因,是正确诊断疾病的重要方法和途径。例如,因生食蚕豆后出现腹痛、黄疸者,为蚕豆黄;近期有输血史,或毒蛇咬伤史,或服用损害肝脏药物史,而出现黄疸者,多为血疸。又如神昏患者,若因暑热高温下劳作而昏迷,多为暑厥;因过量饮酒而昏迷,多为酒厥;若因雷电击伤而昏迷,多为电击伤等。

了解既往患病情况,根据其病情演变趋势而推测当前疾病,也是临床诊病的重要思路之一。例如患者素有高血压病史,常患头晕头痛等风眩病,近因夫妻反目,情绪激动,突然仆倒,神志昏迷,口眼㖞斜,四肢不遂,则可迅速诊断为中风。

(三)依据主症或特征症辨病

主症及特征症是许多疾病诊断的主要线索和根据,也是辨病思维最基本的方法和途径。如小儿阵发性呛咳、伴鸡鸣样回声者,必定是百日咳(顿咳);以腮部红肿热痛为主要表现,多是痄腮;以高热,身发斑疹为主要表现者,多为温毒发斑;尿出砂石,或

X线检查有结石阴影者,可确诊为石淋;便出蛔虫,或粪便检查有蛔虫卵者,可确诊为蛔虫病。

(四)依据特发人群辨病

某些疾病只在某些人群中发生,易患某些疾病的人群,就称为某病的特发人群。某病的特发人群与年龄、性别、居处环境密切相关。例如:只有妇女才有经、带、胎、产等生理和病理现象,因此,育龄妇女就诊,就应首先考虑经、带、胎、产等方面的疾病。而男性则有遗精、阳痿、早泄、不育等特发疾病。老年人以哮喘、风眩、胸痹、消渴、脑痿、痴呆、癌病等为多发病。小儿则有麻、痘、惊、疳、五迟、肥胖等特发病。居住在西北沙漠地区的人群易患干燥性疾病;居住在湖泊水乡潮湿地区的人易患风湿类疾病;居住在山区的人群易患瘿瘤等。

知识拓展

"主症"在诊断过程中的特殊地位及作用

1. 四诊初期确定主症,并围绕主症进行诊察,保证诊察有序,思路清晰,不致遗漏。

2. 围绕主症收集病情资料,才能真正做到病情资料的系统条理,重点突出,主次分明。

3. 四诊初期确定主症,通过对主症的辨析可以为诊察方向和辨证辨病的思路提供基本线索和大致方向。

4. 以主症为中心进行辨证,是重要的辨证思维法则之一。围绕主症进行辨证,其优势就在于较易确定病位与病性等辨证的基本要素。

5. 在辨证的思维要点中,"掌握辨证要点,鉴别证间差异"与"分清证的主次、注意证间转化"这两个思维要点,都是建立在以主症为中心进行辨证的基础之上的。

6. 在辨病的过程中,依据主症或特征症进行辨病,是最常用的方法之一。

综上所述,主症在中医诊断学中具有特殊的地位和作用,熟练运用主症进行辨证和辨病是必须掌握的技能之一。

二、病名诊断的方法与正确运用

病名诊断是辨病的最终目的。病名诊断是指对患者的各种病情资料进行分析、综合,确定患者所患病种,并揭示疾病本质及特征的思维过程。病名是中医学的重要概念,也是中医学术体系的重要内容。

每一种病名都是从一定角度反映着疾病的突出本质,每一病名的定义则要求全面反映该具体疾病的特征和规律。因此理解了病名概念及含义,掌握了病名命名的方式,便有利于把握疾病的本质,有利于疾病的诊断与鉴别。

(一)疾病命名的方式

长期以来,中医对疾病的命名,实际用词只有2~4字,如风疹、脱肛、鹅口疮、破伤风、缠腰火丹等;有的甚至只有一个实词,如疟、癫、哮、痢、疖等。这一方面说明中医的病名非常精练、缜密、限定词少,具有简明易记的特点,这是中医病名诊断的一大特征。另一方面则因一个简短的命名,不可能将每种病的本质属性概括无遗,于是有人从不同角度对疾病进行命名,以致出现一病多名的现象,如风痹,又称行痹、周痹或走注等。中医学对各种疾病的命名(即病名诊断)的形式和方法,归纳起来有以下几种:

1. 本质属性命名法　即依据主要症状、主要体征、主要病因、主要病性、时令气候等能揭示疾病本质属性的病理因素来命名的方法。例如，以主要症状命名者，如哮喘、顿咳、视歧、胎动不安等；以主要体征命名者，如麻疹、黄胖病等；以主要病因命名者，如中暑、蛔虫病、破伤风、毒蛇咬伤等；以主要病性命名者，如感冒、脏躁、热厥、白内障、风痹等；按时令气候而命名者，如春温、风温、暑温等。

2. 形象寓意命名法　即根据普通事物的特有形象或特殊的寓意来命名的方法，称为形象寓意命名法。有两种情况：一是根据病状结合比喻而命名，如狐臭、雀目、鱼鳞风、绣球风、乳蛾、鹤膝风等。二是病名含有特殊的寓意，如疟疾（即病情酷虐）、霍乱（指病状以挥霍缭乱为特征）、花柳病（隐指因眠花宿柳而得的性病）、恶阻（即有孕而恶心，阻其饮食）等。

3. 特征组合命名法　是根据疾病的两种以上的病理特征，如病位加病性、病因加病性、病因加病位、病因加体征、病位加主症、病位加体征、病性加体征、病位加形象比喻的组合命名。例如，病位加病性命名的有胸痹、肺痈、肝厥、肌痿等；病因加病性命名的有蛔厥、暑疖、湿温等；病因加病位命名的有脏毒、脐风等；病因加体征命名的有蚕豆黄、膝疮等；病性加主症而命名的有胁痛、胃痞等；病位加体征而命名的有脐疝、白睛溢血等；病性加体征命名有呃逆、红丝疔等；病性加形象比喻命名的有羊痫风、蛇头疔等。

4. 附加条件命名法　即在突出有关病理因素的前提下，依据疾病的新久缓急、发病条件及是否有传染性等附加条件而命名。如暴喑、慢惊风、真心痛、休息痢等命名，就提示了疾病的新久缓急；经行发热、子肿、梦遗、童子痨、老人淋等命名，则阐述了发病条件；疫痢、瘅疟、时疫发斑、天行赤眼、春瘟等命名，则突出了疾病的传染性。

（二）正确对待中医病名

中医病名诊断具有悠久的历史，中医学对疾病的命名很多是以主症、临床特点及病因病机为基础的，具有简明、形象、科学的特征。如伤寒、中暑、痹证、痿证、臌胀、破伤风等，精练简要、形象生动、见其名便知其义，易于掌握。有的病名如痢疾、疟疾、白喉、癫痫、哮喘、感冒、麻疹、水痘等，还一直为现代西医所沿用。

当然，中医病名亦有不足之处，如命名标准不统一，病、证、症的名称概念时有混淆，一病多名或多病一名的现象较多，有的病名的定义欠确切，内涵与外延不够清晰，病种分化不够等，应该正确对待。

在具体应用时，要求做到两点：一是一个病不允许有多个诊断，如患者低热、盗汗、咳嗽、咯血、X线检查肺部有结核病灶者，应诊断为肺痨，而不能诊断为咳嗽、咯血或盗汗。二是对病情表现不明，或因诊断条件有限，或是医生的学识、经验不足等，对具体病种不能及时明确诊断，可采用"XX症（如发热）待查""疫毒痢？"等形式诊断，在临床上是允许的。但是病名诊断一旦明确，则应及时予以纠正。

三、辨病的诊断学意义

每一种疾病都有各自的病因可寻、病机可究、规律可循、治法可依、预后可测，所以应高度重视对疾病的诊断。辨病最主要的诊断学意义就在于可以总揽病变全局、治疗针对性强。

（一）总揽病变全局

任何疾病，均有各自的临床特点和发生、发展及演变规律，据此可把握疾病的全局,有利于选择对该病特有的及时的治疗。例如,中风病可分三个阶段:第一阶段,平素经常出现头晕头痛、肢麻欲仆以及一时性语言障碍等,为中风先兆,病机为肝肾阴虚、肝阳上亢、欲作化风之势;第二阶段,突然出现昏仆,为卒中,系肝风夹痰夹瘀、气血上逆,蒙蔽清窍所致;第三阶段,神清之后,往往脉络闭阻兼见气虚,表现为半身不遂、口眼㖞斜、语言不利等中风后遗症。了解此病上述基本病机的变化规律及发展,这就是总揽全局,为采取预防性治疗以截断传变,减轻症状及预测其转归等提供了可能。因此,中医病名诊断,既不能由证名诊断所代替,亦不能由西医病名诊断所取代。

(二)治疗针对性强

以辨病为主所进行的专方专药治疗,是中医学术发展和中医临床的重要内容和特色之一。专病专方常用的有:少阳病用小柴胡汤,百合病用百合类方,肠痈用大黄牡丹汤或薏苡附子败酱散,郁病用逍遥散,脏躁用甘麦大枣汤,蛔厥用乌梅丸等;专病专药常用的有:海藻、昆布消瘿,水银、硫黄疗疥,常山、青蒿截疟,黄连、鸦胆子止痢等,都有很强的针对性,其临床特殊疗效是辨证处方及其随证加减所代替不了的。

四、辨证与辨病相结合

辨证与辨病是诊断疾病的两种方法,中医诊断要求证名和病名的双重诊断。正确认识辨证与辨病各自的优势与适用范围、深刻理解二者之间的相互联系、综合运用辨证与辨病的方法,是提高临床诊疗水平的重要途径。

(一)辨病在先,以病限证

临床时,面对复杂多变的病情,首先通过辨病,可以将辨证局限于某一疾病的范围之内,从而缩小了辨证范围,减少辨证的盲目性,提高辨证的准确性。例如,患者见身大热、汗大出、口大渴、脉洪大等症,用类比法可知此为六经病中的阳明病。因上述"四大症"既不见于太阳病,又不见于少阳病,更不见于三阴病,而只见于阳明经证,故可很快诊断为阳明经证。

(二)从病辨证,深化认识

辨病可以获得对疾病的整体本质和全过程病变规律的认识。在辨病的基础上进一步辨证,又可获得疾病不同阶段病机特点的具体认识。因为辨证是对疾病发生发展至某一阶段病因、病性、病位、病势等作出的概括性结论。所以,一方面,从病辨证,缩小了辨证范围;另一方面证又受到诸如体质、情志等个体因素的制约,使辨证比辨病的认识更加深刻而丰富。先辨病继而辨证,可使中医诊断不断深入和具体化,显示出中医诊断的特色。

例如,患者身热、恶寒、脉浮为主症,伴鼻塞流涕、喷嚏等,通过辨病可诊断为感冒。感冒有风寒感冒和风热感冒之分,只凭辨病还不能揭示疾病当前阶段的本质,无法指导处方用药,故必须进一步进行辨证,才能完成整个诊断过程。若见恶寒重、发热轻、无汗、头身痛、苔薄白而润、脉浮紧,则可诊断为风寒表证;若见发热重、微恶寒、口渴、咽痛,舌苔薄微黄、脉浮数,则可诊断为风热表证。

(三)辨病辨证,相得益彰

在辨病的基础上进一步辨证,既有全局观念和整体认识,又有灵活机动性和阶段性认识。辨病有助于提高辨证的准确性,重点在发病全过程;辨证又有助于辨病的个体化,重点在发病现阶段。对病的治疗有专方专药,其针对性强;对证的治疗为辨证论治,其灵活性强。因此,中医诊断学十分强调辨病与辨证相互补充,不可偏废。

　　此外,由于中医辨病主要是在四诊所收集的症状、体征上进行的,对疾病特异性的诊断较模糊,恰当利用现代检测手段,进行辨病(西医病名)与辨证相结合也是必要的。一方面,西医辨病或微观辨证,可以摆脱中医有时无症可辨的困境;另一方面,对于一些西医检查诊断得不出阳性结果而无法确诊的疾患,按照中医辨证进行论治则可收到良好的效果,故辨证又可弥补西医无病可辨的不足。

　　(【实习十一】见实习项目)

(张阳儿)

复习思考题

　　1. 简述诊断初、高级阶段的主要任务及二者的辩证关系。
　　2. 辨证的思维法则、思维方法和思维要点有哪些?
　　3. 简述辨证的基本内容。

第十一章

PPT 课件
11章PPT

病 案 书 写

扫一扫
知重点

学习要点

1. 中医病案书写基本规范。
2. 中医病案书写的重点内容。
3. 中医病案书写格式。

病案,又称病历,是医务工作者在医疗活动过程中形成的文字、符号、图表、影像、切片等资料的总和,包括门(急)诊病历和住院病历。

中医病案书写,是指医务人员将望、闻、问、切及查体、辅助检查、诊断、治疗、护理等医疗活动的各种资料,进行归纳、分析、综合,并按特定的格式整理而形成医疗活动记录的行为。

病案是记载患者疾病发生发展、演变预后、诊断治疗、防护调摄及其结果的档案,也是复诊、转诊、会诊及解决医疗纠纷、判定法律责任、医疗保险核算等事项的原始资料和重要依据。病案作为第一手信息资料,对医疗、保健、教学、科研、医院管理等方面起着重要的作用。病案书写是临床医师必备的基本功和基本技能,它反映着临床医务工作者医疗技术、工作质量、科学作风和文化修养的水平。

病案是教学中理论联系临床最有价值的资料,对培养学生独立分析和解决实际问题的能力起着重要作用。因此,指导和训练学生书写病案是教学中不可缺少的环节,书写病案也是学生临床实习的重要内容。

第一节　病案的内容和书写要求

中医病案书写的内容和要求,应依照 2010 年《中医病历书写基本规范》(国中医药医政发【2010】29 号)的规定进行。

一、中医病历书写基本规范

(一)基本要求

1. 病历书写应当客观、真实、准确、及时、完整、规范。
2. 病历书写应当使用蓝黑墨水、碳素墨水,需复写的病历资料可以使用蓝或黑色油水的圆珠笔。计算机打印的病历应当符合病历保存的要求。

3. 病历书写应当使用中文,通用的外文缩写和无正式中文译名的症状、体征、疾病名称等可以使用外文。

4. 病历书写应规范使用医学术语,中医术语的使用依照相关标准、规范执行。要求文字工整,字迹清晰,表述准确,语句通顺,标点正确。

5. 病历书写过程中出现错字时,应当用双线划在错字上,保留原记录清楚、可辨,并注明修改时间,修改人签名。不得采用刮、粘、涂等方法掩盖或去除原来的字迹。上级医务人员有审查修改下级医务人员书写病历的责任。

6. 病历应当按照规定的内容书写,并由相应医务人员签名。实习医务人员、试用期医务人员书写的病历,应当经过本医疗机构注册的医务人员审阅、修改并签名。进修医务人员由医疗机构根据其胜任本专业工作实际情况认定后书写病历。

7. 病历书写一律使用阿拉伯数字书写日期和时间,采用 24 小时制记录。

8. 病历书写中涉及的诊断,包括中医诊断和西医诊断,其中中医诊断包括疾病诊断与证候诊断。中医治疗应当遵循辨证论治的原则。

9. 对需取得患者书面同意方可进行的医疗活动,应当由患者本人签署知情同意书。患者不具备完全民事行为能力时,应当由其法定代理人签字;患者因病无法签字时,应当由其授权的人员签字;为抢救患者,在法定代理人或被授权人无法及时签字的情况下,可由医疗机构负责人或者授权的负责人签字。因实施保护性医疗措施不宜向患者说明情况的,应当将有关情况告知患者近亲属,由患者近亲属签署知情同意书,并及时记录。患者无近亲属的或者患者近亲属无法签署同意书的,由患者的法定代理人或者关系人签署同意书。

(二)门(急)诊病历书写内容及要求

1. 门(急)诊病历内容包括门(急)诊病历首页、病历记录、化验单(检验报告)、医学影像检查资料等。

2. 门(急)诊病历首页内容应当包括患者姓名、性别、出生年月日、民族、婚姻状况、职业、工作单位、住址、药物过敏史等项目。门诊手册封面内容应当包括患者姓名、性别、年龄、工作单位或住址、药物过敏史等项目。

3. 门(急)诊病历记录分为初诊病历记录和复诊病历记录。初诊病历记录书写内容应当包括就诊时间、科别、主诉、现病史、既往病史,中医四诊情况,阳性体征、必要的阴性体征和辅助检查结果,诊断及治疗意见和医师签名等。复诊病历记录书写内容应当包括就诊时间、科别、中医四诊情况,必要的体格检查和辅助检查结果、诊断、治疗处理意见和医师签名等。急诊病历书写就诊时间应当具体到分钟。

4. 门(急)诊病历记录应当由接诊医师在患者就诊时及时完成。

5. 急诊留观记录是急诊患者因病情需要留院观察期间的记录,重点记录观察期间病情变化和诊疗措施,记录简明扼要,并注明患者去向。实施中医治疗的,应记录中医四诊、辨证施治情况等。抢救危重患者时,应当书写抢救记录。门(急)诊抢救记录书写内容及要求按照住院病历抢救记录书写内容及要求执行。

(三)住院病历书写内容及要求

1. 住院病历内容包括住院病案首页、入院记录、病程记录、手术同意书、麻醉同意书、输血治疗知情同意书、特殊检查(特殊治疗)同意书、病危(重)通知书、医嘱单、辅助检查报告单、体温单、医学影像检查资料、病理资料等。

2. 入院记录是指患者入院后，由经治医师通过望、闻、问、切及查体、辅助检查获得有关资料，并对这些资料归纳分析书写而成的记录。可分为入院记录、再次或多次入院记录、24 小时内入出院记录、24 小时内入院死亡记录。

入院记录、再次或多次入院记录应当于患者入院后 24 小时内完成；24 小时内入出院记录应当于患者出院后 24 小时内完成；24 小时内入院死亡记录应当于患者死亡后 24 小时内完成。

3. 入院记录的要求及内容

（1）患者的一般情况，包括姓名、性别、年龄、民族、婚姻状况、出生地、职业、入院时间、记录时间、发病节气、病史陈述者。

（2）主诉是指促使患者就诊的主要症状（或体征）及持续时间。

（3）现病史是指患者本次疾病的发生、演变、诊疗等方面的详细情况，应当按时间顺序书写，并结合中医问诊，记录目前情况。内容包括发病情况、主要症状特点及其发展变化情况、伴随症状、发病后诊疗经过及结果、睡眠和饮食等一般情况的变化，以及与鉴别诊断有关的阳性或阴性资料等。

发病情况：记录发病的时间、地点、起病缓急、前驱症状、可能的原因或诱因。

主要症状特点及其发展变化情况：按发生的先后顺序描述主要症状的部位、性质、持续时间、程度、缓解或加剧因素，以及演变发展情况。

伴随症状：记录伴随症状，描述伴随症状与主要症状之间的相互关系。

发病以来诊治经过及结果：记录患者发病后到入院前，在院内、外接受检查与治疗的详细经过及效果。对患者提供的药名、诊断和手术名称需加引号（""）以示区别。

发病以来一般情况：结合"十问歌"简要记录患者发病后的寒热、饮食、睡眠、情志、二便、体重等情况。

与本次疾病虽无紧密关系、但仍需治疗的其他疾病情况，可在现病史后另起一段予以记录。

（4）既往病史是指患者过去的健康和疾病情况。内容包括既往一般健康状况、疾病史、传染病史、预防接种史、手术外伤史、输血史、食物或药物过敏史等。

（5）个人史，婚育史、月经史，家族史。

个人史：记录出生地及长期居留地，生活习惯及有无烟、酒、药物等嗜好，职业与工作条件及有无工业毒物、粉尘、放射性物质接触史。

婚育史、月经史：婚姻状况、结婚年龄、配偶健康状况、有无子女等。女性患者记录经带胎产史，初潮年龄、行经期天数、间隔天数、末次月经时间（或闭经年龄），月经量、痛经及生育等情况。

家族史：父母、兄弟、姐妹健康状况，有无与患者类似疾病，有无家族遗传倾向的疾病。

（6）体格检查应当按照系统循序进行书写。内容包括体温、脉搏、呼吸、血压，一般情况（包括中医四诊的神色、形态、语声、气息、舌象、脉象等）、皮肤、黏膜，全身浅表淋巴结，头部及其器官，颈部，胸部（胸廓、肺部、心脏、血管），腹部（肝、脾等），直肠肛门，外生殖器，脊柱，四肢，神经系统等。

（7）专科情况应当根据专科需要记录专科特殊情况。

（8）辅助检查指入院前所做的与本次疾病相关的主要检查及其结果。应分类按检查时间顺序记录检查结果，如系在其他医疗机构所做检查，应当写明该机构名称及检查号。

（9）初步诊断是指经治医师根据患者入院时的情况，综合分析所作出的诊断。如初步诊断为多项时，应当主次分明。对待查病例应列出可能性较大的诊断。

（10）书写入院记录的医师签名。

4. 再次或多次入院记录，是指患者因同一种疾病再次或多次住入同一医疗机构时书写的记录。要求及内容基本与入院记录相同。主诉是记录患者本次入院的主要症状（或体征）及持续时间；现病史中要求首先对本次住院前历次有关住院诊疗经过进行小结，然后再书写本次入院的现病史。

5. 患者入院不足 24 小时出院的，可以书写 24 小时内入出院记录。内容包括患者姓名、性别、年龄、职业、入院时间、出院时间、主诉、入院情况、入院诊断、诊疗经过、出院情况、出院诊断、出院医嘱，医师签名等。

6. 患者入院不足 24 小时死亡的，可以书写 24 小时内入院死亡记录。内容包括患者姓名、性别、年龄、职业、入院时间、死亡时间、主诉、入院情况、入院诊断、诊疗经过（抢救经过）、死亡原因、死亡诊断，医师签名等。

7. 病程记录是指继入院记录之后，对患者病情和诊疗过程所进行的连续性记录。内容包括患者的病情变化情况及证候演变情况、重要的辅助检查结果及临床意义、上级医师查房意见、会诊意见、医师分析讨论意见、所采取的诊疗措施及效果、医嘱更改及理由、向患者及其近亲属告知的重要事项等。

病程记录包括的内容有：首次病程记录、日常病程记录、上级医师查房记录、疑难病例讨论记录、交（接）班记录、转科记录、阶段小结、抢救记录、有创诊疗操作记录、会诊记录（含会诊意见）、术前小结、术前讨论记录、麻醉术前访视记录、麻醉记录、手术记录、手术安全核查记录、术后首次病程记录、出院记录、死亡记录、死亡病例讨论记录、手术同意书、输血治疗知情同意书、病危（重）通知书等。

8. 医嘱是指医师在医疗活动中下达的医学指令。医嘱单分为长期医嘱单和临时医嘱单。

（1）长期医嘱单内容包括患者姓名、科别、住院病历号（或病案号）、页码、起始日期和时间、长期医嘱内容、停止日期和时间、医师签名、执行时间、执行护士签名。

（2）临时医嘱单内容包括医嘱时间、临时医嘱内容、医师签名、执行时间、执行护士签名等。

（3）医嘱内容及起始、停止时间应当由医师书写。医嘱内容应当准确、清楚，每项医嘱应当只包含一个内容，并注明下达时间，应当具体到分钟。医嘱不得涂改。需要取消时，应当使用红色墨水标注"取消"字样并签名。

（4）一般情况下，医师不得下达口头医嘱。因抢救急危患者需要下达口头医嘱时，护士应当复诵一遍。抢救结束后，医师应当即刻据实补记医嘱。

二、中医病案书写的重点内容

中医病案书写的重点内容，包括主诉，现病史，中医病、证名诊断等几个方面。

（一）主诉的确定与正确书写

主诉,是患者就诊时最感痛苦或迫切需要医生解除的症状或体征及其持续时间。

1. **主诉的确定** 主诉往往是疾病的主要矛盾所在,具有重要的诊断价值。主诉是调查、认识、分析、处理疾病的重要线索。主诉的确定对临床具有重要的诊断学意义:①为确定主症提供范围和依据。主症是辨病、辨证诊断活动中最核心的内容,它是医者从患者的主诉中加以分析而确定的,而主诉则是医生经过问诊或检查、分析思考以后而确定的。可见,确定了主诉就为确定主症缩小了范围和提供了依据。②提示病情的轻重缓急及救治原则,如以大出血、昏迷等作为主诉者,常应做急救处理。③确定询问或检查的主次和顺序,因询问和检查首先都应围绕主诉进行。④是确定病种和辨别病位或病性的主要依据,如寒热往来定时发作常为疟疾;胃脘痛病位多在胃等。⑤是决定现病史与既往病史书写内容的依据,因为二者一般是以主诉所定时间作为区分的界限。总之,准确地确定主诉对整个诊疗活动具有至关重要的作用。

2. **主诉的书写要求** 主诉的书写,总体上要求重点突出,高度概括,简明扼要。其具体书写要求如下:①主诉只能写症状和体征,而不能用病(证)名代替症状、体征。如"高热,身目发黄,右胁疼痛4天",而不能用"黄疸4天"代替。②主诉是患者感觉最痛苦的症状或体征,一般只允许有1~3个。如"恶寒发热无汗1天"中的"无汗"就不应是主诉,因为"无汗"虽对辨证有意义,但它不是主要痛苦。③主诉的时间要书写清楚,每一主诉都必须有明确的时间(即持续时间),如年、月、日、时、分钟等。对于两个以上复合主诉应按主诉出现的时间先后排列,如"反复性咳嗽、咯痰30年,发热、气喘5天"。④主诉症状的确切部位、性质、程度等应尽可能描述清楚。如阵发脐腹部绞痛、经常头晕、右胁下肿块等。⑤主诉应是精练的医学术语,而不能是一般人的口头语。如心里想呕、晚上睡不着、肚子内有包块等,都是不允许的,而应分别描述为恶心、失眠、腹内肿块等。

（二）现病史与既往病史的划分及书写要求

1. **现病史与既往病史的划分** 现病史指患者当前所患病症的情况,包括本次疾病发生、演变与诊治的全部过程,以及就诊时的全部自觉症状;既往病史是指患者过去(即本次发病以前的)健康和疾病的情况。二者的界定主要是根据主诉所述病症及其所记时间为划分依据,即主诉所述病症及其时间范围之内属现病史的内容,主诉所述病症及其时间范围以外的其他病情与健康状况则属既往病史的内容。

实际上现病史和既往病史有时很难截然分开。因为现在与过去只是相对的概念,现在就诊的疾病可能既往已经存在,而既往所患疾病现在可能并未消除。若所指为同一病症,属何种病史? 便要以主诉所定的时间为准。此外,主诉只能是症状或体征(限定1~3个),而临床就诊时的症状则有很多,这许多的症状孰为现在? 孰为既往? 其界定主要根据是否为主诉所指的病症。正确划分现病史和既往病史,不仅首先要确定好主诉的内容和时间,而且也要根据具体病情作综合分析。

2. **现病史的书写要求** 现病史的书写要求是系统、完整、准确、翔实。具体要求如下:①发病原因和诱因、发病情况等,要记录确切。应写明患者主要症状出现、加重、发展的时间。一般而言,病发在1年以上者精确到季或月;1年以内者精确到旬或周;1个月以内者精确到天;1天以内精确到时或分。②入院前在其他医院的检查、诊断和治疗要详细记录(描述时宜加引号)。对就诊的医院,不能写"当地医院""某医院",

要写医院全称,以便于判定和评价其治疗水准及可信性。③现在症应书写清楚。中医辨证主要依据现在症状和体征,故现在症应视为现病史的一项专项内容,可围绕主症、伴随症及结合"十问歌"的内容进行书写。

(三)病案中"诊断"的内容及书写

中医、中西医结合病案书写中所规定的"诊断"内容,应包括中医诊断和西医诊断;中医诊断又包括病名诊断和证名诊断。中医病名、证名诊断应注意以下几点:

1. 要使用中医的病名和证名,不得以西医病名、综合征等代替,也不能只限于教材所列举的病名和证名,一般应以中华人民共和国国家标准《中医临床诊疗术语》所列内容为依据选用。

2. 病名和证名是不同的诊断概念,必须分别书写,如感冒(病名)、风寒表证(证名),黄疸(病名)、肝胆湿热证(证名);而不得将病名和证名合而为一进行诊断,如血虚眩晕、湿热痢疾等,则是将病名和证名混为一谈,临床上必须杜绝。

3. 若同时有几种病存在,诊断时应按重要的、急性的、本科的在先,次要的、慢性的、他科的在后的顺序分行排列。如一内科就诊患者同时患有感冒、内痔、闭经等病,其排列顺序及书写格式如下:

诊断:①感冒;②内痔;③闭经。

4. 若对某病不能当即明确诊断时,可采用"××症待查""××病待排""疫毒痢?"等诊断形式,但当病名诊断一旦明确,则应及时予以纠正。但不可用"初步意见""印象""拟诊""初步诊断"等名称。

5. 证名诊断一般应将病位、病性等综合为一个完整名称,如肝郁气滞证、水气凌心证等。有多种病存在时,不能每种病后分别写一个证,而应力求一证概括全貌,如患者诊断为眩晕、心悸、闭经三病同时存在,均与气血不足有关,其证名应诊断为气血两虚证。证名不能只有病位而无病性,如"里证""血分证"都不能作为证名诊断;同时也不能将病机分析作为证名,如"气血不调""久痛入络"均不能作为证名诊断。

第二节 中医病案书写格式

一、住院病案格式及书写要求

(一)住院病历

住 院 病 历

姓名: 　　出生地:

性别: 　　常住地址:

年龄: 　　职业:

民族: 　　入院时间: 　年 月 日 时

婚况: 　　病史采集时间: 　年 月 日 时

职业: 　　病史陈述者:

发病节气: 　　可靠程度:

主诉:(患者就诊的主要症状、体征及持续时间)要求重点突出,高度概括,简明扼要。

现病史:(围绕主诉系统记录从发病到就诊前疾病的发生、发展、变化和诊治经过)记录的内容要求准确、具体,避免记流水账,具有鉴别意义的阴性症状亦应列入。其内容包括:①起病情况:发病时间、地点、起病缓急、最初症状、可能的病因和诱因;②主要症状、特点及演变情况:要准确具体地描述每一主要症状的发生、发展及其变化;③伴随症状:描述伴随症状的有关情况。④结合中医"十问歌",记录目前情况;⑤诊治情况:如入院前经过诊治,应按时间顺序记录与本病有关的重要检查结果及所接受过的主要治疗方法,药物治疗应记录药物名称、用量、用法及其使用时间、效果,诊断名称应加引号;⑥如果两种或两种以上疾病同时发生,应分段记录;⑦如果怀疑自杀、被杀、被打或其他意外情况者,应注意真实记录,不得主观推断、评论或猜测。

既往病史:(系统全面记录既往健康状况,防止遗漏)包括以下内容:①既往健康状况。虚弱还是健康;②患过哪些疾病,传染病、地方病、职业病及其他疾病应按时间顺序记录诊断、治疗情况;③预防接种、手术、外伤、中毒及输血史等。

个人史:①患者的出生地及经历地区,特别要注意自然疫源地及地方病流行区,说明迁徙年月;②居住环境和条件;③生活及饮食习惯,烟酒嗜好程度,性格特点与人际关系;④过去及目前的职业及其工作环境,粉尘、毒品、放射性物质、传染病接触史等;⑤其他重要个人史。

过敏史:记录致敏药物、食物等名称及其表现。

婚育史:(结婚年龄、配偶健康状况等)女性要记录经带胎产情况。月经史记录格式为:月经初潮年龄$\dfrac{每次行经天数}{经期间隔天数}$闭经年龄或末次月经时间。

家庭史:记录直系亲属及本人生活有密切关系亲属的健康与患病情况。

体 格 检 查

1. 生命体征 体温(T) 脉搏(P) 呼吸(R) 血压(BP)

2. 整体情况 望神、望色、望形、望态、声音、气味、舌象、脉象、小儿指纹。

3. 皮肤、黏膜及全身浅表淋巴结

4. 头面部 头颅、眼、耳、鼻、口腔。

5. 颈项 形、态、气管、甲状腺、颈脉。

6. 胸部 胸廓、乳房、肺脏、心脏、血管。

7. 腹部 肝脏、胆囊、脾脏、肾脏、膀胱。

8. 二阴及排泄物

9. 脊柱四肢 脊柱、四肢、指(趾)甲。

10. 神经系统 感觉、运动、浅反射、深反射、病理反射。

11. 经络与腧穴 经络、腧穴、耳穴、阿是穴。

专科检查:按各专科特点进行书写。

辅助检查:采集病史时已获得的本院及外院的重要检查结果。

辨病辨证依据:汇集四诊资料,运用中医临床辨证思维方法,得到中医辨病辨证依据。

西医诊断依据:从病史、症状、体征和实验室检查等几个方面总结出主要疾病的诊断依据。

入院诊断:

中医诊断:疾病诊断(含主要疾病和其他疾病):

证候诊断(含相兼证候):

西医诊断(含主要疾病和其他疾病):

实习医师(签名):

住院医师(签名):

如有修正诊断、确定诊断、补充诊断时,应书写在原诊断的左下方,并签上姓名和诊断时间。

课堂互动

请同学们按照体格检查的内容相互模拟体检。

附:住院病历体格检查基本内容

体格检查应注意光线、室温及体位等。检查时要认真、手法要正确、轻巧、切忌动作粗暴和大量暴露。态度要和蔼,检查应全面系统,从上到下循序进行,以免遗漏。但对危重患者应根据病情重点进行,灵活掌握,应尽量避免因问诊、体检过繁增加患者痛苦,延误治疗时机。男性医师检查女性患者的泌尿生殖系统时,应有女医护人员或第三者(亲属)在场。体格检查的基本内容如下:

1. 生命体征　体温(T)　脉搏(P)　呼吸(R)　血压(BP)

2. 整体情况　①望神:包括神志、精神状况、表情等;②望色:面容、色泽、病容等;③望形:包括发育、营养、体型、体质等;④望态:包括体位、姿势、步态等;⑤声音:语言清晰度,语音强弱如前轻后重、低微,异常声音如咳嗽、呃逆、嗳气、哮鸣、呻吟等;⑥气味:是否正常、有无特殊气味等;⑦舌象:舌体的形态、动态、舌下脉络、舌色、苔质、苔色、有无津液等;⑧脉象:各种脉象。

3. 皮肤黏膜及淋巴结　①皮肤黏膜:包括色泽、纹理、弹性、温度、汗液、斑疹、白㾦、疮疡、瘢痕、肿物、腧穴异常征、血管征、蜘蛛痣、色索沉着等,并明确记录其部位、大小及程度,还要记录皮肤划痕征;②淋巴结:浅表淋巴结有无瘰疬,若有,应记录其大小、活动度、部位、数目、压痛、质地等。

4. 头面部　①头部:有无畸形、肿物、压痛,头发的疏密、色泽、分布,有无疖、癣、瘢痕。②眼:眉毛有无脱落,有无倒睫;眼睑有无水肿、下垂、闭合和歪斜;眼球活动度及有无震颤、斜视;结膜有无充血、水肿、苍白、出血、滤泡;巩膜是否黄染、充血;角膜有无混浊、瘢痕、反射;瞳孔的大小、两侧是否等大、等圆,得神、失神、神呆及对光反射等。③耳:耳廓形态,外耳道是否通畅、有无分泌物,乳突有无压痛,听力情况等。④鼻:有无畸形、中隔偏曲或穿孔,有无鼻甲肥大或阻塞,鼻腔分泌物性状、出血的部位和数量,鼻旁窦有无压痛及嗅觉情况等。⑤口腔:口唇颜色及有无疱疹、皲裂、溃疡,牙齿有无龋齿、缺齿、义齿、残根并注明部位,齿龈的色泽有无肿胀、溢脓、出血、铅线及萎缩,口腔黏膜有无发疹、出血、溃疡及腮腺导管口情况,扁桃体的大小及有无充血、分泌物和假膜,咽部是否充血及反射,腭垂是否居中等。

5. 颈项(是否对称,有无抵抗强直、压痛、肿块,活动是否受限)　颈动脉有无异常搏动及杂音,颈静脉是否怒张。有无肝颈静脉回流征。气管是否居中。有无瘿瘤,如有应描述其形态、强度、压痛,有无结节、震颤及杂音。

6. 胸部 ①胸廓:是否对称,有无畸形、局部隆起、凹陷、压痛,有无水肿、皮下气肿、肿块,静脉有无怒张及回流异常。②乳房:大小,有无红肿、橘皮样外观、压痛、结节、肿块等。③肺脏:呼吸类型、动度、呼吸速度和特征,肋间隙有无增宽、变窄、隆起或凹陷,有无语颤、摩擦音、皮下气肿及捻发音。叩诊音包括清音、浊音、鼓音、实音,异常者应注明部位。肝肺浊音界、肺下界、呼吸时肺下缘移动度。呼吸音的性质包括肺泡音、支气管肺泡音、管状呼吸音,呼吸音的强度包括减弱、增强、消失、有无干湿性啰音,语音传导有无异常。有无胸膜摩擦音、哮鸣音。④心脏:心尖搏动的性质及位置,有无震颤或摩擦音(含部位、时间和强度)。心脏左右浊音界,心脏搏动的节律、频率、心音强弱、分裂,肺动脉瓣区第二心音与主动脉瓣区第二心音的比较,额外心音、奔马律等。有无心脏杂音及杂音的部位、性质、心动期间的传导方向、何处最响及强度。心包摩擦音有无,心律不齐时应比较心率和脉率。

7. 血管 ①动脉:桡动脉的频率、节律包括规则、不规则、脉搏短绌,有无奇脉,左右桡动脉搏动的比较,动脉壁的性质、紧张度和硬度。股动脉和肱动脉有无枪击音。②周围血管征:毛细血管搏动征,射枪音,水冲脉,动脉异常搏动,Duroziez 征即杜罗征。

8. 腹部 ①视诊:对称、大小、膨隆、凹陷、呼吸运动、皮疹、色素、条纹、瘢痕、体毛、脐疝、静脉曲张与血流方向、胃肠蠕动波,有腹水或腹部包块时要做腰围测量。②触诊:腹部柔软,紧张度,有无压痛、反跳痛及其部位与程度,拒按或喜按。③叩诊:有无移动性浊音,包块的部位、大小、形状、软硬度、压痛、移动度。④听诊:鼓音,有无移动性浊音。肠鸣音,有无气过水声、血管杂音及其部位、性质等。⑤肝脏:大小、质地、边缘钝或锐、压痛。表面光滑与否,有无结节。肝浊音界,如有肝大,应图示。⑥胆囊:可否触及、大小、形态、压痛。⑦脾脏:可否触及、大小、硬度、压痛、表面光滑度及边缘钝或锐。脾浊音界,如有脾大,应图示。⑧肾脏:大小、硬度、叩击痛、移动度等。⑨膀胱:可否触及、上界,输尿管压痛点等。

9. 二阴及排泄物 ①二阴:根据需要进行检查;②排泄物:包括痰液、呕吐物、大便、小便、汗液等。

10. 脊柱四肢 ①脊柱:有无畸形、强直、叩压痛,运动度是否受限,两侧肌肉有无紧张和压痛。②四肢:肌力、肌张力,有无外伤、骨折、肌萎缩。关节有无红肿、疼痛、压痛、积液、脱臼,活动度,有无畸形或强直,下肢有无水肿、静脉曲张。指甲或趾甲的荣枯、色泽和形状等。

11. 神经系统 ①感觉:痛觉、温度觉、触觉、音叉振动觉及关节位置觉;②运动:肌肉有无紧张及萎缩,有无瘫痪含部位和程度,系弛缓性或痉挛性,有无不正常的动作,共济运动及步态如何;③浅反射:腹壁反射、提睾反射及肛门反射等;④深反射:股二、三头肌反射及跟腱反射;⑤病理反射:在一般情况下检查霍夫曼征、巴宾斯基征。

(二)病程记录

1. 首次病程记录 首次病程记录必须由具有执业医师资格的接诊医师书写。内容包括:

(1)一般项目:患者姓名、性别、年龄、主诉、入院时间、入院途径如门诊、急诊或转院等。

（2）病情要点：包括重要病史、基本生命体征、症状、体征、已经获得的实验室检查和特殊检查结果。

（3）入院诊断（同住院病历）

（4）诊疗计划：制订诊治计划，目前进行的诊疗措施、治法、方药，对调摄、护理、生活起居宜忌的具体要求。

2. 病程记录　要求及时、准确、详细、文字清晰简练、重点突出，讨论深入。病程记录可由实习医师书写，带教医师应及时阅改并签名。入院及手术后的前3天，至少每日记录1次；危急重症患者，应随时记录；病情稳定者每周至少记录2次。病程记录一律按时间、内容、签名顺序书写。其基本内容与要求如下：

（1）病情变化及治疗情况，特别要注意对生命体征的检查和记录。病情平稳时，要记录一般情况如神志、精神、情绪、饮食、二便等；病情骤变时，应详细记载病情变化，并对可能的预后（如合病、并病等）进行分析判断。

（2）各项检查的回报结果，并进行前后对比。

（3）新开医嘱、停用医嘱及其依据。若变更治法及用药，要求有理有据。

（4）原诊断的修改、新诊断的确定，均应说明理由。

（5）详细记录诊疗操作的情况（如腰穿、骨穿、胸穿等）。

（6）与患者本人、家属或单位负责人的谈话的内容。必要时请对方签名。

（7）上级医师查房（注明其姓名、技术职务），如实记录对病史、体格检查的补充，对患者情况的分析判断以及对检查治疗的具体意见。必要时由上级医师亲自书写或核对审查后签名。

（8）危、急、重、难病例的病程记录，应由上级医师亲自书写或审核后签名。

（9）专科会诊记录由会诊医师在病程记录中或专用会诊单上书写。院外专家会诊或院内大会诊，由经管医师如实记录。

（10）临床药师查房、行政领导查房，与患者病情有关的意见也要记录。

病程记录根据需要还包括以下内容：交（接）班记录、转出（转入）记录、阶段小结、术前讨论记录、手术同意书、麻醉同意书、输血同意书、手术记录、病例讨论记录、抢救记录、出院记录、死亡记录、死亡病例讨论记录等。

二、门诊病案格式及书写要求

（一）初诊记录

　　　　　　　年　月　　日　　　　科别：

姓名　　　性别　　　年龄　　　职业

主诉：（同住院病历）

病史：主症发生的时间、病情的发展变化、诊治经过及重要的既往病史、个人史和过敏史等。

体格检查：记录生命体征、中西医检查阳性体征及具有鉴别意义的阴性体征。特别要注意舌象、脉象。

辅助检查：记录就诊时已获得的有关检查结果。

诊断：

中医诊断：（包括病、证诊断）

西医诊断：

处理：①中医论治：记录治法、方药、用法等；②西医治疗：记录具体用药、剂量、用法等；③进一步的检查项目；④饮食起居宜忌、随诊要求、注意事项。

医师签名：

（二）复诊记录

年　月　日　　　　科别：

记录以下内容：①前次诊疗后的病情变化、简要的辨证分析、补充诊断、更正诊断；②各种诊疗措施的改变及其原因；③同一医师守方超过3次后需要重新誊写处方；④3次没有确诊或疗效不佳者，需要有上级医师的会诊意见，并如实详细地加以记录且要有上级医师签名。

医师签名：

三、急诊病案格式及书写要求

（一）急诊初诊记录

科别　　　　　　　　　　　　年　月　日　时　分

姓名　　　性别　　　年龄　　　职业　　　婚况

地址　　　　　　　　　　联系人　　　　　电话

主诉：（同住院病历，但不能用诊断代替主诉）

病史：（同门诊病历）

体格检查：（同门诊病历）

辅助检查：（同门诊病历）

诊断：

中医诊断：（包括病、证诊断）

西医诊断：

处理：包括以下内容：①有关急诊的检查项目及结果；②中医诊治：记录立法、方药及用法；③西医治疗：记录各种诊疗措施，药物治疗要具体记录药名、规格、用量与用法；④如进行急诊抢救，要记录抢救措施、实施时间、用药及剂量、使用方法等；⑤及时向家属交代病情并记录家属意见，必要时须家属签字；⑥饮食起居宜忌、护理原则、随诊要求。

医师签名：

（二）急诊病程记录

凡在急诊观察的患者应随时书写急诊病程记录，要求同住院病历。急诊观察患者离院时要求记录离院时病情、去向及随诊情况。自动离院者要求有患者及其家属签字。其他记录的书写要求同住院病历。

（三）急诊留观记录

格式及要求同急诊初诊记录。

（四）急救记录

急救记录是对病情危重需要立即进行抢救的患者的诊疗记录，要求及时书写。包括以下内容：①一般项目：姓名、性别、年龄、因（主诉）于×年×月×日×时×分入抢救室。送诊者姓名及与患者的关系。②就诊时的主症、生命体征及阳性体征。③中、西医诊

断。④各种化验检查结果及进一步的抢救治疗计划。⑤各种抢救措施的具体使用方法(如呼吸机、洗胃等有关内容的记录)、执行时间及实施后病情变化。⑥详细记录用药(包括特殊用药)名称、用量、给药途径及速度、医嘱执行时间等。⑦记录上级医师及会诊医师的意见并注明时间。⑧向患者家属交代病情,记录谈话内容和患者家属对诊疗的意见,患者家属签字。⑨抢救记录必须在抢救结束后立即完成,及时记录。⑩记录参加抢救人员的名单,主持抢救医师签名及记录医师签名。

(【实习十二】见实习项目)

(王 璟)

复习思考题

1. 何谓病案? 病案重要的管理学意义体现在哪些方面?

2. 何谓主诉? 简述主诉的正确书写。

3. 简述现病史的书写要求。

4. 中医病名、证名诊断的注意事项有哪些?

实习项目

实习一　观看望诊、舌诊录像及舌象模型

【实习目的】　通过观看望诊、舌诊教学录像及舌象模型,掌握舌诊的方法,熟悉常见病理舌象的特征及临床意义。

【实习时间与地点】　1学时,在中医诊断模拟实训室内进行。

【实习准备】　舌象模型2套,多媒体投影仪1台,望诊及舌象教学录像片各1部。

【实习方法】

1. 集体观看教学录像。

2. 分小组观看舌象模型,注意观察各种病理性舌象的特征。

【实习内容】　观看望诊、舌诊录像及舌象模型。

【实习小结】

1. 望诊的基本方法如何,其观察顺序是怎样的?

2. 请简述舌诊的方法和观察要点。

实习二　舌诊训练与体验

【实习目的】　通过观察生理及病理的舌象,掌握舌诊方法与步骤,熟悉舌的结构和正常舌象的特征;掌握几种病理舌的特征和临床意义。

【实习时间与地点】　1学时,在中医诊断模拟实训室内进行。

【实习准备】　正常舌象的学生,若干个异常舌象者。

【实习方法】

1. 分组相互观察正常舌象,熟悉舌的结构。熟悉舌的不同部位与脏腑的分属关系,掌握正常舌象的特征。

2. 观察若干位患者(或具病理舌象的学生)的舌象。

【实习内容】　舌诊训练与体验,包括以下内容:

舌质的神、色变化:荣、枯、淡白、红、绛、青紫等。

舌形变化：老、嫩、胖、瘦、芒刺、裂纹、齿痕等。

舌态变化：痿软、歪斜、短缩、颤动、吐弄、强硬等。

苔质变化：厚、薄、润、燥、滑、腻、腐、剥落等。

苔色变化：白、黄、灰、黑等。

【实习小结】

1. 通过本次实习，你对正常舌象的特征如何理解？

2. 你掌握了几种异常舌象？请描述其特征。

实习三　问诊方法训练

【实习目的】　在教师示范问诊的基础上，运用中医问诊的理论知识，通过对 3 例典型病例进行问诊，以巩固问诊的内容、方法和步骤，掌握抓住主诉，并围绕主诉展开问诊的方法和技能，初步学会整理病史和进行病名、证名诊断。

【实习时间与地点】　2 学时。在多媒体示教室，或模拟病房进行。

【实习准备】

1. 物品准备　录音机、多媒体投影仪、录音磁带、问诊光盘（或课件）、脉枕、听诊器等。

2. 典型病例准备　筛选胃脘痛、中风、哮喘等 3 位典型患者。

【实习步骤】

第一步：问诊方法示范，即放问诊录音和问诊实况录像（时间控制在 20 分钟以内）。

第二步：实例问诊，以小组为单位，练习询问 1~2 例患者的病史，记录病史，写出病史摘要。

第三步：各组选派代表参与全班讨论。

第四步：老师讲评。

【实习内容】

1. 问诊基本内容训练　包括一般情况、主症（主诉）、现病史、既往病史、个人生活史、月经生育史、家族史等。

2. 典型病例问诊要点

（1）胃脘痛问诊要点：①胃脘痛的部位、性质、程度、时间等情况与发病原因；②平时的饮食嗜好，食欲食量、二便、饮水等情况；③既往病史、个人生活史和家族史。

（2）中风（肝风内动型后遗症患者）问诊要点：①此次发病的时间、症状和原因；②既往是否有头晕、失眠、性情急躁等表现；③平素饮食状况、有无嗜烟、酒等习惯，平常是否注意养生；④家族中有无高血压遗传因素。

（3）哮喘问诊要点：①咳喘病史的年限；②发病诱因，天气气候与发病的关系；③主要临床表现，是否有哮鸣音。

3. 注意事项　问诊时态度和蔼，耐心细致，语言要通俗易懂，力戒使用医学术语，不要套问和暗示，且要尊重患者的主诉。

具体要求：

（1）认真询问，做好病史记录。

（2）以小组为单位在展开讨论的基础上，书面整理病史记录，写出病史摘要，归纳诊断依据，作出中医病名诊断和证名诊断。

（3）各组选派代表参与全班讨论。

【实习小结】 通过本次实训,你最大的收获是什么？并试述其理由或体会。

实习四 切脉方法训练及常见脉象的体验

【实习目的】 学习正确的切脉方法,训练切脉技能,体会常见脉象的指感特征,掌握常见病脉的脉象特征及主病。

【实习时间与地点】 2学时,在示教室或模拟病房进行。

【实习准备】 桌、椅、脉枕、模拟脉象模型。

【实习方法】 教师示教。

1. 被切脉者取正坐位,身体靠近诊察桌边,左或右手臂自然伸出,屈肘100°左右,直腕仰掌。腕下垫一脉枕,使腕部与心脏处于同一水平面,以保证气血的流畅和脉象的正常显现。如被测者取仰卧位,则手臂自然伸直,外展30°。余同坐位。也可用模拟脉象模型示教。

2. 定位与布指 切脉者以右或左手中指按在被测者腕部桡骨茎突内侧桡动脉搏动处,定为"关"部,再以食指按在"关"前（远心端）定"寸"部,无名指按在"关"后（近心端）定"尺"部。切脉时手指微屈,呈弓形,三指头平齐,以指腹按触脉体。布指疏密应根据被测者手臂长度而定,长者宜疏,短者宜密。

3. 切脉者先以三个手指轻按在被测者寸口皮肤上（举法）,然后用力按到筋骨（按法）,再以不轻不重的中等指力,上下左右推移,以取得脉搏最清晰的感觉（寻法）,体会不同指法下的脉象特征。

4. 运用上述方法,体会和辨别脉象的部位深浅、频率快慢、力度强弱、脉体大小、滑涩弦濡等形态特征,判断所切脉象的名称。

【实习内容】

1. 脉动应指的形象,包括脉位、脉力、脉率、脉宽、脉长、均匀度、紧张度、流利度8个因素。这8个因素的指感特征,必须应用正确的切脉指法才能全面感知和体会,并通过反复训练逐步提高手指触觉的灵敏度,获得对各种脉象的辨识能力。

2. 由学生相互练习正确的切脉指法,包括定位、布指、单按、总按,以及举、按、寻等。

3. 重点体会浮、沉、迟、数、虚、实、长、短、滑、涩、弦、紧、洪、细、濡、缓、结、代、促等脉象特征。

【注意事项】

1. 切脉指法训练,在教师指导下,同学间可相互练习,互相纠正。

2. 切脉时要聚精会神,注意调息,保持安静,一次切脉不少于1分钟。

【实习小结】

1. 简述切脉的方法要点。

2. 总结所体验到的几种脉象并描述其脉象特征。

实习五 八纲辨证病案分析与讨论

【实习目的】 通过运用八纲辨证理论对病案进行分析,提高八纲辨证的思维能力,掌握八纲辨证的方法和技术。

【实习时间】 2学时。

【实习方法】 个人准备,集体讨论,教师讲评。

【实习内容】

[病案一] 张某,男,54岁,干部。患者2天前因淋雨后感头痛、略怕冷畏寒、体温38.5℃,当时没太在意。今日就诊感头痛加重、仍怕冷畏寒发热。

查:体温39.0℃,无汗、伴见鼻塞流清涕、嚏喷、身背四肢关节疼痛、二便正常、舌苔薄白、脉浮紧。

要求:①对本病案进行证候分析;②提出八纲辨证诊断、病名和证名诊断。

[病案二] 吴某,男,34岁,振寒蜷卧,头重胸痞,呼吸短促,目合神衰,形态呆木,面色晦滞黯黄,遍身浮肿,尿短、便溏。检查:脉沉迟微、舌淡边有齿痕,苔滑。

要求:①证候分析;②提出八纲辨证诊断、病名和证名诊断。

[病案三] 李某,男,47岁,工人。诉平素消化功能欠佳,昨日因进食不慎,深夜腹痛而如厕排稀便少许,但腹痛未减,且恶寒甚而寒战,腹痛欲呕,肠鸣辘辘,因而送来急诊。体查:急性面容,抱腹呻吟,面白唇紫,心肺无异常,血压120/76mmHg,腹部听诊肠鸣音亢进,余无异常发现。四肢厥冷,苔白滑,脉沉紧。

要求:①证候分析;②提出八纲辨证诊断、病名和证名诊断。

[病案四] 覃某,男,19岁,学生。昨夜以冷水淋浴,今晨起感头晕头痛,身发热,稍恶寒,体温38.7℃,舌淡红,苔白欠润,脉浮数。给服APC(复方乙酰水杨酸片)1片,药后已有汗出,头痛已除,恶寒已罢,但仍觉身热,且有口渴,小便短黄,体温38.1℃,舌红苔黄而干,脉数有力。

要求:①证候分析;②提出八纲辨证诊断、病名和证名诊断。

【实习小结】 你对上述病案的分析与诊断,与老师讲评的结果有无出入?如有错处,错在哪里?请分析其原因。

实习六 病因辨证病案分析与讨论

【实习目的】 试用本章的有关知识进行病案分析,以提高思维、分析及综合运用能力。掌握病因辨证的方法和技术。

【实习时间】 1学时。

【实习方法】 个人准备,集体讨论,教师讲评。

【实习内容】

[病案五] 王某,男,44岁,教师。主诉:头晕、纳少、腹胀、肛门下坠1年余。病史:平素头晕,气短,神疲乏力,食少腹胀。近1年来讲课过多,纳食更少,自觉肛门坠胀,大便稀薄,且有便意未尽之感,努挣过久则有痔核脱出,须用手托送方能回纳。既往有胃下垂、肺结核等病史。检查:体瘦,面色晦暗,舌质淡,苔少,脉弱。

要求:①证候分析与证名诊断;②指出本案的病因病机并且结合患者的发病过程及临床表现简述过劳的致病特点。

[病案六] 李某,女,29岁,已婚。主诉:哭笑无常,自言自语50余天。病史:因事不遂而哭笑无常,自言自语,已50余天,阵发性发作。近来病情加重,发作期间神志不清,胡言乱语,四肢抽搐,昼夜不眠。平素性情忧郁,头重昏蒙,胸胁胀闷喜叹气,神志时清时昧,躁扰不

安,时或暴怒,时或悲泣,生活不能自理。检查:舌淡苔白腻,脉弦数。

要求:①证候分析;②指出本案的病因、病位(涉及哪几脏)、病机,提出病名及证名诊断;③结合患者的发病过程及临床表现阐述七情的致病特点。

[病案七] 钱某,男,8 岁。家长代诉,患儿常脐周腹痛,时作时止,大便失调;伴见面色萎黄,形体消瘦,神疲乏力,头晕心悸,唇爪淡白无华,舌淡脉细弱等。查:腹部可触及条索状虫团;大便镜检发现蛔虫卵。

要求:①证候分析;②诊断依据;③病名与证名诊断。

【实习小结】 你对上述病案的分析与诊断结果与老师讲评有无出入?如有错漏,错在何处?试述其原因。

实习七 气血津液辨证病案分析与讨论

【实习目的】 试用本章的有关知识进行病案分析,以提高思维、分析及综合运用能力。掌握气血津液辨证的诊断能力。

【实习时间】 1 学时。

【实习方法】 个人准备,集体讨论,教师讲评。

【实习内容】

[病案八] 王某,女,41 岁,农民。1985 年 6 月 20 日初诊。主诉:胃脘胀闷,呃逆 15 天。病史:近 15 天来觉胃脘胀闷不适,食少纳呆,复因情志抑郁,遂感胸闷不舒,腹胀,时发呃逆。自昨晚起呃逆不止,不能入睡。

检查:表情痛苦,呃声连连,舌尖红,苔黄腻,脉弦数。

要求:①请用气血津液辨证理论进行证候分析,此病例属何病何证型? ②本例患者的主要病位何在?为什么? ③气机不调与哪一脏腑关系最为密切?为什么?

[病案九] 柳某,女,41 岁,职员。1975 年 11 月 20 日初诊。主诉:右少腹冷痛,月经推后 2 年。病史:近 2 年来觉右侧少腹部冷痛,常于受寒或行经前后发病,局部热敷可缓解疼痛。痛剧时感胁痛,头痛,恶心欲呕。月经推后或前后无定期,经血黯紫、时夹血块,白带较多,口和不渴,小便清长,大便尚正常,手足发凉。检查:右少腹轻按痛。舌苔白润,脉沉弦。妇科检查诊断为"附件炎"。

要求:①证候分析;②本病例病位在气还是在血?为何病何证? ③本例患者的辨证要点是什么?

[病案十] 张某,男,34 岁,工人。1986 年 8 月 11 日初诊。主诉:咳嗽,右胸胁胀痛 15 天。病史:15 天前恶寒发热、咳嗽。在单位医务室治疗,寒热消失,咳嗽时作,并感右侧胸胁胀闷作痛,上周经 X 线检查发现右胸膜腔积液。现咳嗽,吐少量稀白痰、胸闷,右侧胸胁胀痛与轻按痛,午后低热,口干不欲饮,食少二便尚调。检查:舌质正常,舌苔薄黄,脉弦滑。

要求:①证候分析;②本病例为"四饮"中的何饮?饮停何处? ③指出本病证的主要病位与病因病机特点。

[病案十一] 李某,24 岁,技术员。1978 年 5 月 16 日初诊。主诉:胸胁胀闷 1 个月,右胁疼痛 15 天。病史:上月中旬开始两胁胀闷不舒,本月初又添右胁胀痛,叹气后觉舒。伴头晕失眠,不欲饮食,口干微苦,大便欠爽,精神不振。自以为患了肝炎,经检查肝功能正常,服维生素 B₁、吲哚美辛(消炎痛)等药品无效。此前有因失恋而致情志抑郁病史。检查:舌苔

薄白,脉弦。

要求:①证候分析;②诊断病名和证名;③导致疾病的病因是什么? 病位主要在哪一脏? 其主要病机是什么?

【实习小结】 你对上述病案的分析与诊断结果与老师的讲评有无出入? 如有错漏,错在哪里? 并试述其原因。

实习八 脏腑辨证病案分析与讨论

【实习目的】 巩固脏腑辨证章节的相关内容。试以本章节的理论知识对临床病证进行辨析,借以提高学生综合分析能力及判断问题、解决实际问题的能力,掌握脏腑辨证的方法和技术。

【实习时间】 2 学时。

【实习方法】 个人准备,集体讨论,教师讲评。

【实习内容】

[病案十二] 李某,男,56 岁,近年有左胸部憋闷疼痛,时发时止,现症见左胸部阵发闷痛及刺痛,胸闷心悸,咯痰较多,动则气短,面白体胖,身重体倦,舌淡,苔白腻,脉沉弱或结代。

要求:①找出主症;②证候分析;③病名诊断(中、西);④证名诊断。

[病案十三] 许某,女,18 岁,1985 年 6 月 9 日初诊。患者 2 个月来,午后低热、咳嗽咳血、胸部隐痛,痰少,难咯,色黄,盗汗,口干咽燥,形体消瘦,大便干,舌红少苔,脉细数。X 线摄片诊断为"肺结核"。

要求:①找出主症;②证候分析;③病名诊断(中、西);④证名诊断。

[病案十四] 陈某,女,23 岁,1996 年 4 月 25 日初诊。患者素体虚弱,稍进油腻则大便泄泻。近半月来,自觉精神疲惫,乏力,自汗,纳谷不香,脘腹胀满,大便溏泄,曾服数种西药(药名不详),疗效不显,今要求中医治疗。见面色萎黄,形体消瘦,舌淡苔白,脉弱无力。

要求:①找出主症;②证候分析;③病名诊断;④证名诊断。

[病案十五] 张某,女,25 岁,1998 年 4 月 8 日初诊。患者性格内向,平素寡言少语。数日前与人争吵后,一直情绪郁闷,自觉两胁胀满,叹息则舒,月经来潮,经量适中,舌红,少腹、乳房胀痛不适,苔薄,脉弦。

要求:①找出主症;②证候分析;③病名诊断和证名诊断。

[病案十六] 王某,男,67 岁,退休教师。3 年来视力逐渐下降,视物模糊,且视物稍久则头昏目胀,眼球干涩,常赖眼药水点润。经眼科检查提示:早期白内障。就诊时症状同前,查目无光彩,瞳仁混浊,舌体干瘦、质红、少苔,脉弦细。

要求:①找出主症;②证候分析;③病名诊断(中、西);④证名诊断。

[病案十七] 杨某,男,59 岁,患者有风湿性心脏病、重度主动脉瓣关闭不全病史,曾用小剂量强心剂,即引起中毒反应,心律失常,遂停用,改服中药。现见面色苍白、晦暗、日夜端坐、不得平卧;心悸、气促、自汗、四肢冰冷、肝大、下肢浮肿、小便不利。舌质淡而夹青,苔白,脉虚大,重按无力。

要求:①找出主症;②证候分析;③病名诊断(中、西);④证名诊断。

【实习小结】 你对上述病案分析与诊断结果与老师讲评有无出入? 如有错漏,错在哪里？并试述其原因。

实习九　六经辨证病案分析与讨论

【实习目的】　运用六经辨证的理论知识进行病案分析,以提高思维、综合分析及诊断的能力。

【实习时间】　1学时。

【实习方法】　个人准备,集体讨论,教师讲评。

【实习内容】

[病案十八]　王某,女,50岁,退休教师。1978年11月20日初诊。主诉:恶寒发热,头项强痛1天。病史:素体虚弱,时患感冒。昨日傍晚觉恶寒,头身痛,自服APC(复方乙酰水杨酸片)2片,夜间出汗较多,诸症消失。但今晨全身不适,头痛发热,鼻塞流清涕,恶风,喷嚏连声,头项强痛不舒,俯仰不自如,如同"落枕",卧于帐中,未进早餐。检查:舌淡红,苔薄白,脉浮缓。

要求:①证候分析。②运用六经辨证进行病名诊断和证名诊断。其辨证依据是什么?

[病案十九]　张某,女,27岁,农民。2002年10月9日初诊。主诉:高热,汗多,烦渴1周。病史:1周前在田间劳动后,自觉身热头痛,周身不适,入夜尤甚。次日去乡卫生院按感冒诊治,给服中药2剂,虽经反复出汗,但高热如蒸,持续不退。昨下午始感两脚痿软,步行不便。现仍觉身热汗多,不恶寒反恶热,口干烦躁,渴饮冷水,不思饮食,面赤气粗,小便黄赤,大便已解。检查:体温39.2℃,舌质鲜红少津,无苔。脉象洪大而数。双下腿神经反射正常。

要求:①证候分析;②本病例属六经病之何病何证? ③该病证的辨证要点是什么?

[病案二十]　范某,女,37岁,教师。1995年7月19日初诊。主诉:恶寒发热,胁胀闷,口苦,不欲食3天。病史:3天前始感恶寒发热,头身痛,当时未介意。今晨起一阵恶寒,一阵发热,头两侧痛甚,并觉两胁肋胀闷不适,口苦,咽干,恶心,不欲食,心烦易怒,尿黄,大便已解。检查:体温37.8℃,舌质淡红,苔微黄有津。脉弦细。

要求:①证候分析并归纳病机;②本病例属六经病之何病何证? 其辨证依据是什么? ③本证型之恶寒发热与太阳病、阳明病有何不同?

【实习小结】　对照教师的讲评,修改有关错漏之处。

实习十　卫气营血辨证病案分析与讨论

【实习目的】　运用卫气营血辨证的理论知识进行病案分析,以提高思维、判断及诊断能力。

【实习时间】　1学时。

【实习方法】　个人准备,集体讨论,教师讲评。

【实习内容】

[病案二十一]　汪某,男,32岁,泥工。1979年7月12日初诊。主诉:发热,微恶寒,周身痛3天。病史:前晚因天气热,夜卧室外受凉,昨日微恶寒,发热,全身不适,因施工任务紧张,仍坚持上班。今晨仍发热,微恶风寒,全身关节酸痛,无汗,口渴,不欲食,小便稍黄,伴咳

嗽。检查:面额灼手,体温 39.2℃。舌尖红,苔薄微黄,脉浮数。

要求:①证候分析并归纳病机;②本病例以卫气营血辨证属何证型? ③本例患者的辨证要点是什么? 八纲辨证为何证?

[病案二十二] 高某,男,17 岁,学生。主诉:咳嗽、发热 1 周,加重并伴气喘 2 天。病史:咳嗽,发热 1 周。伴有恶寒,发热,吐痰。昨日起高热,咳嗽加重。就诊时发热,微恶风,汗多,咳嗽气喘,吐黄稠痰,胸闷食少,口渴多饮,小便短少。检查:体温 39.4℃,面色赤,舌质红,苔薄黄,脉滑数。右下肺闻及湿性啰音。血液化验:白细胞计数 $21×10^9$/L,中性粒细胞百分比 86%,淋巴细胞百分比 14%。胸透:右下肺小片状阴影。

要求:①证候分析并归纳病机;②本病例以卫气营血辨证属何证型? ③本例患者的辨证要点是什么? 八纲辨证为何证?

[病案二十三] 李某,女,4 岁,1987 年 6 月 1 日初诊。主诉:身热,躁扰,夜间尤甚 8 天。病史:上月 23 日患儿突然高热,体温达 39.6℃,疲乏欲寐,稍有咳嗽,二便及胸透检查无异常,急诊以"高热待查""上呼吸道感染"收入院。经注射青、链霉素及输液等治疗 1 周,病情未能控制。现仍发热,神志时昏,谵语,躁扰不安,夜间尤甚,手足时有抖动,尿混黄而短,大便 3 日未解。检查:体温 39.6℃。舌质红绛,舌苔黄燥,脉细数。面红气粗,目闭口张,嘴唇干裂,身热烫手。血液化验:白细胞计数 $12.7×10^9$/L,中性粒细胞百分比 86%,淋巴细胞百分比 13%。

要求:①证候分析;②本病例以卫气营血辨证属何证型? ③辨证要点是什么? 病位何在?

【实习小结】 对照老师的讲评,修改不妥之处,并认真分析失误的原因。

实习十一　综合运用诊断知识进行病案分析和讨论

【实习目的】 巩固本章诊断综合运用的有关内容,使用本章的有关知识进行病案分析以提高思维、分析及综合运用的能力。

【实习时间】 2 学时。

【实习方法】 个人准备,集体讨论,教师讲评。

【实习内容】

[病案二十四] 李某,男,17 岁,学生。1963 年 4 月 8 日初诊。主诉:气促、喉中痰鸣 3 天,高热 1 天。病史:自幼患"支气管哮喘",逢寒则发。身材瘦小,平素神疲乏力,怕冷,手足不温,大便溏薄。5 天前淋雨受凉后旧疾又作,呼吸急促,喉中哮鸣有声,形寒怕冷,因未及时治疗,病情加重。昨日开始发热(39.1℃),气粗痰鸣,咳呛阵作,不得平卧,痰黄黏稠,烦躁,面红,咽喉肿痛,口苦口干。检查:舌质红,苔黄腻,脉滑数。血化验:白细胞计数 $19×10^9$/L,中性粒细胞百分比 89%,淋巴细胞百分比 11%。

要求:①找出主症;②进行证候分析;③辨病因、病位、病性、病势、病机;④病名诊断、证名诊断;⑤对病情资料的属性进行分类;⑥提出治法与方药;⑦简述你在诊断过程中具体运用了哪几种辨证方法。

[病案二十五] 刘某,男,32 岁,干部。1986 年 8 月 22 日初诊。主诉:发热、腹痛、里急后重,便下脓血,肛门灼热 1 周。病史:病腹胀、肠鸣、大便带有黏液,时轻时重,历时 3 年,服药疗效不显,后经乙状结肠镜检查,结论为"慢性肠炎"。1986 年 8 月因大量饮酒、饮食不节

而病情加重。症见腹痛，里急后重，便下脓血，日行5~6次，肛门灼热，小便短赤，伴肠鸣、矢气频数。检查：舌红，苔黄腻，脉弦滑。大便常规：黏液便，红细胞（++），白细胞（+++）。

要求：①找出主症；②进行证候分析；③辨病因、病位、病性、病势、病机；④病名诊断、证名诊断；⑤对病情资料的属性进行分类；⑥提出治法与方药；⑦本案的辨证要点是什么？指出本案的原发病和继发病是什么？简述二者之间的标本关系。

[病案二十六] 许某，女，4岁。1965年5月12日初诊。主诉：烫伤后高热、谵妄、口渴引饮3天。病史：3天前患儿不慎跌入煮开的猪饲料内，虽自行爬出，但头面、左肩背、臂部皆烫成重伤，其父以凉水洗净后，自采一些草药外敷。当晚患儿即发热，烦躁，口渴引饮，呻吟不已，家长认为系"火毒"和疼痛之故，未做特殊处理。昨日请当地一医生诊视，注射一针，并给服西药（药名不详），发热未退，且谵语妄言，今晨急诊入院。现仍高热、谵妄、口渴、烦躁不安、小便短、大便2日未解。检查：体温40℃，舌绛，苔黄燥，脉细数。神志不清，呼吸急迫，面红唇焦。烫伤处皮肤红赤或赤暗，大小不等水疱，间有水疱溃破，左肩部有脓性分泌物。

要求：①找出主症；②进行证候分析；③辨明病因、病位、病性、病势、病机；④病名诊断、证名诊断；⑤试述你在辨证过程中具体运用了哪些辨证的逻辑思维方法。

[病案二十七] 刘某，女，39岁，农民。1985年11月15日初诊。主诉：反复下肢浮肿2年，加重2个月。病史：1983年冬天始有下肢微肿，去冬今春，面部亦浮肿，至夏浮肿渐觉好转，故未在意。2个月前，浮肿较前加重，并伴神疲乏力，下肢清冷等，在当地人民医院诊断为"慢性肾炎急性发作"，给服西药（药名不详），疗效不显，反觉头晕，恶心不适。故求中医诊治，现面目及双下肢明显浮肿，全身乏力，腹胀纳少，两足厥冷，腰酸痛，口不渴，小便短少，大便稀溏。检查：慢性病容，下肢按之凹陷，无明显腹水征。舌淡体胖，边有齿痕，苔薄白而润，脉沉迟无力。

要求：①列出本案的主症、次症；②进行证候分析；③辨病因、病位、病性、病势与病机；④病名及证名诊断；⑤你在辨证过程中，主要运用了哪种逻辑思维方法？为什么？

【实习小结】 你对上述病案分析与诊断的结果与老师讲评有无出入？错漏之处何在？试分析原因。

实习十二　病历书写训练

【实习目的】 通过对"住院病历"的书写训练，要求掌握住院病案书写的基本格式、排列顺序、书写要求。通过对"主诉""辨病辨证依据""西医诊断依据"的归纳与提炼，并给出中、西医正确诊断，以提高独立思考和诊断思维的能力。

【实习时间】 1学时。

【实习准备】 任课教师应提供正规印刷的、规范的中医住院病历空白稿纸。

【实习方法】 个人准备，教师批阅或组织讨论。

【实习内容】

[病案二十八] 吴某，男，59岁，汉族，已婚，干部，出生于武汉市，住××市××街××号，1999年2月23日9时10分入院，1999年2月23日9时30分病史采集，病史陈述人为患者，病史可靠，于雨水前1天发病，病案号为45732。

1999年2月17日由于家庭纠纷而生闷气，次日10时许在工作时，突感心悸、气促、胸部闷痛，即去医务室就诊，予硝酸甘油片0.3mg舌下含服，氨茶碱0.1g口服，半小时后症状略有好转。下楼时,骤然心悸加重,头晕倒地。被扶起时,发现左侧肢体完全不能活动,失语,口角向右喎斜,两眼向左凝视,冷汗频出,双手发冷,喘促,烦躁不安。即送某人民医院急诊,当时查 BP150/120mmHg,心率 132 次/分钟,心律不齐,心尖区闻及双期杂音,心电图示"二尖瓣 P 波,心房颤动"。诊断为脑栓塞;风湿性心脏病,二尖瓣狭窄并关闭不全,心房颤动。予烟酰胺 200mg 加入 10% 葡萄糖注射液 250ml 静脉滴注,1 次/日;20% 甘露醇 125ml 静脉滴注,1 次/8 小时。下午 6 时眼球已无偏斜,但心悸、半身不遂未好转。至 2 月 23 日,半身不遂仍无好转,遂由亲友抬至我院求治,门诊以"缺血中风,心痹;脑栓塞,风湿性心脏病"收住院治疗。现左侧肢体不能活动,语言欠流利,口角喎斜,头痛沉胀如裹,胸闷,气促,心悸,难于平卧,咳嗽,咯黄稠痰,食少,恶心,下肢水肿,夜寐不安,神疲倦怠,尿少,2 月 18 日以来未解大便。

出生于武汉市,曾去过广东、海南、苏杭等地。住地潮湿。工作、生活条件一般。喜食辛辣,吸烟 12 年(约 10 支/日),嗜酒(每日约 250ml)。性情急躁。长期从事管理工作。否认粉尘、毒物、放射性物质接触史。否认药物、食物及其他过敏史。25 岁结婚,配偶健康状况良好,育 1 男 1 女,身体健康。母年过八旬,健在。父因脑出血于 64 岁时去世。以往体质较差,1979 年 2 月起有咽部疼痛反复发作及风湿性关节炎病史,但 1990 年 3 月以来无关节肿痛。1989 年 5 月因心悸、气短,曾在某医院经心脏超声检查为风湿性心脏病,经治(具体不详)未愈,症状时有发作。否认肺痨、肝热等传染病史及其接触史,否认肾脏、血液、内分泌及神经系统疾病病史。否认外伤、手术、中毒、输血史。

皮肤颜色、纹理正常,湿润,弹性欠佳,无斑疹、蜘蛛痣、疮疡、瘢痕及异常色素沉着、皮下结节、肿块、瘀斑、紫癜、肌肤甲错及腧穴异常征,皮肤划痕征阴性,黏膜无异常发现。神志清楚,诊查合作。发育正常,营养较差。急性面容,表情痛苦,神疲倦怠。体型正常(身高约 170cm,体重 63kg)。被动斜坡卧位。面白颧红,呈二尖瓣面容。语言不清,声音低怯,呼吸急促,咳声时作。未闻及异常或特殊气味。口角向右喎斜,舌体偏胖,边有齿痕,伸舌向左歪斜,舌质黯,苔中心黄而腻,舌底脉络紫黯迂曲。脉促。T 36.5℃,P 96 次/分钟,R 21 次/分钟,BP 150/120mmHg,全身浅表淋巴结无肿大、粘连及压痛。

颈项双侧对称,活动自如,无抵抗强直、压痛或肿块。颈动脉搏动正常,无杂音。颈静脉稍充盈,呈现青筋暴露。肝颈静脉回流征阳性。气管居中。甲状腺无肿大、压痛、结节、震颤及杂音。头颅大小正常,无畸形、肿物及压痛,无疖、癣、瘢痕。毛发稀疏,白发过半,光泽尚可,分布正常。目窠微陷,双目欠神。眉毛无脱落,无倒睫。眼睑无水肿,下垂、闭合或歪斜。眼球活动自如,无震颤或斜视。结膜无充血、水肿、出血或滤泡。巩膜无充血,无黄染。角膜清澈无瘢痕,角膜反射存在。瞳孔大小正常,双侧等大、等圆,对光反射灵敏。耳廓红润,形状正常。外耳道通畅,无分泌物、耳瘘。乳突无压痛。听力正常。鼻无畸形,鼻翼微有扇动,左侧鼻唇沟变浅。鼻中隔居中,无穿孔。无鼻甲肥大或阻塞。鼻腔中有少量稠涕,无异常气味或出血。鼻旁窦无压痛。嗅觉灵敏。唇色暗淡,轻度发绀,无疱疹、皲裂或溃疡。口角向右喎斜,伸舌偏左。牙齿黄垢,排列不整,左下磨牙有 1 枚缺如,无龋齿、义齿。齿龈稍黯,无肿胀、溢脓、出血及萎缩。口腔黏膜无疱疹、出血或溃疡。扁桃体无肿大、充血、假膜或分泌物。咽部红润,无红肿充血。腭垂居中。

心率 126 次/分钟,心律绝对不齐,心音强弱不一,心尖区可闻及收缩期吹风样杂音Ⅲ级,向左腋下传导,并闻及舒张期隆隆样杂音。未闻及心包摩擦音。桡动脉脉率 96 次/分钟,心律不齐,脉搏短绌。股动脉及肱动脉无枪击音。未发现其他异常周围血管征。胸廓外形正常,双侧对称,肋间隙正常,无局部隆起、凹陷、压痛、水肿、皮下气肿或肿块,无压痛和叩击痛,无静脉怒张及回流异常。双乳房无异常发现。混合呼吸,速率正常,双侧呼吸活动度对称,语颤正常。双肺叩诊清音,下界正常,呼吸音略低,下部可闻及散在细湿啰音,语音传导正常,无胸膜摩擦音、哮鸣音。心尖冲动位于左锁骨中线上第4、5肋间,无负性心尖冲动及心前区弥散性搏动,无震颤或心包摩擦感。心浊音界向左右两侧扩大(见下表)。

心脏左右浊音界表

右(cm)	肋间(cm)	左(cm)
3	Ⅱ	3
4	Ⅲ	5
5	Ⅳ	7
	Ⅴ	10

锁骨中线距正中线8cm

脊柱生理曲度存在,无畸形、强直、叩压痛,活动自如,两侧肌肉无紧张,压痛。四肢形态正常,无外伤、骨折、肌萎缩。四肢关节无红肿、疼痛、压痛、叩痛及脱臼,无畸形或关节强直。指、趾甲红润,有光泽,形态正常。双下肢轻度浮肿。腹部对称,大小正常,呼吸运动正常,无膨隆、凹陷、皮疹、瘢痕、黄染、异常色素沉着及条纹。无脐疝、静脉曲张、胃肠蠕动波。全腹柔软,无压痛、反跳痛、叩击痛及异常包块。叩诊鼓音,肠鸣音1~2次/分钟,无移动性浊音、气过水声及血管杂音。肝于右锁骨中线肋下4cm、剑突下6cm可及,质地中等偏软,表面及边缘光滑,无结节,有轻微触痛。未扪及胆囊,墨菲征阴性。未扪及脾脏、肾脏及膀胱。双肾区无压痛、叩击痛。直肠肛门无异常发现,外生殖器无异常发现。右侧肢体活动自如,肌力、痛觉、触觉、温度觉及关节位置觉正常。左侧肢体不能活动。左上下肢肌力均为0度,肌张力减弱,浅感觉减退。左侧膝反射亢进,左侧Babinski征阳性。右侧肱二、三头肌反射正常,腹壁反射、跖反射、提睾反射、膝腱反射及跟腱反射均正常。脑膜刺激征阴性。血常规:Hb 120g/L,WBC 7.5×10^9/L,N 75%,L 25%。尿常规:黄、清、蛋白微量,镜检无异常。肝功能:HBsAg正常。脑脊液:正常。心电图:二尖瓣P波,心房颤动。

要求:①依照住院病历书写要求所规定的格式、排列顺序对本案进行整理。②在全面分析临床资料的基础上写出"主诉";"诊断依据",包括"辨病辨证依据"(不少于500字)和"西医诊断依据"(不少于300字);"诊断"包括"中医诊断"(含病名诊断和证名诊断)和"西医诊断";"治则治法""方药"及"调护宜忌"。

【实习小结】 认真阅读老师批改意见,并改正错漏之处。

(马维平)

附录一　常见症状的鉴别诊断

症状鉴别诊断,是研究同一症状在不同证候中出现的特点、机理和规律,即解决主症相同或相似而证候却不同的鉴别问题。症状鉴别是辨证或辨病的重要内容。有些症状作为主症时,又是中医的病名。因此,这些症状的鉴别诊断实际就是疾病的鉴别诊断。

一、发热

发热是指体温升高或体温无明显升高而患者自觉有发热的感觉。由于发热的时间、部位、热势程度及伴随症状不同,临床可分为恶寒发热、壮热、潮热、寒热往来、烦热、微热等不同类型。

(一)恶寒发热

恶寒发热是指恶寒与发热同时出现。六经辨证的太阳病、卫气营血辨证的卫分证、三焦辨证的上焦证均可见此症,为外感表证的主症。

【常见证型】　①风寒束表证:又称风寒表实证或太阳伤寒证。恶寒重而发热轻,头痛身痛,无汗,鼻塞流清涕,咽喉不适,苔薄白而润,脉浮紧。②风袭表虚证:又称风寒表虚证或太阳中风证。恶风而发热较轻,自汗,头痛喷嚏,鼻塞流涕,喉痒不适,或见隐疹,苔薄白,脉浮缓。③风热犯表证:又称卫分证。发热较重而微恶风寒,头胀痛,鼻塞流浊涕,口微渴,咽喉红肿疼痛,舌尖红,苔薄黄或苔薄白而干,脉浮数。④暑湿困表证:发热恶寒,头身重痛,心烦口苦,渴不欲饮,身倦气短,脘痞呕恶,尿短赤,舌红苔微黄腻,脉濡缓或数。⑤肺卫湿热证:属上焦湿热证。身热不扬而微恶寒,头身重痛,困倦乏力,胸闷不饥,面色淡黄,或咽痛微咳,小便短少,苔白腻,脉濡缓。⑥燥邪伤肺证:轻度发热恶寒,口鼻咽喉干燥,头痛鼻塞,干咳痰少而黏,不易咯出,口微渴,苔薄白而干,脉浮细。发于秋季。温燥者,则热重寒轻,渴甚咽红肿,舌尖红,苔黄脉数;凉燥者,则寒重热轻,身重无汗,痰稀脉紧。⑦风水相搏证:属阳水,见恶寒发热,先睑面浮肿,继则四肢及全身皆肿,小便不利,咽喉不适或疼痛,咳喘,苔薄白,脉浮滑。

【鉴别要点】　①风寒束表证:以恶寒重,发热轻,无汗身痛,脉浮紧为辨证要点。②风袭表虚证:以恶风,微热,汗出,脉浮缓为辨证要点。③风热犯表证:以发热重,微恶风寒,咽痛口渴,脉浮数为辨证要点。④暑湿困表证:以恶寒发热,头身重痛,脘痞呕恶,身倦尿赤为辨证要点。⑤肺卫湿热证:以身热不扬,微恶寒,头重身困,胸闷不饥为辨证要点。⑥燥邪伤肺证:以口、唇、鼻、咽干燥,干咳,痰少而黏,寒热轻微为辨证要点。⑦风水相搏证:以风热(或寒)表证,睑面先肿,继而全身浮肿,小便短少为辨证要点。

(二)壮热

壮热是指发热较甚,扪之烙手,体温在39℃以上,又称高热。壮热是邪正剧争,热邪亢盛的标志,多见于外感病的中、极期。

【常见证型】 ①气分热盛证:壮热恶热,汗多,烦躁头痛,渴喜冷饮,尿赤便结,或咳喘胸痛,或胁腹胀痛,舌红苔黄燥,脉洪滑数。本证可见于伤寒阳明证、温病气分证。②邪陷心包证:壮热恶热,神昏谵语或昏愦不语,舌謇肢厥,舌质红绛,苔黄而干,脉细数有力。多见于温病极期。③热入营血证:壮热夜甚,口渴而饮水不多,心烦躁扰或昏谵,肌肤发斑或吐血、衄血、尿血、便血,舌绛苔黄,脉数有力。多见于温病极期。④热极生风证:壮热恶热,头目胀痛,手足躁动,甚则抽搐,牙关紧闭,颈项强直,角弓反张,神昏狂乱,口干唇燥,尿短黄,或腹胀便秘,舌红苔黄燥,脉弦数有力。⑤中焦湿热证:壮热起伏,汗多不解,烦渴胸闷,脘痞呕恶,头重身困,腹胀便溏不爽,尿短赤灼热,舌红苔黄腻,脉滑数。多见于暑温、湿温病极期。⑥大肠湿热证:壮热恶热,暴泻腹痛,或下利脓血黏液,里急后重,肛门灼热,心烦呕恶,口干不欲饮,小便短赤,舌红苔黄腻,脉濡数或滑数。

【鉴别要点】 ①气分热盛证:以高热,汗多,渴喜冷饮,脉洪大为辨证要点。②邪陷心包证:以发病急骤,壮热神昏,舌謇肢厥为辨证要点。③热入营血证:以身热夜甚,肌肤发斑或急性出血,舌绛为辨证要点。④热极生风证:以高热并见抽搐、项强、口噤等为辨证要点。⑤中焦湿热证:以壮热起伏,头身重困,脘痞腹胀,烦渴尿赤为辨证要点。⑥大肠湿热证:以发热,腹痛,里急后重,暴泻或下利脓血为辨证要点。

(三)潮热

潮热是指发热有一定规律性,盛衰起伏,如潮水涨落,一日一次,按时而发,按时而止。若一日数发,不属潮热范畴。多见于外感病的中、后期及某些内伤杂病。

【常见证型】 ①阳明腑实证:日晡潮热,热势较高,汗出而热不退,脐腹硬满疼痛拒按,便秘或纯利稀水,烦躁口渴,甚则神昏谵语、狂乱,舌红苔黄燥甚或灰黑起芒刺,脉沉实或数而有力。②痰热阻肺证:潮热,午后热甚,咳嗽喘促,痰涎壅盛,痰黄稠浊,胸闷脘痞,尿短黄,大便不畅,舌红苔黄腻,脉滑数。③三焦湿热证:午后潮热,身热不扬,头身困重,胸脘痞闷,腹胀便溏,口渴不欲饮,呕恶不欲食,尿短黄,舌略红苔淡黄腻,脉濡稍数。④阴虚火旺证:午后或夜间潮热,低热不退,骨蒸颧红,盗汗口渴,或五心烦热,失眠乏力,干咳少痰,或痰中带血,或头晕耳鸣,形体消瘦,舌红绛少苔少津,脉细数。

【鉴别要点】 ①阳明腑实证:以日晡潮热,热势较高,脐腹硬满疼痛拒按,便秘或纯利稀水为辨证要点。②痰热阻肺证:以午后潮热,咳嗽喘促,痰黄稠浊为辨证要点。③三焦湿热证:以午后潮热,身热不扬,胸脘痞闷,腹胀便溏为辨证要点。④阴虚火旺证:以午后或夜间潮热,低热不退,骨蒸盗汗,口干咽燥为辨证要点。

(四)寒热往来

寒热往来是指恶寒与发热交替发作的一种热型,其寒时自寒而不觉热,其热时自热而不觉寒,是半表半里证的特征。常见于少阳证和疟疾。

【常见证型】 ①伤寒少阳证:寒热往来,胸胁苦满,心烦喜呕,不欲饮食,口苦,咽干,目眩,舌边红,脉弦。②肝胆湿热证:寒热往来,热势起伏,胁肋灼痛,口苦心烦,胸闷腹胀,呕恶厌食,便溏不爽,小便短赤,舌红苔黄腻,脉弦数或濡数。③疟邪出入证:寒战高热,休作有时,一日、二日或三日一次,反复发作,头身剧烈酸痛,口渴引饮,汗出后热退身凉,周身乏力,脉弦。见于疟疾。

【鉴别要点】　①伤寒少阳证:以寒热往来无定时,胸胁胀满,口苦目眩为辨证要点。②肝胆湿热证:以寒热往来,热势起伏,胁痛腹胀,呕恶厌食为辨证要点。③疟邪出入证:以寒战高热,休作有时,反复发作,头身剧痛,汗出热退身凉为辨证要点。

(五)烦热

烦热是指因发热而烦躁不安,坐卧不宁,又称五心烦热或五心如焚。五心指两手心、两足心和心胸处。烦热属里热证,虚实皆可导致。

【常见证型】　①热扰胸膈证:烦躁不安,身热或自觉胸膈灼热如焚,失眠,唇焦口燥,口渴便秘,舌红苔黄,脉浮滑数。②气分热盛证:心烦壮热,头痛头胀,面赤气粗,口渴喜冷饮,汗多尿赤,或大便秘结,苔黄燥,脉洪数有力。③热入心营证:烦躁发热,夜寐不安,身热夜甚,手足躁扰,有时谵语神昏或狂乱,咽干唇焦,斑疹隐隐,舌红绛,脉细数。④热入血分证:烦躁灼热,斑疹紫黑,或吐衄、便血、尿血,血色鲜红或紫红,甚则昏狂谵妄,痉挛肢厥,舌质深绛,脉细数疾。⑤中焦湿热证:烦躁发热,身热起伏,汗出不解,口渴不欲饮,胸脘痞闷,呕恶纳呆,腹胀便溏,尿短黄,或见黄疸,舌红苔黄腻,脉滑数或濡数。⑥阴虚火旺证:五心烦热,或低热不退,骨蒸盗汗,失眠眩晕,颧红咽干,尿黄便秘,形体消瘦,舌红绛少苔少津,脉细数。

【鉴别要点】　①热扰胸膈证:以胸膈灼热如焚,心烦失眠为辨证要点。②气分热盛证:以高热恶热,烦渴多汗,脉洪数为辨证要点。③热入心营证:以身热夜甚,夜寐不安,躁扰昏谵,舌红绛为辨证要点。④热入血分证:以烦躁灼热,昏狂发斑或吐衄便尿血,舌深绛为辨证要点。⑤中焦湿热证:以烦渴不欲饮,身热不扬,午后热甚,脘痞便溏为辨证要点。⑥阴虚火旺证:以五心烦热,低热不退,骨蒸盗汗,颧红消瘦为辨证要点。

(六)微热

微热是指轻度发热,热势不高,体温不升高或在38℃以下,又叫低热。常见于某些内伤病或温热病的恢复期。

【常见证型】　①肺胃阴虚证:微热,干咳少痰,或痰黏不易咯出,口舌干燥而渴,脘痞嘈杂,饥而不欲食,尿黄便秘,舌红少津,脉虚细。②肝肾阴虚证:低热久留不退,或五心烦热,颧红盗汗,目涩咽干,眩晕耳鸣,腰膝酸软,舌绛而干少苔,脉虚数。③肝气郁结证:低热,热势随情绪而波动,精神抑郁或烦躁易怒,胸闷胁胀,口苦嗳气,善太息,舌黯苔白,脉弦。④脾虚气陷证:低热时发时止,多在劳累后发生或加重,头晕乏力,气短懒言,食少便溏,自汗恶风,舌淡苔薄,脉缓弱。

【鉴别要点】　①肺胃阴虚证:以微热,干咳少痰,脘痞嘈杂,饥而不欲食为辨证要点。②肝肾阴虚证:以低热不退,眩晕耳鸣,腰膝酸软为辨证要点。③肝气郁结证:以发热随情绪而波动,胸闷胁胀,口苦嗳气为辨证要点。④脾虚气陷证:以低热在劳累后发作或加重,气短乏力,食少便溏为辨证要点。

二、异常出汗

凡与气候、劳动、情绪等因素无关的汗出过多,都属于异常出汗。异常出汗按其汗出部位和特点可以分成许多种,这里重点介绍自汗、盗汗及半身出汗3种。

(一)自汗

自汗是指不因劳动和天气过热,白天时时汗出,动则加剧,称为自汗。自汗乃阴阳失调,营卫不利,津液外泄所致,外感、内伤病均可发生,尤以气虚、阳虚多见。

【常见证型】　①肺脾气虚证:亦称肺卫不固证。自汗恶风,劳动则加剧,易于感冒,神疲乏力,气短懒言,食少便溏,面淡白无华,舌淡苔薄白,脉弱。②风袭表虚证:又叫营卫不和或太阳中风证。自汗恶风,低热头痛,肢体酸痛,鼻塞流涕,喷嚏喉痒,舌苔薄白,脉浮缓。③气分热盛证:全身汗出量多,高热恶热,烦渴引饮,面红目赤,气急乏力,尿黄便干,舌红苔黄燥,脉洪数有力。多见于伤寒阳明经证及暑温病等。④湿热内蕴证:全身出汗,手足心及头部较多,身热不扬或热势起伏,肢体困重,口腻纳呆,小便短黄,舌红苔黄腻,脉濡数。⑤心肾阳虚证:汗出不止,精神萎靡,畏寒肢冷,面色苍白,头晕心悸,气短乏力,舌淡紫苔白滑,脉细微。可见于伤寒少阴证及内伤病后期。

【鉴别要点】　①肺脾气虚证:以自汗恶风,易于感冒,气短乏力,食少便溏为辨证要点。②风袭表虚证:以低热恶风,自汗头痛,鼻塞喷嚏为辨证要点。③气分热盛证:以汗出量多,高热恶热,口渴饮冷为辨证要点。④湿热内蕴证:以头颈及手足汗多,身热不扬,头重体困为辨证要点。⑤心肾阳虚证:以汗出不止,畏寒肢冷,精神萎靡,脉微细为辨证要点。

（二）盗汗

盗汗是睡着后汗出,醒后汗止者,谓之盗汗。主要见于内伤杂病,多由阴虚或气阴两虚所致。

【常见证型】　①心阴虚证:盗汗潮热,心悸怔忡,心烦失眠,多梦易惊,手足心热,口燥咽干,尿黄便干,舌红少津,脉细数。②肾阴虚证:盗汗遗精,腰膝酸软,五心烦热,骨蒸颧红,眩晕耳鸣,或月经不调,咽干便结,舌红少津,脉细数。③气阴两虚证:盗汗咳嗽,痰少而黏或痰中带血,气短乏力,食少纳呆,五心烦热,咽干颧红,舌红少苔,脉细数无力。

【鉴别要点】　①心阴虚证:以盗汗心悸,心烦失眠为辨证要点。②肾阴虚证:以盗汗遗精,腰膝酸软,眩晕耳鸣为辨证要点。③气阴两虚证:以盗汗咳嗽,痰少而黏,气短乏力,食少纳呆为辨证要点。

（三）半身汗出

半身汗出是指人体或上或下、或左或右,半身出汗,而另一半却不能出汗的症状。本症可分虚实两类,多见于中风后遗症、痿病、外伤截瘫等。

【常见证型】　①气血两虚证:半身出汗,或左或右,面色㿠白,神疲气短,眩晕心悸,四肢与唇舌发麻,食少乏力,舌淡脉细。②阳虚不固证:上半身出汗,下半身无汗,面色苍白,畏寒肢冷,神疲乏力,口淡不渴,小便清长,舌淡苔白,脉虚无力。③肾阴亏虚证:下半身出汗,上半身无汗,前阴潮湿,腰膝酸软,梦遗早泄,口燥咽干,五心烦热,舌红少苔,脉细数。④瘀血阻络证:半身无汗,或左或右、或上或下、或某一局部无汗,无汗处或刺痛胀痛,或半身不遂,舌淡紫或有瘀斑、瘀点,脉沉涩。

【鉴别要点】　①气血两虚证:以半侧汗出,面白神疲,心悸肢麻为辨证要点。②阳虚不固证:以上半身汗出,畏寒肢冷,神疲乏力为辨证要点。③肾阴亏虚证:以下半身出汗,阴湿遗精,腰膝酸软为辨证要点。④瘀血阻络证:以半身无汗,无汗处痛或瘫,舌紫为辨证要点。

三、抽搐

抽搐,又称抽风、瘈疭。指肢体不自主地伸展和屈曲,且交替进行,抽动不已的症状。凡邪实或正虚导致筋脉过度舒缩,皆可出现抽搐。多见于温热病极期、疼痛、破伤风、痫病及小儿惊风等。

【常见证型】 ①风毒伤肝证:四肢抽搐阵作,项背强急,角弓反张,牙关紧闭,苦笑面容,口角流涎,烦热,脉弦紧。多见于破伤风。②热极生风证:抽搐频繁有力,甚则角弓反张,烦躁不安,高热神昏,肢厥,面红唇赤,涕泪皆无,口渴喜饮,尿黄便结,舌红绛苔黄燥,脉数实。③肝脾两虚证:抽搐缓慢无力,时发时止,微热倦怠,面色萎黄,气短懒言,闭目昏睡或睡时露睛,大便色青或下利清谷,舌淡苔少,脉弦缓无力。④血虚生风证:抽搐轻缓,手足颤抖,头晕目眩,面色淡白无华,神疲乏力,心悸失眠,四肢麻木,舌淡脉弱。⑤阴虚动风证:四肢抽搐时作,手足蠕动,眩晕欲倒,腰膝酸软,胁肋灼痛,低热或午后潮热,舌红苔少或无苔,脉虚数。

【鉴别要点】 ①风毒伤肝证:以抽搐阵作,牙关紧闭,项背强急,苦笑面容,有外伤史为辨证要点。②热极生风证:以高热惊厥,抽搐频作,烦渴神昏为辨证要点。③肝脾两虚证:以抽搐缓慢无力,面黄身倦,昏睡露睛为辨证要点。④血虚生风证:以抽搐轻缓,手足颤抖,面白心悸为辨证要点。⑤阴虚动风证:以抽搐时作,手足蠕动,潮热低热,舌红苔少为辨证要点。

四、出血

出血是指血不循经而溢出脉外,停留于脏腑组织或排泄于孔窍的一种症状。由于出血部位不同,临床常见的有吐血、咳血、衄血、齿衄、便血、尿血、肌衄及妇女崩漏等。出血最常见的病机是血热、气虚、阴虚火旺、血瘀等。出血证见于外感和内伤多种疾病中。

【常见证型】 ①血热伤络证:各种出血,量多势急,血色鲜红,发热恶热,烦躁面赤,舌红绛苔黄燥,脉数有力。心火亢盛者,伴心悸失眠,口舌生疮,或神昏谵语;肝火炽盛者,伴头目胀痛,易怒发狂,胸胁胀痛;肺热壅盛者,伴咳喘,痰黄黏稠,胸闷胸痛;胃火上炎者,伴胃脘灼痛,牙龈红肿溃烂,口臭,口渴便秘。②阴虚火旺证:出血反复不止,色紫红量少,五心烦热,潮热盗汗,颧红咽干,眩晕耳鸣,干咳少痰,腰膝酸软,形体消瘦,舌红绛少津,脉细数。③脾不统血证:出血量多,色淡质稀,面唇淡白无华,心悸气短,神疲懒言,食少便溏,舌淡嫩胖边有齿痕,苔薄脉细弱。④脾肾阳虚证:出血势缓而色暗淡,淋漓不尽,面色苍白,畏寒肢冷,脘腹隐痛,喜暖喜按,神疲乏力,大便清稀或久泄失禁,舌淡紫苔白滑,脉沉细无力。⑤湿热蕴结证:出血鲜红或黯红,身热不扬,脘痞腹胀,头身困重,呕恶纳呆,口苦黏腻,小便短少,大便不爽,舌红苔黄腻,脉滑数或濡数。⑥血瘀阻络证:突然出血量多,或淋漓不断,色紫黯夹血块,局部刺痛拒按,面唇青紫晦暗,舌紫黯或有瘀斑瘀点,脉沉涩。

【鉴别要点】 ①血热伤络证:以出血势急量多,色鲜红,壮热,舌红绛为辨证要点。②阴虚火旺证:以出血量多,反复不止,低热颧红盗汗为辨证要点。③脾不统血证:以出血色淡质稀,面唇淡白无华,食少便溏为辨证要点。④脾肾阳虚证:以出血色暗淡而势缓,畏寒肢冷,便溏久泄为辨证要点。⑤湿热蕴结证:以出血鲜红或黯红,身热不扬,脘痞腹胀为辨证要点。⑥血瘀阻络证:以出血色紫黯而夹杂血块,局部刺痛拒按为辨证要点。

五、咳嗽

咳嗽是肺系疾病的主要症状。各种原因导致肺失宣降,肺气不利,均可引起咳嗽。咳嗽可分为外感和内伤两大类。

【常见证型】 ①风寒束肺证:咳嗽痰白清稀兼外感风寒表实之证。②风热犯肺证:咳嗽痰黄稠,咯痰不爽,兼外感风热表证之症状。③热邪壅肺证:咳嗽痰黄黏稠,不易咯出,兼气喘胸闷,烦躁口渴,咽喉肿痛,甚则鼻扇胸痛,尿黄便结,舌红苔黄燥,脉滑数。④痰湿阻肺证:咳嗽痰多,色白质稠,易于咯出,兼气喘胸闷,脘痞腹胀,食少便溏,舌淡胖苔白腻,脉濡或滑。⑤肝火犯肺证:咳嗽喘急,痰稠难咯,咳引胸胁掣痛,面红目赤,咽干口渴,烦躁易怒,舌红苔黄少津,脉弦数。⑥肺阴虚证:干咳无痰,或痰少而黏不易咯出,或痰中带血,或咯血胸痛,咽干唇燥,五心烦热,潮热盗汗,舌红少苔少津,脉细数。⑦肺气虚证:咳嗽乏力,痰多而清稀,动则加剧,面色㿠白,神疲乏力,声低懒言,自汗易感冒,舌淡嫩苔薄白,脉虚弱。

【鉴别要点】①风寒束肺证:以咳嗽痰白清稀兼风寒表证为辨证要点。②风热犯肺证:以咳嗽痰黄而稠兼风热表证为辨证要点。③热邪壅肺证:以咳喘痰黄黏稠,胸闷烦渴为辨证要点。④痰湿阻肺证:以咳嗽痰多白稠易咯,胸闷脘痞为辨证要点。⑤肝火犯肺证:以咳嗽喘急,咳引胸胁掣痛,烦躁易怒为辨证要点。⑥肺阴虚证:以干咳无痰或痰少而黏兼阴虚内热证为辨证要点。⑦肺气虚证:以咳嗽乏力,痰多而清稀及气虚见症为辨证要点。

六、呕吐

呕吐是指胃内容物从口中吐出的症状。若仅有欲吐感觉而未吐出实物者,叫恶心。呕吐与恶心皆是胃气上逆的表现,凡外感、内伤诸病引起胃气上逆时,皆可引起呕吐。

【常见证型】①寒湿犯胃证:突然恶心呕吐,胃脘胀痛,喜暖拒按,纳呆腹泻兼外感表证之症状。②食滞胃脘证:呕吐未消化的酸腐食物,嗳腐吞酸,腹胀厌食且吐后觉舒,或腹泻,苔厚腻或垢浊,脉沉滑。③痰饮停胃证:呕吐清水痰涎,脘腹胀痛,胃中有振水音,肠鸣辘辘,口淡不欲食,头眩心悸,舌淡胖苔白滑,脉沉弦。④胃火炽盛证:食入即吐,口臭渴饮,面红心烦,或牙龈肿痛,尿黄便结,舌红苔黄燥,脉洪数有力。⑤肝气犯胃证:呕恶泛酸,吐出物酸腐,嗳气太息,胁肋胀痛,急躁易怒,舌边红,苔薄腻,脉弦。⑥脾胃阳虚证:呕恶时作,饮食稍多即吐,脘腹隐痛,喜暖喜按,面色㿠白,神疲乏力,畏寒肢凉,便溏,舌淡苔白,脉濡缓或沉迟。⑦胃阴不足证:呕吐或干呕反复发作,呃逆频作,胃脘嘈杂,饥而不欲食,兼阴虚之见症,舌红少苔,脉细数。

【鉴别要点】①寒湿犯胃证:以突发呕恶,胃脘胀痛喜暖兼表证为辨证要点。②食滞胃脘证:以呕吐酸腐,嗳腐吞酸,脘胀厌食为辨证要点。③痰饮停胃证:以呕吐清涎量多,胃脘胀满而有振水音为辨证要点。④胃火炽盛证:以食入即吐,口臭渴饮,牙龈肿痛为辨证要点。⑤肝气犯胃证:以呕吐泛酸,胸胁胃脘胀痛,脉弦为辨证要点。⑥脾胃阳虚证:以呕吐时作,多食即吐,脘腹冷痛为辨证要点。⑦胃阴不足证:以呕吐或干呕时作,胃脘嘈杂,饥而不欲食为辨证要点。

七、泄泻

大便次数增多,粪便稀薄,甚至泻出水样便者称泄泻。脾失健运,肠失传导,致水谷不化而下泄,则成为泄泻。外感、内伤多种因素均可引起泄泻。

【常见证型】①寒湿困脾证:泄泻清稀或水样便,便次频多,脘腹胀痛,肠鸣纳呆,口淡不渴,肢体困重,微恶寒,舌胖苔白腻,脉濡缓。②湿热蕴脾证:泻下黄褐色溏便如糊状不爽,臭秽灼肛,腹胀呕恶纳呆,身热不扬,口苦渴不多饮,头身困重,尿短黄,舌红苔黄腻,脉濡数。③食滞胃脘证:泻下稀便夹杂不消化食物,臭如败卵,矢气频传,腹部胀痛,嗳腐吞酸,纳呆厌食,苔厚腻,脉滑。④脾胃气虚证:大便溏薄,稍多食或食油腻则腹胀泄泻或呕恶,食少纳呆,面色萎黄,神疲乏力,气短懒言,舌淡苔白,脉缓弱。⑤脾胃阳虚证:泄泻清稀或完谷不化,脘腹胀满,隐痛绵绵,喜温喜按并兼见脾胃阳虚其他见症。若兼肾阳虚,则以五更泻为特征。

⑥肝郁脾虚证:情志不畅则腹痛肠鸣欲泻,泻后痛止,胁腹胀满,嗳气食少,急躁易怒,善太息,舌苔薄白,脉弦缓。

【鉴别要点】 ①寒湿困脾证:以泄泻清稀次多,脘腹胀痛兼形寒肢困为辨证要点。②湿热蕴脾证:以泻下溏便不爽,臭秽灼肛,身热口苦为辨证要点。③食滞胃脘证:以泻下不消化食物,腹胀厌食,嗳腐吞酸为辨证要点。④脾胃气虚证:以便溏,多食或食油腻则加重,食少乏力为辨证要点。⑤脾胃阳虚证:以泄泻清稀或完谷不化,腹痛隐隐,喜温喜按为辨证要点。⑥肝郁脾虚证:以腹痛即泻,泻后痛止,腹泻与情绪有关为辨证要点。

八、便秘

便秘是指大便干结,排便困难,排便次数明显减少。各种原因导致粪便的水分减少、阻碍了腑气通降从而形成便秘。常见于热病后期、产后、老年人及体质虚弱者。

【常见证型】 ①肠热腑实证:便秘或热结旁流,脐腹硬满胀痛且拒按,面赤发热或日晡潮热,口臭烦渴,尿短黄,舌红苔黄燥,脉滑数有力。②肠道气滞证:便秘或排便不爽,脘腹痞满胀痛,嗳气矢气后减轻,食少纳呆,肠鸣矢气频作,舌黯苔腻,脉弦。③寒凝肠道证:便秘腹胀,脐腹冷痛急暴,遇寒加剧,得温则减,恶心呕吐,舌淡苔白,脉弦紧。④脾肺气虚证:虽有便意,临厕努挣不下,挣则乏力气短汗出,甚则虚脱昏倒,大便并不干结,神疲面白,腹部下坠感,舌淡苔薄,脉虚弱。⑤血虚肠燥证:大便干结,努挣难下,面色萎黄或淡白,唇爪色淡,眩晕心悸,失眠多梦,舌淡瘦苔薄,脉细弱。⑥肠燥津亏证:大便数日一行,干结如羊屎,口干唇燥,五心烦热,头晕颧红,尿短黄,舌红少津,苔黄燥或灰黑,脉细涩。

【鉴别要点】 ①肠热腑实证:以便秘而脐腹硬满胀痛拒按,发热烦渴为辨证要点。②肠道气滞证:以便秘脘腹胀满,嗳气矢气后减轻,肠鸣矢气频作为辨证要点。③寒凝肠道证:以便秘而脐腹冷痛暴急,遇寒加剧为辨证要点。④脾肺气虚证:以临厕努挣不下,便质不干硬,乏力气短为辨证要点。⑤血虚肠燥证:以大便干结,努挣难下,面白心悸为辨证要点。⑥肠燥津亏证:以大便数日一行,干结如羊屎伴阴虚证为辨证要点。

九、小便不利

排尿困难,尿量明显减少者,称为小便不利。本症的原因主要是肾与膀胱的气化不利,也与脾失运化、肺失通调密切相关。常见于水肿、淋浊、癃闭、里热伤津及湿温等病证。

【常见证型】 ①脾肾阳虚证:小便不利,面浮足肿或下肢先肿,渐至全身水肿,按之凹陷不起,伴脾肾阳虚之见症。②风水相搏证:小便不利,尿少黄赤,睑面先肿且迅速至周身浮肿,按之凹陷不即起,伴风热(寒)袭表之见症。③膀胱湿热证:小便不利,甚则点滴不出,尿频、急、灼痛,尿黄赤或混浊或有砂石,小腹与腰部相引而痛,口渴不欲饮,舌红苔黄腻,脉滑数。④瘀阻膀胱证:小便不利,或尿如细线,或点滴难出,小腹胀满硬痛拒按,面青紫晦暗,或大便色黑,或有急性外伤史,舌紫黯或有瘀斑瘀点,脉涩而细。⑤热盛伤津证:小便不利而黄赤灼热,身热汗多,烦渴引饮,口干舌燥,大便干结,皮肤弹性差,极度消瘦,或昏谵,舌红少苔或无苔而干,脉细数。

【鉴别要点】 ①脾肾阳虚证:以尿少,水肿渐起,畏寒肢冷,食少便溏为辨证要点。②风水相搏证:以尿少,水肿急起兼风热(风寒)表证为辨证要点。③膀胱湿热证:以排便困难,尿频、尿急、尿痛,尿色改变为辨证要点。④瘀阻膀胱证:以尿如细线或点滴难出,小腹硬痛拒按为辨证要点。⑤热盛伤津证:以尿短色黄灼痛,身热烦躁,口渴引饮为辨证要点。

十、疼痛

疼痛是临床最常见的自觉症状之一。根据患者主诉提供的疼痛部位和性质,可以判断出疾病在脏、在腑、在经、在络、在气、在血。按部位分,疼痛可分为头痛、胸胁痛、胃脘痛、腹痛、腰痛、肌肉关节痛等。

从疼痛的性质来看,一般胀痛多为气滞,刺痛多为血瘀,重着酸痛多为湿,窜痛多为风或气滞,冷痛、挛痛多为寒,灼痛多属火。隐痛绵绵或空痛喜按多为虚证,疼痛剧烈或胀痛拒按多属实证。

(一) 头痛

头痛在临床上颇为常见,可见于多种疾病。无论外感或内伤,引起头部气血失和均可产生头痛。

【常见证型】 ①风寒束表证:头痛,痛连项背,遇寒则痛重,伴风寒束表之见症。②风热犯表证:头额胀痛,伴风热侵表之见症。③风湿困表证:头痛如裹,昏胀沉重,阴雨天加重,伴风湿表证。④肝阳上亢证:头目胀痛,眩晕目涩,烦躁易怒,伴肝肾阴虚诸症。⑤肾精不足证:头脑空痛,眩晕耳鸣,健忘失眠,腰膝酸软,舌淡脉弱。⑥气血两虚证:头痛绵绵不休,过劳痛甚,伴气血两虚诸症。⑦痰浊上犯证:头痛时作,昏蒙沉重,耳鸣耳聋,身重疲倦,胸闷脘痞,呕恶纳呆,苔白腻,脉弦滑。⑧血瘀头络证:头痛如刺,痛有定处,时作时止,经久不愈,昼轻夜重,伴瘀血之脉症。

【鉴别要点】 ①风寒束表证:以头痛连及项背,遇寒则痛重,恶风寒为辨证要点。②风热犯表证:以头额胀痛,面红咽痛,发热恶风为辨证要点。③风湿困表证:以头重如裹,昏沉胀痛,肢体困重及风湿表证为辨证要点。④肝阳上亢证:以头目胀痛,眩晕目涩,烦躁易怒为辨证要点。⑤肾精不足证:以头脑空痛,眩晕耳鸣,健忘腰酸为辨证要点。⑥气血两虚证:以头痛绵绵不休,过劳则甚,及气血两虚诸症为辨证要点。⑦痰浊上犯证:以头痛时作,昏蒙沉重,脘痞呕吐为辨证要点。⑧血瘀头络证:以头痛如刺,固定而经久不愈为辨证要点。

(二) 胸胁痛

胸胁痛是指前胸部与两侧腋下胁部疼痛。胸痛与胁痛可单独出现,也可并见,多属心、肺、肝、胆疾病。

【常见证型】 ①阳虚寒凝证:胸部剧痛,痛彻肩背且遇寒加重,胸闷,心悸气短,咳唾喘息,面色苍白或青灰,畏寒肢冷,舌淡紫苔白滑,脉弦紧或结。②痰湿内阻证:胸中胀闷疼痛,咳喘痰鸣,咯痰量多,身重体胖,眩晕心悸,脘痞呕恶,食少纳呆,舌淡胖苔白腻,脉弦滑。③肝郁气滞证:胸胁胀痛,多因情绪不舒而发作或加重,胸闷太息,急躁易怒,嗳气口苦,食少,舌黯苔薄白,脉弦。④血瘀胸胁证:胸胁刺痛拒按,咳唾、转侧则加剧,胸胁胀闷或胁下有痞块,或胸胁部有外伤史,面色青紫,舌紫黯或有瘀斑瘀点,脉弦涩或结代。⑤痰热壅肺证:胸痛咳喘,咯吐黄稠痰或大量腥臭脓血痰,身热烦渴,尿黄便结,舌红苔黄腻,脉滑数。⑥饮停胸胁证:胸胁胀满掣痛,咳唾则疼痛加剧,转侧不利,肋间饱满,舌淡苔白,脉沉弦。⑦肺阴虚证:胸部灼痛,干咳无痰或痰少而黏,咯血或痰中带血,五心烦热,潮热颧红,盗汗咽干,舌尖红少苔而干,脉细数。⑧肝阴虚证:胁肋隐隐灼痛,绵绵不休,眩晕耳鸣,两目干涩,五心烦热,潮热盗汗,舌红苔少或无苔,脉弦细数。

【鉴别要点】 ①阳虚寒凝证:以胸胁剧痛,遇寒加重,胸闷心悸,畏寒肢冷为辨证要点。

②痰湿内阻证:以胸中闷痛,咳喘痰鸣,体胖呕恶为辨证要点。③肝郁气滞证:以胸胁胀痛与情志波动有关,急躁易怒为辨证要点。④血瘀胸胁证:以胸胁刺痛不移,拒按,胁下肿块,舌紫黯为辨证要点。⑤痰热壅肺证:以胸痛咳喘,咯吐黄稠痰或脓血腥臭痰为辨证要点。⑥饮停胸胁证:以胸胁饱满掣痛,咳喘,转侧加剧为辨证要点。⑦肺阴虚证:以胸部灼痛,干咳少痰,咯血或痰中带血为辨证要点。⑧肝阴虚证:以胁肋隐隐灼痛,两目干涩,眩晕烦热为辨证要点。

(三) 胃脘痛

胃脘痛是指剑突下、上腹中部疼痛而言。胃脘痛多由胃、脾、肝、胆等脏腑功能失调、气机不畅所致。

【常见证型】 ①寒邪犯胃证:胃脘剧痛,得热痛减,遇寒加剧,呕吐清涎,恶寒肢冷,面色青灰或苍白,舌淡紫苔白滑,脉弦紧。②胃热炽盛证:胃脘灼痛拒按,口渴喜冷饮,消谷善饥或食入即吐,口臭便秘,小便短赤,舌红苔黄厚燥,脉滑数。③肝气犯胃证:胃脘胀痛,牵引胁肋,或脘胁窜痛,每因情志不畅而发作或加剧,嗳气吞酸,胸闷太息,大便不爽,苔薄白脉弦。④血瘀胃络证:胃脘刺痛不移拒按,食后痛甚,或呕血,大便色黑如柏油,面色青紫晦暗,舌紫黯或有瘀斑瘀点,脉涩。⑤脾胃阳虚证:胃脘隐痛,空腹时明显,进食则疼痛暂缓,喜温喜按,口吐清涎,畏寒肢冷,倦怠乏力,食少便溏,面色㿠白,舌淡苔白,脉沉细无力。⑥胃阴虚证:胃脘隐隐灼痛,时作时止,嘈杂似饥而不欲食,口燥咽干,干呕呃逆,五心烦热,大便干结,舌红少苔或无苔,脉细数。

【鉴别要点】 ①寒邪犯胃证:以胃脘剧痛,得热痛减,呕吐清涎为辨证要点。②胃热炽盛证:以胃脘灼痛拒按,口渴喜冷饮,尿黄便秘为辨证要点。③肝气犯胃证:以脘胁胀痛或窜痛,且与情志有关,嗳气太息为辨证要点。④血瘀胃络证:以胃脘刺痛拒按,食后痛甚,大便色黑为辨证要点。⑤脾胃阳虚证:以胃脘隐痛,空腹明显,食后痛减,喜温喜按为辨证要点。⑥胃阴虚证:以胃脘隐隐灼痛,嘈杂似饥不欲食为辨证要点。

(四) 腹痛

腹痛是指整个腹部或其中某一局部疼痛而言。其范围涉及胃脘以下,耻骨联合以上,包括大腹(脐腹)、小腹和少腹。

脾、肝、胆、肾、大肠、小肠、膀胱、胞宫等居于腹内,其气血运行失调,皆能产生腹痛。一般而言,痛在大腹多属脾与大肠;痛在少腹多属肝与小肠;痛在小腹多属膀胱、肾、胞宫。腹痛胀痛拒按者为实,腹痛绵绵喜按者为虚。

【常见证型】 ①寒凝肠道证:腹部剧痛拘急,痛无休止,得热痛减,遇冷尤甚,畏寒肢冷,口和尿清,或肠鸣腹泻,舌淡紫苔白腻,脉沉紧。②肠道湿热证:腹痛,里急后重,暴泻或痢下脓血黏液,肛门灼痛,脘痞腹胀,身热烦躁,小便短赤,舌红苔黄腻,脉滑数。③肠道气滞证:腹部胀痛或游走窜痛,痛无定处,嗳气矢气后暂舒,常随情绪波动而变化,大便不爽,舌淡苔薄白,脉沉弦。④肠道血瘀证:腹中局部刺痛、拒按且固定不移,日轻夜重,或可触及肿块,面色晦暗,舌有瘀斑瘀点,脉沉涩。⑤食积肠道证:脘腹胀满作痛且拒按,嗳腐吞酸,纳呆厌食,肠鸣矢气,大便不爽,或泻下溏便臭如败卵或便秘,舌苔厚腻或浊垢,脉滑有力。

【鉴别要点】 ①寒凝肠道证:以腹部拘急剧痛,得温痛减,遇冷加重为辨证要点。②肠道湿热证:以腹痛,里急后重,暴泻灼肛或脓血黏液便为辨证要点。③肠道气滞证:以脘腹胀痛或窜痛,嗳气矢气后则舒为辨证要点。④肠道血瘀证:以腹中局部刺痛,固定拒按或触及肿块为辨证要点。⑤食积肠道证:以脘腹胀痛,嗳腐吞酸,大便失常为辨证要点。

（五）腰痛

腰痛是指腰部一侧或双侧疼痛而言。腰为肾之府,腰痛与肾的关系至为密切。外感或内伤导致腰部经络不利,均可引起腰痛。

【常见证型】　①肾虚精亏证:腰部酸软疼痛,绵绵不休,时作时止,喜捶喜按,下肢无力,眩晕耳鸣,遗精或月经不调。并伴有肾阳虚或肾阴虚之脉症。②寒湿阻络证:腰部重着冷痛,逢阴雨天或受寒则发作或加重,得热痛减,转侧不利,或牵掣下肢冷痛,麻木,舌淡苔白腻,脉沉紧。③湿热阻络证:腰胯灼热胀痛,痛处喜凉恶热,转侧不利,下肢酸软,心烦口苦,小便短黄,大便不爽,舌红苔黄腻,脉濡数。④瘀血阻络证:腰部疼痛如刺,痛有定处,拒按,俯仰不便,不能转侧,或有外伤史,大便色黑或秘结,舌黯有瘀斑瘀点,脉沉涩。

【鉴别要点】　①肾虚精亏证:以腰痛绵绵不休,腰膝酸软,眩晕耳鸣为辨证要点。②寒湿阻络证:以腰部重着冷痛,阴雨天寒加重,得热痛减为辨证要点。③湿热阻络证:以腰胯灼热胀痛,喜凉恶热,口苦尿黄为辨证要点。④瘀血阻络证:以腰部刺痛,固定拒按或有腰部外伤史为辨证要点。

（六）肌肉关节痛

肌肉关节痛是指全身或局部肌肉、关节疼痛而言。多因风寒湿热等淫邪外袭,闭塞经络,气血不通而致;也可因气血不足,阴阳失调,筋脉失养引起。

【常见证型】　①风寒湿痹证:肌肉与关节强痛、重着、肿胀、麻木,肢体屈伸不利,气候潮湿、寒冷则发作或加剧,反复发作,经久难愈。风邪偏重者,多见于上肢游走疼痛,痛无定处,苔薄脉浮;寒邪偏重者,剧烈冷痛,得热痛减,苔白滑,脉弦紧;湿邪偏重者,重痛不移,肿胀麻木,苔白腻,脉濡数。②湿热阻络证:局部关节、肌肉红肿热痛,扪之灼热,得冷则舒,发热心烦,汗出口渴,尿黄便结,或见皮肤红斑,舌红苔黄腻,脉滑数。③痰瘀阻络证:肢体关节胀痛、刺痛不移,夜间痛剧,关节肿大变形,不能屈伸,或周围肌肉萎缩,面色晦暗或肌肤甲错,舌淡胖紫或有瘀斑瘀点,苔厚腻,脉弦滑或沉涩。④气血两虚证:长期肌肉、关节酸痛或隐痛,时轻时重,筋脉拘急,面色㿠白或萎黄,眩晕心悸,神疲气短,倦怠乏力,食少消瘦,舌淡瘦,脉细弱。

【鉴别要点】　①风寒湿痹证:以肌肉关节强痛重着,遇雨天潮湿寒冷则加重为辨证要点。②湿热阻络证:以局部红肿灼痛,得冷则舒,发热烦渴为辨证要点。③痰瘀阻络证:以关节肿大变形,胀痛刺痛,活动受限与舌有瘀斑为辨证要点。④气血两虚证:以肌肉关节长期酸痛隐隐,面白乏力,眩晕心悸为辨证要点。

（马维平）

附录二　常见相似证候的鉴别诊断

证候鉴别诊断,是指在一些相似的证候之间,区分其临床表现的相同点和不同点,进而比较其病机的异同,以达到正确诊断的目的。

证候鉴别诊断要注意全面分析、多方比较、准确判断三大原则,以观其同而察其异,切忌以点代面,以偏概全。

一、心血虚证与心气虚证

【相同点】　二者同为心脏虚证,且可同时出现。二证均可出现心悸、神疲、头昏、乏力、舌淡、脉弱等症。

【不同点】　二者一虚在气,一虚在血,故有不同。心气虚证以心之基本功能减退为主,神无所主而血运无力,见症以心悸、气短、胸闷、自汗为主,兼见面色㿠白、声低懒言等气虚表现;而心血虚证是心所藏之血不足,神明不能内守,故以心悸怔忡、失眠健忘为主症,兼唇甲淡白无华、眩晕肢麻、脉细等血虚表现。

二、痰蒙心神证与痰火扰心证

【相同点】　二者都有痰,都有心神的改变。因此,二证皆可有胸闷呕恶、喉间痰鸣、神昏、苔腻、脉滑等症。

【不同点】　痰火扰心证,热象突出,如发热,心烦,气粗,口苦口渴,失眠,舌红苔黄,脉数,甚则狂乱,妄言妄动,以亢奋性精神症状为主;而痰蒙心神证无热象,以抑郁性精神症状为主,如表情淡漠,喃喃自语或默默、痴呆等为主要表现,痰浊内停的症状重于前证。

三、血虚生风证与肝血虚证

【相同点】　二者皆为血虚,皆有肝血不足的临床表现,如两目干涩,视物模糊,头昏心悸,面白不华,肢体麻木,筋脉拘挛,舌质淡,脉弦细等。

【不同点】　二证病机有轻重之分。血虚生风证多为肝血虚证的病情加重,由于肝血虚而筋脉失养而形成,因此,可见四肢震颤、蠕动,甚则抽搐时作等虚风内动症状。而肝血虚证无风动之象。

四、肾阴虚证与肝阴虚证

【相同点】 肝藏血,肾藏精,精血可同源互化。因此,二脏阴虚证常并见,且临床表现较多一致,如眩晕乏力,五心烦热,潮热盗汗,颧红咽干,虚烦不寐,舌红苔少而干,脉细数等。

【不同点】 二脏功能毕竟不同,其病机、症状亦有区别。肝开窍于目,肝阴不足,不能濡养其窍,则见两目干涩、目视不明或夜盲;肝主筋,其华在爪,胁为肝经所布,故肝阴不足,不能濡养经脉爪甲,则肢体麻木,筋惕肉瞤,爪甲不荣,胁肋隐痛。而肾开窍于耳,主骨生髓,齿为骨之余,腰为肾之府,主生殖,故肾阴不足,髓海空虚,骨骼失养,则耳鸣耳聋,发脱齿摇,腰膝酸软,骨骼痿弱,足跟痛,遗精,性欲异常等。

五、肝阳上亢证与肝阴虚证

【相同点】 肝阳上亢源于肝肾阴虚,故二证同有阴虚内热见症,如眩晕咽干,心烦失眠,尿黄便干,舌红而干,脉细数等。

【不同点】 肝阳上亢证本虚标实,上实下虚,可见目胀痛、面部烘热、胸闷易怒、头重脚轻,腰膝酸软,苔黄,脉弦劲急等实中夹虚症状,病情较急迫;而肝阴虚证则以肝脏本身阴虚为主,不兼实证,常见目涩,视力下降,头痛绵绵,胁肋隐痛,脉弦等症,病程进展较缓慢。

六、脾气虚证与脾虚气陷证

【相同点】 二者均具备脾气虚见症,如食少纳呆,食后腹胀,大便溏薄,神疲倦怠,气短乏力,面白舌淡,脉缓等。

【不同点】 脾虚气陷证重于脾气虚证,除了脾气虚的表现以外,还有清阳不升反下陷及脏器下垂的症状,前者如脘腹坠胀,食后益甚,便意频频,肛门重坠,久泻久痢等,后者指胃、肾、子宫、直肠下垂。

七、燥邪伤肺证与肺阴虚证

【相同点】 燥邪耗伤肺津与肺阴虚的临床表现多有相似之处,如干咳少痰,痰黏不易咯出,或痰中带血,胸痛咽干,烦热等。

【不同点】 二证在病因病机和临床表现亦有区别。燥邪犯肺为外感证,由实致虚,故见发热、微恶风寒,头痛,咽喉不适,脉浮等表证,以及口、鼻、唇、咽、皮肤干燥等外燥证,多发生于秋季;肺阴虚乃内伤虚证,或外感病后期肺津受损所致,故不兼表证,病情较前者虚弱而势缓,任何季节皆可见。

八、肾精不足证与肾气不固证

【相同点】 两证均属肾虚,皆可有眩晕耳鸣,腰膝酸软,舌淡脉沉等。

【不同点】 肾精不足证,为生命物质的缺乏,主要表现为小儿发育不良、生殖功能低下及早衰等;肾气不固证,为肾藏精和固摄小便的功能减退,主要表现为精关不固,见男子遗精,滑精,早泄,女子带下绵绵,滑胎,崩漏;或气化失职,膀胱失约,见尿频,遗尿,尿后余沥不尽,小便失禁等。

九、肾不纳气证与肾气不固证

【相同点】　两证均属肾气虚,而具有肾虚的一般见症。

【不同点】　肾不纳气多由久病咳喘,反复发作,肺气虚损,日久及肾,以致肾失摄纳、气不归根而成,以气喘呼多吸少、气短不能接续、动则尤甚为临床特点;肾气不固证一般不涉及肺,临床表现以精关不固和小便失摄的症状为主。

十、心脾两虚证与心肝血虚证

【相同点】　二证均有心血虚证,而见心悸失眠、面色无华、失眠多梦、舌淡脉细等表现。

【不同点】　心脾两虚证有脾气虚的表现,如食少纳呆、腹胀便溏,或脾不统血引起的出血证;而心肝血虚证有肝血不足的表现,如头昏眼花、肢麻拘急、月经涩少或闭止等症状。

十一、心火亢盛证与心肾不交证

【相同点】　二证均可出现心烦、心悸、失眠、多梦等心神不宁表现。

【不同点】　心火亢盛证以火盛邪实为主,表现为身热口渴,面红耳赤,舌体红肿、灼痛、糜烂,尿短赤或尿道灼热、涩痛,或吐血、衄血,舌尖红赤,脉数有力;而心肾不交证是心肾二脏阴虚、虚火上炎所致,表现为五心烦热,潮热盗汗,腰膝酸软,眩晕耳鸣,遗精,舌红少苔或无苔,脉细数无力等。

十二、肝肾阴虚证与心肾不交证

【相同点】　二证均有肾阴虚的见症。

【不同点】　肝肾阴虚证还有肝阴虚及肝阳上亢的症状,如两目干涩胀痛,视力减退,胁肋隐隐灼痛,头痛易怒,脉弦等;而心肾不交证还有心阴虚而虚火上炎的症状,如心悸怔忡,失眠多梦,口舌生疮,小便赤涩灼痛,舌尖红等。

十三、痰热壅肺证与肝火犯肺证

【相同点】　二者均可出现咳喘,痰黄稠,胸胀痛,舌红苔黄等肺热壅盛症状。

【不同点】　痰热壅肺证,肺失清肃的病变突出,可见咳喘息粗、咯吐大量黄稠痰或脓血腥臭痰,胸闷胸痛,苔腻脉滑数;而肝火犯肺证病起于肝,必见胁肋灼痛,烦躁易怒,头目胀痛,苔燥脉弦数等肝火炽盛的表现。

十四、肾精不足证与肝肾阴虚证

【相同点】　二者同有肾虚的基本表现。

【不同点】　肾精不足证主要有人体生长、发育、生殖等功能减退的表现,如小儿发育迟缓,男子精少不育,女子经闭不孕,成人则见过早衰老,发脱齿摇,精力衰退,动作迟缓等,而无明显的虚热征象;肝肾阴虚证既有五心烦热,潮热盗汗,口燥咽干,颧红心烦,舌红少苔等虚热症状,还有视物昏花,两目干涩,筋脉拘急,胁肋隐痛等肝阴亏损表现。

十五、痰火扰神证与胆郁痰扰证

【相同点】　二证均有痰热所致的部分症状,如惊悸,失眠,胸闷,痰鸣,舌红苔黄腻,脉滑等。

【不同点】 痰火扰神证不仅火热炽盛,见面赤气粗,烦渴尿赤,脉数等,而且神志失常严重,有神昏、狂乱等表现;而胆郁痰扰证则有胆气郁结,痰阻胃脘的症状,如胁下胀痛,嗳气太息,眩晕口苦,呕恶食少,脉弦等,神志症状较轻。

十六、肝胆湿热证与胆郁痰扰证

【相同点】 二证均有肝胆郁热、脾胃受累的表现,如胁肋胀痛,口苦嗳气,胸闷烦躁,脘痞呕恶,食少纳呆,舌红苔黄腻,脉弦数等。

【不同点】 肝胆湿热证湿热壅盛,可见胁肋灼痛,厌食腹胀,黄疸,大便不调,或男性阴囊湿疹、睾丸肿痛,女性外阴瘙痒、带下黄臭量多等症;胆郁痰扰证热势较缓,以惊悸胆怯、失眠多梦、眩晕、善太息等为主要表现。

十七、大肠湿热证与膀胱湿热证

【相同点】 两者同属下焦湿热,具有湿热证的一般临床表现,如渴不欲饮或饮水不多,口苦食少,脘痞腹胀,小便短黄,舌红苔黄腻,脉濡数或滑数等。

【不同点】 大肠湿热证为大肠传导失职,腑气不畅,以暴泻灼肛或下利脓血黏液便,腹痛,里急后重为临床特点;膀胱湿热证为膀胱气化不利,排尿失常,以尿频尿急,尿道灼痛,尿液黄赤混浊,小腹胀急等为临床特点。

十八、心火亢盛证与膀胱湿热证

【相同点】 两证都属实热,都可见小便短黄,尿道灼热疼痛,口苦而干,舌红苔黄,脉数有力等症。

【不同点】 心火亢盛证以上部症状、神志异常为重点,如面红目赤,口舌生疮,烦躁失眠,狂乱神昏,吐血衄血,舌尖红,苔黄燥等;而膀胱湿热证以下部症状、排尿失常为重点,如尿频尿急,尿血或尿中砂石混浊,腰腹相引掣痛,苔黄腻等。

(马维平)

主要参考书目

1. 何晓晖.中医基础学教学病案精选[M].长沙:湖南科学技术出版社,2000.
2. 郭振球.中医诊断学[M].长沙:湖南科学技术出版社,2001.
3. 季绍良.成肇智.中医诊断学[M].北京:人民卫生出版社,2002.
4. 朱文峰.中医诊断学[M].北京:中国中医药出版社,2007.
5. 邓铁涛.中医诊断学[M].北京:人民卫生出版社,2008.
6. 陈家旭.中医诊断学[M].北京:中国中医药出版社,2008.
7. 何建成.中医诊断学[M].北京:清华大学出版社,2012.

复习思考题答案要点及试卷

《中医诊断学》教学大纲